Edition Innovative Verwaltung

Die Bücher der Edition Innovative Verwaltung bieten praxisorientierte Fachinformation für Führungskräfte und Verantwortungsträger im öffentlichen Sektor. Die AutorInnen sind erfahrene PraktikerInnen aus der Kommunal-, Landes- und Bundes-Verwaltung sowie BeraterInnen und WissenschaftlerInnen. Sie teilen ihre Expertise, formulieren Empfehlungen, bieten Praxisleitfäden und geben Orientierung für eine erfolgreiche Öffentliche Verwaltung in der Zukunft. Das Themenspektrum spannt sich über die neuesten Herausforderungen in der Digitalen Verwaltung und Organisations- und Prozessthemen bis hin zu Führung und Leadership.

Weitere Bände in der Reihe ► http://www.springer.com/series/16438

Matthias Meyer

Die smarte Verwaltung aktiv gestalten

Ein ganzheitliches Führungskonzept mit acht ausführlichen Best-Practice-Beispielen

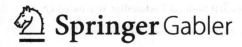

Matthias Meyer
Institut NPPM
FHNW – Hochschule für Wirtschaft
Basel, Schweiz

ISSN 2662-5202   ISSN 2662-5210   (electronic)
Edition Innovative Verwaltung
ISBN 978-3-658-30685-4   ISBN 978-3-658-30686-1   (eBook)
https://doi.org/10.1007/978-3-658-30686-1

Die Deutsche Nationalbibliothek verzeichnet diese Publikation in der Deutschen Nationalbibliografie; detaillierte bibliografische Daten sind im Internet über ▶ http://dnb.d-nb.de abrufbar.

© Springer Fachmedien Wiesbaden GmbH, ein Teil von Springer Nature 2020
Das Werk einschließlich aller seiner Teile ist urheberrechtlich geschützt. Jede Verwertung, die nicht ausdrücklich vom Urheberrechtsgesetz zugelassen ist, bedarf der vorherigen Zustimmung des Verlags. Das gilt insbesondere für Vervielfältigungen, Bearbeitungen, Übersetzungen, Mikroverfilmungen und die Einspeicherung und Verarbeitung in elektronischen Systemen.
Die Wiedergabe von allgemein beschreibenden Bezeichnungen, Marken, Unternehmensnamen etc. in diesem Werk bedeutet nicht, dass diese frei durch jedermann benutzt werden dürfen. Die Berechtigung zur Benutzung unterliegt, auch ohne gesonderten Hinweis hierzu, den Regeln des Markenrechts. Die Rechte des jeweiligen Zeicheninhabers sind zu beachten.
Der Verlag, die Autoren und die Herausgeber gehen davon aus, dass die Angaben und Informationen in diesem Werk zum Zeitpunkt der Veröffentlichung vollständig und korrekt sind. Weder der Verlag, noch die Autoren oder die Herausgeber übernehmen, ausdrücklich oder implizit, Gewähr für den Inhalt des Werkes, etwaige Fehler oder Äußerungen. Der Verlag bleibt im Hinblick auf geografische Zuordnungen und Gebietsbezeichnungen in veröffentlichten Karten und Institutionsadressen neutral.

Planung/Lektorat: Rolf-Guenther Hobbeling
Springer Gabler ist ein Imprint der eingetragenen Gesellschaft Springer Fachmedien Wiesbaden GmbH und ist ein Teil von Springer Nature.
Die Anschrift der Gesellschaft ist: Abraham-Lincoln-Str. 46, 65189 Wiesbaden, Germany

Vorwort

Während ich die letzten Anpassungen für dieses Buch vornehme, ist die Welt in vielen Bereichen stillgelegt worden. Die COVID-19-Pandemie zwingt die meisten Staaten zu Maßnahmen, die den physischen zwischenmenschlichen Kontakt möglichst zu verhindern versuchen. Viele Tätigkeiten wurden innerhalb von wenigen Tagen ins Homeoffice verlegt, Hochschulen und Grundschulen unterrichten über digitale Kanäle, der Versandhandel erlebt neue Höchstumsätze. Gleichzeitig gehen aber auch die klassischen analogen Angebote zurück und man kann nicht abschätzen, wie gut die einzelnen Branchen (Beratung, Coiffeur, Gastronomie, Taxi oder Tourismus) diesen Lockdown bewältigen werden.

Aus Sicht der Thematik dieses Buchs sind vor allem zwei Erkenntnisse interessant:

- Die technologische Infrastruktur war bereit für die radikale Veränderung unserer Lebensformen. Auch ohne 5G haben die Übertragungskapazitäten des Internets die enorme Steigerung durch Homeoffice, Homeschooling und Homebuying ohne größere Probleme bewältigen können. Bis heute habe ich aus keinem europäischen Land eine Nachricht gefunden, dass die Datenübertragungsleitungen überlastet oder gar zusammengebrochen wären. Streamingdienste haben trotzdem angekündigt, ihre Datenübertragungsmengen präventiv reduzieren zu wollen, eine wirkliche Einbuße der Dienstleistungsqualität dieser Anbieter hat dadurch jedoch nicht stattgefunden.

Dies ist aus meiner Sicht bemerkenswert. Denn es zeigt, dass es eine Frage des menschlichen Willens (respektive der nicht beherrschbaren Bedrohung durch einen Virus) ist, ob und in welchem Umfang wir unsere Gesellschaft und somit unser Leben digital ausrichten: Technisch ist bereits heute viel mehr möglich, als die Mehrheit der Menschen vieler Gesellschaften für wünschenswert erachten.

- Neue Formen der Zusammenarbeit entstehen innerhalb kürzester Zeit. Meine Hochschule (Hochschule für Wirtschaft der Fachhochschule Nordwestschweiz) fokussierte bisher strikt auf Präsenzunterricht mit überschaubaren Klassengrößen: Der direkte Austausch mit den Dozierenden ist für die Lehre, aber auch die Weiterbildungsangebote ein sehr wichtiger Wert, wenn nicht gar eine Unique Selling Proposition (USP). Und trotzdem wurden der komplette Unterricht in der Bachelor- und der Masterstufe der Ausbildung und große Teile der Weiterbildungsangebote innerhalb von weniger als einer Woche komplett auf digital unterstützte Fernlerndidaktik umgestellt. Ähnliches hört man von verschiedenen Wirtschaftszweigen, in denen Homeoffice plötzlich möglich ist.

Es gibt aber auch eine nicht zählbare Anzahl neuer Businessideen und eine Vielzahl neuer (digitaler) sozialer respektive gesellschaftlicher Angebote: Da singen die Pfadfinder am Abend gemeinsam über eine Videokonferenz, werden Geburtstage mit Konferenzschaltungen gefeiert oder Konzerte veranstaltet, bei denen die Zuschauer und Zuhörer zu Hause bleiben und nur über das Internet miteinander verbunden sind.

Es wird spannend sein, zu beobachten (und zu erforschen), welche dieser Angebote auch nach der Aufhebung des Lockdown Bestand haben werden und bei welchen die physische Präsenz und der direkte, individuelle Austausch vor Ort einen derartigen Mehrwert darstellen, dass die neuen Formen des sozialen Treffens wieder verschwinden. Oder sie werden in einer anderen Form weitergeführt: Das gemeinsame Singen wird vielleicht zukünftig nationenübergreifend stattfinden oder von Konzerten wird im Sinn der Kulturvermittlung eine öffentliche Aufzeichnung erstellt, die ähnlich wie Podcasts einem breiten Publikum zur Verfügung gestellt wird.

Unabhängig davon, wie sich die COVID-19-Pandemie weiter entwickeln wird, kann heute schon festgestellt werden, dass sie ein Wendepunkt in der Geschichte der Menschheit sein wird: Nachher wird es nie mehr so sein wie vorher. Denn während des Lockdown wurde in vielen Bereichen gezeigt, dass ein verstärkter Einsatz digitaler Hilfsmittel möglich ist und auch einen großen Nutzen bringen kann: Zumindest die Umwelt hat von den letzten acht Wochen enorm profitiert.

Dieses Buch konnte in dieser Form nur Dank der großartigen Unterstützung der Verantwortlichen der Praxisbeispiele realisiert werden. Ich war und bin wirklich beeindruckt, mit welcher Offenheit Auskunft gegeben wurde und mit welchem Engagement die interviewten Personen ihre Projekte umsetzen und so die vielen Stimmen Lügen strafen, die die öffentliche Verwaltung als verstaubt und träge bezeichnen. Herzlichen Dank für Ihre Zeit, die Sie mir für mein Buch geschenkt haben.

Ein ebenso großer Dank gebührt dem Springer Verlag und meinem Lektor Rolf-Günther Hobbeling. Er unterstützte mich großartig bei der Entwicklung und glaubte weiterhin an das Projekt, selbst als sich abzeichnete, dass die gewünschten Best-Practice-Beispiele aus Deutschland und Österreich nicht zu beschreiben sein werden.

Last but not least vielen Dank meiner Frau Christina und meiner Tochter Sina, die mir während der letzten Wochen des Schreibens den Rücken freigehalten haben. Ohne Eure Unterstützung wäre dieses Buch nicht denkbar gewesen.

In diesem Sinne wünsche ich Ihnen, bleiben Sie gesund, probieren Sie die digitalen Möglichkeiten aus und verfolgen Sie kritisch die Entwicklung und Einführung von Instrumenten, die der Überwachung der Bevölkerung dienen.

Matthias Meyer
Menzingen/Zug
3. Mai 2020

Einleitung

Der digitale Wandel führt im privaten wie auch im gesellschaftlichen Leben zu großen Veränderungen und ist in der öffentlichen Diskussion sehr präsent: Die neuen Technologien ermöglichen neue Lösungsansätze in den Haushalten oder in der privaten Kommunikation, sie vereinfachen das öffentliche Leben und überwachen Produktionsabläufe, Plätze, aber auch Menschen (Leimeister 2015, S. V). Aufgrund der vielen neuen Möglichkeiten soll die Wirtschaft digitale Geschäftsmodelle entwickeln und die Unternehmen sollen sich digitale Strategien geben (Cole 2017). Aber auch die Gesellschaft sieht sich mit einer Vielzahl neuer Herausforderungen konfrontiert (Bühl 2000). Sie muss ethische Fragen klären (z. B. wer haftet bei einem Unfall eines selbstfahrenden Autos), die politische respektive gesellschaftliche Mitbestimmung regeln (e-Voting oder e-Partizipation), auf Phänome wie Fake News oder „hate speech" eine Antwort finden und gleichzeitig die Rolle und Aufgaben des Staates kontinuierlich weiterentwickeln (Demoscope & Interface 2017).

Da in den deutschsprachigen Ländern der Staat die Aufgabe hat, die Gesellschaft zu gestalten, beginnt dieses Buch mit einer kurzen Einführung (▶ Kap. 1) in die Staatsphilosophie von Verfassungsstaaten sowie in die Rahmenbedingungen einer öffentlichen Verwaltung. Diese ist im deutschsprachigen Raum das ausführende Organ des Staates und deshalb vom digitalen Wandel vielschichtig betroffen. Nach Auffassung des Autors haben die traditionellen staatsphilosophischen Grundsätze aus der Zeit von Napoleon und Max Weber im Moment sicherlich noch Bestand. Es ist allerdings nicht abzusehen, ob sie in der Zukunft in einer globalisierten, digitalisierten Welt noch richtungsweisend sein können und deshalb ein neuer Rahmen mit anderen Grundsätzen für eine „digitale Verwaltung" entwickelt werden muss. Aufgrund dieser sich der Gesellschaft stellenden Aufgabe ist die Bewältigung des digitalen Wandels durch die öffentliche Verwaltung nicht nur ein betriebswirtschaftliches Umsetzungsthema, sondern eine Gestaltungsaufgabe, die interdisziplinär Gesellschaftswissenschaftler und Politiker fordert.

Parallel zum digitalen Wandel müssen die deutschsprachigen Gesellschaften viele weitere Herausforderungen bewältigen: Migration, Klimawandel, demografischer Wandel, um nur einige zu nennen. Der digitale Wandel stellt im Gegensatz zu diesen gesellschaftlichen Herausforderungen einerseits eine klare Problemstellung dar, für die Lösungen gefunden werden müssen, andererseits kann und wird der digitale Wandel auch Lösungsansätze ermöglichen, für unterschiedlichste Probleme unserer Gesellschaften. Diese beiden Seiten der Medaille „digitaler Wandel" erschweren jedoch den Diskurs über den digitalen Wandel und dessen emotionale Einordnung. Damit der digitale Wandel in Bezug auf die weiteren gesellschaftlichen Herausforderungen richtig eingeschätzt werden kann, beschäftigt sich der zweite Teil (▶ Kap. 2) des Buchs mit diesen drängenden, durch unsere Gesellschaft zu bewältigenden Aufgaben.

Im dritten Teil (▶ Kap. 3) will dieses Buch dann das notwendige Grundwissen zum digitalen Wandel vermitteln. Dazu wird zuerst erläutert, welche technologische Entwicklung in den letzten Jahrzehnten stattgefunden hat. Denn nur mit einem minimalen technologischen Verständnis lässt sich der aktuelle starke Wandel nachvollziehen. Es wird aber auch aufgezeigt, welche Rahmenbedingungen technologische Entwicklungen benötigen, damit sie überhaupt in der Praxis angenommen werden. Mit diesem Wissen sollen Führungskräfte in öffentlichen Organisationen den digitalen Wandel ihres Verantwortungsbereichs gestalten können und dabei auch die Chancen und Risiken für ihren Verantwortungsbereich, wie auch für die gesamte Gesellschaft, lernen zu antizipieren. Gleichzeitig wird von den politisch Verantwortlichen auch gefordert werden, dass sie selbst eine Transformation von Verwaltenden zu Gestaltenden vollziehen.

Das vierte Kapitel (▶ Kap. 4) widmet sich mit den Themen e-Government und Smart Cities zwei weitverbreiteten Ansätzen des digitalen Wandels. Die beiden Ansätze werden vorgestellt und auch deren Verbreitung in den drei deutschsprachigen Ländern aufgezeigt. Mit einer abschließenden Würdigung dieser Ansätze werden die Grenzen und Möglichkeiten von e-Government und Smart Cities diskutiert.

Im fünften Kapitel (▶ Kap. 5) wird der ganzheitliche Ansatz des Zuger Modells des Smart Government erläutert und begründet, weshalb der digitale Wandel mit interdisziplinären Ansätzen analysiert und dann auch interdisziplinär Lösungen für die verschiedenen Herausforderungen gesucht werden sollten.

Der wichtigen konkreten, praktischen Umsetzung ist das sechste Kapitel (▶ Kap. 6) gewidmet. Es wird aufgezeigt, wie mit Maturitätsprüfungen ein erster Überblick über den aktuellen Stand des eigenen Verantwortungsbereichs in Bezug auf den digitalen Wandel gewonnen werden kann. Zudem findet sich im Anhang die Vorlage für einen eigenen Maturitätscheck, den die Lesenden für den eigenen Verantwortungsbereich durchführen können. Danach wird aufgezeigt, auf welchen Theorien umfassende Veränderungsprozesse aufgebaut und wie diese erfolgreich durchgeführt werden können. Eine Erläuterung ausgewählter besonderer Herausforderungen bei Veränderungsprozessen im Rahmen von Smart Government bildet den Abschluss dieses Kapitels.

Nach dem Ausblick in ▶ Kap. 7 folgen in ▶ Kap. 8 – acht unterschiedliche Best-Practice-Beispiele für die erfolgreiche Umsetzung digitaler Lösungen. Diese Beispiele wurden in Form von Interviews erfasst und die verantwortlichen Leitungspersonen schildern aus ihrer Sicht die besonderen Herausforderungen und „lessons learned" der jeweiligen Umsetzung.

Der digitale Wandel schreitet auch nach der Drucklegung dieses Buchs weiter. Deshalb werden unter der URL ▶ www.smarteverwaltung.ch die Entwicklung rund um den digitalen Wandel in öffentlichen Verwaltungen weiter dokumentiert und auch zusätzliche Best-Practice-Beispiele aufgeschaltet. Den Autor würde es insbesondere freuen, wenn noch mehr Beispiele aus Deutschland und Österreich hinzukommen würden.

Literatur

Bühl, A. (2000). *Die virtuelle Gesellschaft des 21. Jahrhunderts: Sozialer Wandel im digitalen Zeitalter.* Wiesbaden: VS Verlag. ► http://dx.doi.org/10.1007/978-3-322-89605-6. Zugegriffen: 4. Mai 2020.

Cole, T. (2017). *Digitale Transformation: Warum die deutsche Wirtschaft gerade die digitale Zukunft verschläft und was jetzt getan werden muss!* (2. Aufl.). München: Franz Vahlen. ► https://ebookcentral.proquest.com/lib/gbv/detail.action?docID=4822799. Zugegriffen: 4. Mai 2020.

Demoscope & Interface. (2017). *Nationale E-Government-Studie 2017.* Adligenswil. ► https://www.egovernment.ch/de/dokumentation/nationale-e-government-studie/. Zugegriffen: 4. Mai 2020.

Leimeister, J. M. (2015). *Einführung in die Wirtschaftsinformatik.* Berlin: Springer Berlin Heidelberg.

Inhaltsverzeichnis

I Öffentliche Verwaltung: Gesellschaft auf Basis von Gesetzen gestalten

1	Der Verfassungsstaat als Basis und Rahmen	3
1.1	Grundlagen des Verwaltungshandelns	4
1.2	Strategische Ebene vs. Exekutive in der politisch geführten Verwaltung	6
1.3	Kundenorientierung in der Verwaltung	8
1.4	Definition des eigenen Staatsverständnisses	9
	Literatur	11

II Eine sich verändernde Welt und digitale Chancen

2	Aktuelle Herausforderungen öffentlicher Verwaltungen	15
2.1	Die wichtigsten Herausforderungen für öffentliche Verwaltungen aus der Sicht von Leitungspersonen	16
2.2	Herausforderungen für die Gemeinden in der Schweiz	17
2.3	Gesellschaftliche Entwicklungen	19
2.4	Planungsherausforderung öffentlicher Verwaltungen am Beispiel der Schwankungen bei den Asylanträgen	26
	Literatur	27

3	Spezifische Herausforderungen bezüglich des digitalen Wandels	31
3.1	Die technologische Entwicklung kurz erklärt	33
3.2	Neue Ansätze aufgrund der technologischen Entwicklung	42
3.3	Bedingungen für technologische Innovationen	57
	Literatur	62

III Digitalisierung der öffentlichen Verwaltung

4	Unterschiedliche Ansätze der Digitalisierung öffentlicher Verwaltungen	69
4.1	eGovernment – bestehende Prozesse digitalisieren	70
4.2	Smart Cities – Städte vernetzen	73
4.3	Kritik an diesen beiden Ansätzen	76
	Literatur	79

5	Der Ansatz der Smarten Verwaltung – das Zuger Modell	81
5.1	Haltung	82
5.2	Handeln	88
	Literatur	92

IV Umsetzung und Fallbeispiele

6	Umsetzung konkret angehen	95
6.1	Maturitätsprüfung	97
6.2	Die Mitarbeitenden gestalten den digitalen Wandel	98
6.3	Gelingensfaktoren für die Umsetzung	117
	Literatur	120
7	**Ausblick**	121
	Literatur	123
8	**Good-Practice-Beispiele öffentlicher Verwaltungen**	125
8.1	Cardossier	129
8.2	Digitaler Dorfplatz	134
8.3	Umweltdatenportal-EnVIS des Kanton Aargau	140
8.4	Blockchain und Bitcoin in der Stadt Zug	146
8.5	Digitale Wasserzähler der Dorfgenossenschaft Menzingen	151
8.6	Zugriff auf die eigenen Daten mit Zuglogin des Kanton Zug	154
8.7	Der Einsatz künstlicher Intelligenz bei der Kantonspolizei Zürich	161
8.8	Kinderleicht zum Kindergeld in der Hansestadt Hamburg	168

Serviceteil

Anhang – Selbstcheck für Leitungspersonen in öffentlichen Organisationen zum digitalen Wandel 178

Abbildungsverzeichnis

Abb. 1.1	Zukunftsszenarien für die Schweiz	10
Abb. 2.1	Die Herausforderungen mit dem größten Handlungsbedarf innerhalb der nächsten fünf Jahre	17
Abb. 2.2	Planungsherausforderung am Beispiel der gestellten Asylanträge	27
Abb. 3.1	Mobilfunkgeschwindigkeiten in Kbits/s	36
Abb. 3.2	Preis in Cents je Gbyte herkömmliche Festplatte	37
Abb. 3.3	Entwicklung Festplattenspeicher	39
Abb. 3.4	Entwicklung Anzahl Schaltkreise eines Prozessors	41
Abb. 3.5	Die vier Dimensionen von Big Data	43
Abb. 3.6	Internet der Dinge	45
Abb. 3.7	Organisation der Datenhaltung und -verarbeitung	46
Abb. 3.8	Schema einer Blockchain	49
Abb. 3.9	Schema Blockchain-Verbund	50
Abb. 3.10	So funktioniert maschinelles Lernen	51
Abb. 3.11	Entwicklungsstufen der GEVER-Integration	54
Abb. 4.1	Zufriedenheit mit den folgenden Aspekten der verfügbaren Online-Angebote des eigenen Wohnorts	73
Abb. 4.2	Smart City Wheel	74
Abb. 5.1	Zuger Modell der Smarten Verwaltung	83
Abb. 6.1	Ergebnis des Selbstchecks digitale Transformation einer Weiterbildungsklasse Führungskräfte Kanton Aargau	98
Abb. 6.2	Acht Schritte des Veränderungsmanagements nach Kotter	102
Abb. 6.3	Externe Einflussmöglichkeiten auf die Mitarbeitendenmotivation bezüglich der Veränderungsprozesse	103
Abb. 6.4	Die Veränderungskurve auf Basis der Theorie-U von Scharmer	105
Abb. 6.5	Fünf Stadien der Verhaltensänderung	108
Abb. 6.6	Zehn Schritte für psychische Gesundheit	112
Abb. 6.7	Das Dreieck der themenzentrierten Interaktion	113
Abb. 6.8	Veränderungen können gelingen, wenn...	117
Abb. 8.1	Vehicle Ecosystem in einer Blockchain-Mobilität	132
Abb. 8.2	Karte der Plattform ENVIS mit unterschiedlichen Messstationen	143
Abb. 8.3	Einbettung der Identifikationslösung Zuglogin in den digitalen Zugriff auf Verwaltungsanwendungen	158

Tabellenverzeichnis

Tab. 1.1 Max Webers Bürokratiegrundlagen für eine legitimierte und rationale Herrschaft.. 7
Tab. 2.1 Ausprägungen der sechs Szenarien der Zukunft der Schweiz.............. 24

Öffentliche Verwaltung: Gesellschaft auf Basis von Gesetzen gestalten

Inhaltsverzeichnis

Kapitel 1   Der Verfassungsstaat als Basis und Rahmen – 3

Der Verfassungsstaat als Basis und Rahmen

Inhaltsverzeichnis

1.1 Grundlagen des Verwaltungshandelns – 4

1.2 Strategische Ebene vs. Exekutive in der politisch geführten Verwaltung – 6

1.3 Kundenorientierung in der Verwaltung – 8

1.4 Definition des eigenen Staatsverständnisses – 9

Literatur – 11

© Springer Fachmedien Wiesbaden GmbH, ein Teil von Springer Nature 2020
M. Meyer, *Die smarte Verwaltung aktiv gestalten*, Edition Innovative Verwaltung,
https://doi.org/10.1007/978-3-658-30686-1_1

Nach der französischen Revolution hat Napoleon den Verfassungsstaat (Code civil), wie wir ihn heute auf dem europäischen Kontinent kennen, entwickelt und mit seinen Feldzügen verbreitet. An die Stelle des Königs tritt neu der Staat als Verleiher aller Rechten und Pflichten, aber auch als Gestalter der Gesellschaft. Das Verhältnis zwischen dem Staat und seinen Bürgerinnen und Bürgern sowie das der natürlichen und juristischen Personen untereinander wird in nach demokratischen Regeln erstellten Gesetzen festgehalten. Im Gegensatz zu anderen Staatsphilosophien haben die Menschen im Civil-Law-Rechtsstaat grundsätzlich keine Rechte, erst der Staat verleiht ihnen diese nach den herrschenden Mehrheitsverhältnissen (= Demokratie). Dass dies nicht unproblematisch ist, zeigt sich an der späten Einführung des Frauenstimmrechts im schweizerischen Kanton Appenzell Innerhoden (erst 1990 und damit 19 Jahre nach der Einführung des nationalen Frauenstimmrechts in der Schweiz) resp. an den aktuellen Entwicklungen in den demokratisch legitimierten Verfassungsstaaten Polen und Ungarn.

Somit steht der Verfassungsstaat über den Bürgerinnen und Bürgern und soll die Gesellschaft gestalten. Er darf jedoch nur im Rahmen des festgelegten gesetzlichen Auftrags handeln. Das Staatsrecht als eigenständiger Rechtszweig beschreibt in Staaten mit der Civil-Law-Rechtsphilosophie die Rechte und Pflichten des Staates.

Im Verfassungsstaat übernehmen die gewählten Parlamente mit der Festlegung der Gesetze die Aufgabe der strategischen Ausrichtung der Gesellschaftsgestaltung. Die operative Umsetzung erfolgt durch die öffentlichen Verwaltungen. Da die Gesetze z. T. einen großen Ermessensspielraum für die Umsetzung gewähren, werden die öffentlichen Verwaltungen und somit deren Handeln wiederum durch gewählte Personen (häufig Minister oder in der Schweiz xxx-räte genannt) politisch geleitet und verantwortet.

> Während in Ländern mit der Civil-Law-Rechtsphilosophie der Staat über den Bürgerinnen und Bürgern steht und die Aufgabe hat, die Gesellschaft zu gestalten (mit entsprechenden Gesetzestexten), hat der Staat in Ländern mit der Common-Law-Rechtsphilosophie (z. B. England und die USA) nur eine moderierende Aufgabe. Die Gestaltung der Gesellschaft bleibt in diesen Ländern den natürlichen und juristischen Personen vorbehalten, die gesellschaftlichen Regeln (Gesetze) entstehen primär durch Gerichtsurteile.

1.1 Grundlagen des Verwaltungshandelns

Die Verwaltung als ausführendes Organ des Staates verfügt über eine große Machtfülle. Sie kann oder muss sogar das Leben der Bürgerinnen und Bürger, aber auch das Funktionieren von juristischen Personen teilweise sehr stark beeinflussen. Damit sich natürliche wie auch juristische Personen dem Staat und seiner Verwaltung „unterwerfen", müssen die Spielregeln für diese Beziehung klar sein: Welche Rechte erhält die Verwaltung, welche Vorgehensweisen sind ihr gestattet und umgekehrt, was erhalten die Bürgerinnen und

> Max Weber beschrieb sein Bürokratiemodell in einer Zeit, als die Staaten die natürlichen und juristischen Personen auch räumlich begrenzten. In welchem Umfang ein solches Modell in einer digitalen, globalisierten Welt noch Gültigkeit haben kann, muss sicherlich in naher Zukunft diskutiert werden.

1.1 · Grundlagen des Verwaltungshandelns

Bürger dafür, dass sie den Staat und die öffentliche Verwaltung mit dieser Machtfülle ausstatten.

Wie im vorangegangenen Kapitel ausgeführt, definieren die Gesetze den Handlungsrahmen für den Staat. Dieser Handlungsrahmen wird von den demokratisch gewählten Gremien nach dem Mehrheitsprinzip definiert: So bestimmt schlussendlich die Mehrheitsmeinung in einem Staat, welche Regeln gelten respektive was der Staat darf.

Wie der Staat seine Macht ausüben soll, wird zum größten Teil in den Gesetzen nachgelagerten Beschlüssen (Verordnungen, Weisungen usw.) von den wiederum demokratisch legitimierten Exekutivpolitikpersonen definiert. Dabei bauen unsere Verwaltungen immer noch auf das über 100 Jahre alte Bürokratiemodell von Max Weber auf. Dieser ging davon aus, dass die Bürokratie die beste Art ist, eine legitimierte Herrschaft nach rationalen Grundsätzen auszuüben. Grundsätzlich unterschied Weber dabei nicht zwischen den Bürokratien der öffentlichen Verwaltung und privater Unternehmen. Bei der Beurteilung von Webers Grundlagen für die Bürokratie ist natürlich zu beachten, dass Weber sie in der Endphase des deutschen Kaiserreichs verfasste. Damals war es wichtig, dass die Willkürherrschaft von Monarchen (und ihren Administrationen) durch einen demokratisch gebildeten Staat ersetzt wird und dessen Administration (die Verwaltung) nach klaren Regeln alle Menschen gleich behandelt. Bereits damals war sich Max Weber der Nachteile bewusst, die dieses Ziel (Gleichbehandlung, Nachvollziehbarkeit der Entscheidungen, berechenbar handelnd) für eine Organisation bringt. Für ihn war die Bürokratie – wie er diese Organisationsform nannte – jedoch die beste Lösung. Mit seinen Grundlagen für die Bürokratie fokussierte er insbesondere auf die unabhängige Bürokratie und deren nicht beeinflussbare Verwaltungsangestellte (Weber 1972, S. 122 ff.). Heute sind viele der genannten Errungenschaften selbstverständlich und deshalb in den Hintergrund gerückt. Dienstleistungsempfangende erwarten heute als Kunden (ist König) und nicht als Bürger (dem Staat und somit der Verwaltung untergeordnet) behandelt zu werden. Sie sind von anderen Dienstleistenden individuelle Lösungen, schnelles Erledigen der Wünsche und kompetente Fachexperten gewohnt und erwarten dies auch von der öffentlichen Verwaltung. Dass solche Erwartungen zum Teil diametral zum Wesen einer öffentlichen Verwaltung stehen (individuelle Lösungen sind nur beschränkt möglich, wenn alle gleich behandelt werden sollen; wenn Fristen einzuhalten sind oder Stellungnahmen abgewartet werden müssen, ist eine schnelle Erledigung eines Wunschs kaum möglich), ist den betroffenen Bürgerinnen und Bürgern häufig nicht bewusst.

In der politischen Steuerung der Verwaltung tritt auch ein Phänomen auf, das in der betriebswirtschaftlichen Literatur mit dem Prinzipal-Agenten-Modell beschrieben wird: Die öffentlichen Verwaltungen werden zwar formell von gewählten Politikerinnen und Politikern geleitet, die obersten Beamtinnen und Beamten haben jedoch aufgrund ihres Wissens einen enormen Kompetenzvorsprung. Dieser kann dazu führen, dass nicht die gewählte Person, sondern die obersten Beamtinnen und Beamten die Verwaltung operativ führen.

In der Schweiz sind die Kantone eigenständige Verfassungsstaaten. Sie sind u. a. für die Definition der Gemeinden zuständig. Dadurch hat die Schweiz über 20 unterschiedliche Gemeindegesetzgebungen mit z. T. voneinander abweichenden Aufgaben, Pflichten und Rechten der Gemeindeverwaltungen. Aber auch die Schulsysteme, das Rechtswesen, die Sozialsysteme usw. unterscheiden sich von Kanton zu Kanton respektive zwischen Gemeinden unterschiedlicher Kantone.

Zusammenfassend kann man sagen, dass heute in den deutschsprachigen Ländern einige von Max Webers Bürokratiemerkmalen (◉ Tab. 1.1) selbstverständlich geworden sind, andere muss man sich aus staatsphilosophischen Gründen jedoch immer wieder bewusst machen und wieder andere scheinen eher überholt zu sein.

Es würde zu weit führen, an dieser Stelle die Bürokratiemerkmale von Max Weber vertieft zu diskutieren. Allerdings ist es notwendig, diese im Auge zu behalten, wenn eine Digitalisierung der öffentlichen Verwaltung geplant ist. Denn öffentliche Verwaltungen benötigen immer noch einen politisch-legitimierten Auftrag (Gesetz, Verordnung, Weisung des Exekutivpolitikers), damit sie tätig werden darf. Zudem muss sie vorhersehbar und nachvollziehbar handeln und entscheiden (mit jeder Entscheidung muss eine Rechtsmittelbelehrung erfolgen; jede Entscheidung einer öffentlichen Verwaltung kann angefochten werden).

Die Lücke zwischen den Rahmenbedingungen und den Erwartungen an die öffentliche Verwaltung als Dienstleistungserbringende ist somit deutlich sichtbar und wird auch noch weiter zunehmen, und damit auch der Druck auf die Verwaltung, kundenfreundlicher zu werden.

1.2 Strategische Ebene vs. Exekutive in der politisch geführten Verwaltung

Verfassungsstaaten des europäischen Kontinents sind gekennzeichnet durch eine klare Trennung der drei unterschiedlichen Gewalten im Staat: der Legislativen, der Exekutiven und der Judikativen. Diese drei nach demokratischen Regeln gebildeten Gewalten sollen ein Gleichgewicht im Staatshandeln gewährleisten und haben diesem Auftrag entsprechend klare Aufgaben.

Die Legislative ist das strategische Organ. Sie definiert, wie die Gesellschaft gestaltet werden soll, nach welchen Regeln, Normen und gegebenenfalls auch Werten die natürlichen und juristischen Personen innerhalb eines Staats zu handeln haben. Dabei endet der Gestaltungsbereich der Legislativen an den jeweiligen Staatsgrenzen: Die strategische Wirkung ist auf das Hoheitsgebiet beschränkt, für das die jeweilige Legislative zuständig ist. Dies mag einleuchtend sein, bringt jedoch in der digitalisierten, globalisierten Welt große Herausforderungen mit sich: So ist das Datenschutzgesetz der EU in der Schweiz nicht gültig. Im gesamten europäischen Raum tätige Firmen (z. B. Internethandel) müssen sich jedoch auf die Datenschutzgesetze der verschiedenen Staaten

1.2 · Strategische Ebene vs. Exekutive in der politisch ...

◘ Tab. 1.1 Max Webers Bürokratiegrundlagen für eine legitimierte und rationale Herrschaft. (Eigene Darstellung basierend auf Weber 1972, S. 122 ff.)

Heute eher überholt	Die Tätigkeit in der öffentlichen Verwaltung wird hauptberuflich ausgeübt (dadurch sind Verwaltungsangestellte nicht auf Nebeneinkünfte angewiesen und somit nicht von Dritten abhängig) Für den Aufstieg in der Hierarchie ist das Dienstalter ausschlaggebend (vordefinierte Laufbahnen in der Verwaltung)
Heute eher selbstverständlich	Strenge Definition / Zuordnung von Kompetenzen für die einzelnen Verwaltungseinheiten Die Verwaltungsmitarbeitenden haben fest vorgegebene Rechte und Pflichten Verwaltungsmitarbeitende müssen Amtstätigkeit und Privates klar trennen Verwaltungsmitarbeitende müssen klar definierte Fachqualifikationen besitzen (durch eine geregelte, offizielle Ausbildung) Die Aufgaben der öffentlichen Verwaltung werden in Arbeitsteilung erfüllt
Heute weiterhin relevant, insbesondere auch in Bezug auf den digitalen Wandel	Die politische Verantwortung kann nicht an die Operativ-Tätigen delegiert werden Die öffentliche Verwaltung muss sich an den gesetzlichen Rahmen halten Die Verwaltungseinheiten sind in eine feste Hierarchie eingebunden Alle Entscheide müssen schriftlich erfolgen (alles ist schriftlich und nachvollziehbar festzuhalten, damit ggf. dagegen Einspruch erhoben werden kann) Alle Geschäfte werden nach den gleichen Regeln bearbeitet

einstellen und gegebenenfalls unterschiedliche Prozesse für unterschiedliche Kundengruppen etablieren.

Die Exekutive ist das ausführende Organ. Sie wird aufgrund und auf Basis der von der Legislativen definierten gesetzlichen Aufträge und Rahmenbedingungen tätig. Ohne einen gesetzlichen Auftrag darf die öffentliche Verwaltung in Verfassungsstaaten nicht tätig werden. Eine eigenständige Strategiedefinition außerhalb des von der Legislative festgelegten Auftrags steht ihr nicht zu (diesbezüglich unterscheidet sich die Verwaltung in Staaten mit der Civil-Law-Rechtsphilosophie von öffentlichen Verwaltungen in Common-Law-Staaten).

> Die öffentliche Verwaltung ist die einzige Organisation, bei der das strategische Organ nicht aufgrund von fachlichen, sondern aufgrund von anderen Kompetenzen (politisch) gebildet wird.

Erschwerend kommt hinzu, dass die Legislative durchaus sich konkurrenzierende strategische Ziele definiert (z. B. Gesundheits- und Sozialzielsetzungen vs. wirtschaftspolitische Ziele). So erhalten einzelne Verwaltungseinheiten sich konkurrenzierende oder gar neutralisierende Aufträge.

Da die Legislative häufig nur einen groben Rahmen vorgeben kann, muss in der Praxis die strategische Richtung der Umsetzug unter dem Gesichtspunkt der Wirkungsoptimierung verfeinert werden. Damit diese Verfeinerung der Ausrichtung der Verwaltung auch politisch-demokratisch legitimiert ist, stehen der Exekutive demokratisch gewählte Mandatsträger vor. Deren primäre Aufgabe ist das Steuern, aber auch das Verantworten der konkreten Handlungen der öffentlichen Verwaltung. Je nach Größe des Verwaltungsapparats (in der Schweiz haben 50 % der Gemeinden weniger als 1000 Einwohner, aber trotzdem die gleichen Aufgaben und Verantwortungen wie eine Großstadt wie Zürich mit einer Verwaltung mit mehr als 20.000 Vollzeitstellen) ist es aber durchaus denkbar, dass gewählte Exekutivpolitiker auch praktische Tätigkeiten übernehmen (müssen).

In Zeiten schnell fortschreitender technologischer Entwicklungen, aber auch anderer gesellschaftlicher Herausforderungen (z. B. Flüchtlingskrise Anfang September 2015), steht die Exekutive vor der Herausforderung, dass die Legislative noch keinen geeigneten Rahmen für die neue Situation geschaffen hat oder dieser sehr veraltet ist (Das Datenschutzgesetz der Schweiz stammt aus dem Jahr 1993, im gleichen Jahr kam auch der erste grafikfähige Browser auf den Markt, der die geschlossenen Systeme von AOL und CompuServe verdrängte. Die heutigen sozialen Medien basieren auf Web 2.0, dieser Begriff wurde 2003 das erste Mal verwendet).

Die eigentliche Fachexpertise der öffentlichen Verwaltung (Exekutive) liegt bei den Beamten oder Angestellten der jeweiligen Behörden. Sie sind diejenigen, welche die konkreten Tätigkeiten nach dem aktuellen Stand der Wissenschaft und den jeweiligen Berufskenntnissen ausüben. Dabei dienen die Vorgaben der politischen Verantwortungsträger als Ziel (welches gesellschaftliche Ziel wird angestrebt); den Weg dorthin sollten die Fachexperten aufgrund ihrer Expertise selbstständig wählen können, wobei natürlich politische Gründe gewisse Wege ausschließen können – selbst wenn diese effizienter und wirkungsvoller wären.

1.3 Kundenorientierung in der Verwaltung

Im heutigen Post-New-Public-Management-Zeitalter gibt es kein Führungsmodell für öffentliche Verwaltungen mehr, das nicht die Kundenorientierung in der Verwaltung postuliert. Bürgerinnen und Bürger, aber auch die Unternehmen sollen als Kundinnen und Kunden betrachtet und behandelt werden. Diese aus der allgemeinen Betriebswirtschaftslehre stammende Betrachtungsweise des Verhältnisses zwischen Staat und Bürger geht davon aus, dass so die Dienstleistungen der öffentlichen Verwaltung bürgerfreundlicher und effizienter würden. Als Folge dieses Ansatzes wurden die Öffnungszeiten öffentlicher Verwaltungen angepasst (Bürgerabend) und auch einzelne Behördengeschäfte sowie Formulare ins Internet gestellt (Steiner et al. 2020, S. 123 ff.).

Allerdings muss bei der Kundenorientierung öffentlicher Verwaltungen immer überprüft werden, ob die Rahmenbedingungen des Handelns des Staats weiterhin eingehalten werden: So darf aus einem neuen Internetangebot einer Behörde keine Benachteiligung für diejenigen entstehen, die das Internet nicht nutzen. Zudem darf nicht vergessen werden, dass die Bürgerinnen und Bürger im Verhältnis zum Staat sehr viele unterschiedliche Hüte aufhaben (z. B. Steuerpflichtige, Dienstleistungsempfangende, Gesuchstellende, Schutz- und Unterstützungsbedürftige oder auch Straffällige) und im Prinzip für jede dieser Beziehungen die Rolle der Bürgerinnen und Bürger wie auch des Staats neu geklärt werden muss. Dass Bürgerinnen und Bürger je nach ihrer Situation auch unterschiedliche Erwartungen an den Staat und dessen Handeln haben, ist auch gut nachzuvollziehen.

Deshalb sind technologische Entwicklungen, insbesondere wenn sich die Legislative mit diesen noch nicht abschließend beschäftigt hat, für öffentliche Verwaltungen eine besondere Herausforderung.

1.4 Definition des eigenen Staatsverständnisses

Im Zuge der Globalisierung und des technologischen Wandels gibt es in allen deutschsprachigen Ländern eine Diskussion darüber, was der eigene Staat soll und was er nicht soll. Außenpolitisch dreht sich diese Diskussion häufig auch um das Verhältnis zur EU. Allerdings muss festgestellt werden, dass diese Diskussionen kaum über verschiedene Gesellschafts- oder Staatsmodelle geführt werden, sondern häufig aus Sicht der (vermeintlichen) Verlierer der globalen Entwicklungen. So kommen dann populistische Parolen wie „Austria first" oder „Deutschland den Deutschen" oder „Ausländer raus" (in der Schweiz) zustande. Was dagegen gerade durch die stärkere Vermischung mit anderen Kulturen (im religiösen Kontext durch die stärkere Verbreitung des Islams in Europa, im ökonomischen Kontext durch die Einflussnahme von Amerika früher, China heute) im Sinn einer strategischen Analyse und darauf folgenden Entscheidungen notwendig wäre, ist ein breiter Diskurs über Werte und die Vorstellung, in was für einem Staat wir leben wollen.

In der Schweiz hat der neoliberale Thinktank Avenir Suisse in einem Weißbuch Schweiz sechs unterschiedliche Szenarien der Schweiz vorgestellt (◘ Abb. 1.1), die eine Vorstellung darüber geben können, wie grundlegend die

> Die Menschen in Europa werden aufgrund des Einflusses anderer Staats- respektive Regierungsformen diskutieren müssen, wie der Staat aussehen soll, in dem sie leben wollen.

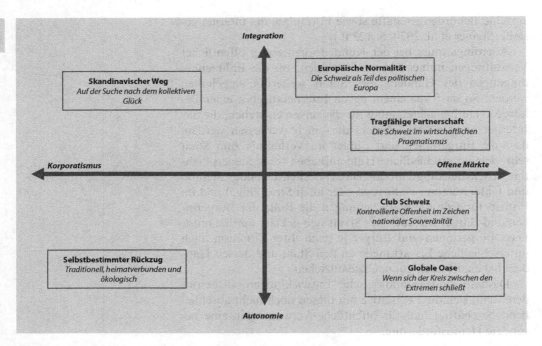

Abb. 1.1 Zukunftsszenarien für die Schweiz (Eigene Darstellung basierend auf Grünenfelder und Schellenbauer 2018, S. 88, 90 f.)

Diskussion geführt werden müsste und welche Ergebnisvielfalt eine solche Diskussion zur Folge haben könnte (Grünenfelder und Schellenbauer 2018). Wahrlich – unsere Gesellschaft(en) stehen vor großen und wichtigen Entscheidungen.

> **Erkenntnisse aus der Praxis: Angelsächsische Managementliteratur passt nicht unbedingt für Civil Law-Systeme**
>
> Die strategische Managementliteratur – auch für öffentliche Verwaltungen – stammt häufig aus dem englischen Sprachraum. Damit bezieht sie sich jedoch auf die Common-Law-Staatsphilosophie und ist für den deutschsprachigen Raum nur bedingt anwendbar. Insbesondere der Ansatz, dass eine Verwaltung Dienstleistungen und Themenschwerpunkte in ihrem Strategieprozess frei wählen kann, kann in den deutschsprachigen Ländern nicht verfolgt werden. Dies ist gerade in Bezug auf neue digitale Dienstleistungen relevant: Diese müssen häufig in einen Rahmen passen, der in und für eine analoge Welt definiert wurde.

Literatur

Grünenfelder, P.; Schellenbauer, P. (2018). Weissbuch Schweiz. Sechs Skizzen der Zukunft. Zürich, ▶ https://cdn.avenir-suisse.ch/production/uploads/2018/05/2018_weissbuch_schweiz_sechs_skizzen_der_zukunft.pdf [abgefragt am: 22.04.20]

Steiner, R., Ladner, A., Kaiser, C., Haus, A., Amsellem, A., & Keuffer, N. (2020). *Zustand und Entwicklung der Schweizer Gemeinden: Ergebnisse des nationalen Gemeindemonitorings 2017*. Glarus: Somedia Buchverlag.

Weber, M. (1972). *Wirtschaft und Gesellschaft: Grundriss der verstehenden Soziologie* (5., rev. Aufl., Studienausg). Tübingen: Mohr.

Eine sich verändernde Welt und digitale Chancen

Inhaltsverzeichnis

Kapitel 2   Aktuelle Herausforderungen öffentlicher
            Verwaltungen – 15

Kapitel 3   Spezifische Herausforderungen bezüglich des
            digitalen Wandels – 31

Aktuelle Herausforderungen öffentlicher Verwaltungen

Inhaltsverzeichnis

2.1 Die wichtigsten Herausforderungen für öffentliche Verwaltungen aus der Sicht von Leitungspersonen – 16

2.2 Herausforderungen für die Gemeinden in der Schweiz – 17

2.3 Gesellschaftliche Entwicklungen – 19
2.3.1 Bevölkerungswachstum – 20
2.3.2 Demografischer Wandel – 20
2.3.3 Arbeit verändert sich – 20
2.3.4 Wertewandel – 21
2.3.5 Globalisierung – 22
2.3.6 Klimawandel – 23

2.4 Planungsherausforderung öffentlicher Verwaltungen am Beispiel der Schwankungen bei den Asylanträgen – 26

Literatur – 27

© Springer Fachmedien Wiesbaden GmbH, ein Teil von Springer Nature 2020
M. Meyer, *Die smarte Verwaltung aktiv gestalten*,
Edition Innovative Verwaltung, https://doi.org/10.1007/978-3-658-30686-1_2

Der Staat, und somit die öffentliche Verwaltung, muss bei seinen Aktivitäten die Interessen aller natürlichen und juristischen Personen berücksichtigen. Dies führt regelmäßig zu Konflikten zwischen den verschiedenen Interessensgruppierungen:
- So konnte bis heute keine Strategie entwickelt werden, die den CO_2-Ausstoß wirkungsvoll begrenzt.
- Wenn die Wirtschaft und das Bruttoinlandsprodukt wachsen sollen, dann ist das in der heutigen Situation nur durch eine starke Migration von ausländischen Arbeitskräften möglich.
- Globalisierte Konzerne haben längst das enge Korsett der Regeln eines einzelnen Staats abgeschüttelt und agieren international. Sie suchen sich jeweils denjenigen Staat als Sitz, der das beste Rahmenangebot bietet.

Für die lokalen, nationalen Behörden stellen diese Rahmenbedingungen für ihr eigenes Handeln spezielle Herausforderungen dar.

2.1 Die wichtigsten Herausforderungen für öffentliche Verwaltungen aus der Sicht von Leitungspersonen

Deutsche Führungspersonen öffentlicher Verwaltungen werden regelmäßig zu ihrer Einschätzung der größten Herausforderungen in den nächsten fünf Jahren und allfälligen digitalen Lösungsansätzen befragt. An diesem Zukunftspanel Staat und Verwaltung der Hertie School of Business und der Firma Wegweiser, Berlin, nahmen 309 deutsche Behörden des Bundes, der Länder, Landkreise und Kommunen teil. Dies entspricht einer Rücklaufquote von 23 % bezogen auf alle angeschriebenen Behörden (Hertie School & Wegweiser 2019). Dadurch ergibt sich ein aussagekräftiges Bild der Einschätzungen der operativ Verantwortlichen über alle föderalen Ebenen hinweg. In Österreich oder der Schweiz gibt es leider keine vergleichbare Erhebung. Im Rahmen einer Kaderweiterbildung im Jahr 2019 (156 Teilnehmende) der kantonalen Verwaltung Aargau hat der Autor die Teilnehmenden mit den gleichen Fragen und Kategorien nach den wichtigsten Herausforderungen für die nächsten fünf Jahre aus deren Sicht befragt (Meyer 2020).

Nachstehende Grafik in ◘ Abb. 2.1 zeigt jeweils die fünf in den beiden Befragungen am häufigsten genannten Herausforderungen für die nächsten fünf Jahre. Dabei wird eine große Übereinstimmung bei der Einschätzung der befragten Kadermitarbeitenden sichtbar: In beiden Befragungen wird die „Weiterentwicklung E-Government und Maßnahmen der Digitalisierung" mit Abstand am häufigsten genannt und

> Die großen globalen Herausforderungen kann ein einzelner Staat nicht mehr allein lösen. Deshalb ist eine Fokussierung auf den Nationalstaat wenig hilfreich.

2.2 · Herausforderungen für die Gemeinden in der Schweiz

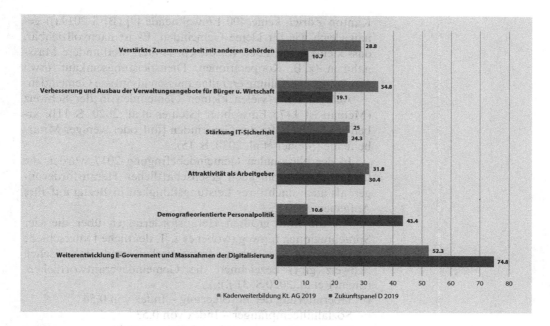

◻ **Abb. 2.1** Die Herausforderungen mit dem größten Handlungsbedarf innerhalb der nächsten fünf Jahre (Eigene Darstellung, basierend auf Hertie School & Wegweiser 2019 sowie Meyer 2020)

auch die „Attraktivität als Arbeitgeber" sowie die „Stärkung der IT-Sicherheit" sind sehr wichtig. Allerdings schätzen die Verantwortlichen in Deutschland die „demografieorientierte Personalpolitik" als deutlich wichtiger ein als die Kolleginnen und Kollegen beim Kanton Aargau. Für diese sind wiederum die „verstärkte Zusammenarbeit mit anderen Behörden" sowie die „Verbesserung und Ausbau der Verwaltungsangebote für Bürger und Wirtschaft" deutlich wichtigere Herausforderungen als für die deutschen Führungspersonen.

2.2 Herausforderungen für die Gemeinden in der Schweiz

In der Schweiz bilden die Gemeinden diejenige föderale Ebene, die für die meisten konkret erbrachten Dienstleistungen an der Bevölkerung, aber auch für Unternehmen verantwortlich sind. Im europäischen Vergleich haben sie eine eher hohe Autonomie, obwohl der jeweilige Kanton die Verantwortlichkeiten und Kompetenzen der Gemeinden auf seinem Gebiet festlegt. So entstehen in der Schweiz 26 verschiedene „Pflichtenhefte" für Gemeinden. Diese Aufgabenbeschreibungen gelten dann für grosse Gemeinden (Stadt Zürich hat über 400,000 Einwohnende, die kleinste Gemeinde im

Je näher eine Verwaltungseinheit an den Einwohnerinnen und Einwohnern im föderalen System ist, desto operativer werden ihre Herausforderungen.

Kanton Zürich keine 400 Einwohnende [9] (BFS 2019a)) genau gleich wie für kleine Gemeinden. Es ist nachvollziehbar, dass kleine Gemeinden vor diesem Hintergrund andere Massnahmen (z. B. Kooperationen, Dienstleistungseinkauf usw.) zur Aufgabenerfüllung ergreifen müssen als grosse Gemeinden.

Aufgrund der vielen kleinen Gemeinden in der Schweiz (Median ist 1475 Einwohner [Steiner et al. 2020, S. 11]), arbeiten in der Hälfte der Gemeinden fünf oder weniger Mitarbeitende (Steiner et al. 2020, S. 15).

In der Nationalen Gemeindebefragung 2017 wurden die Gemeinden sowohl nach gesellschaftlichen Herausforderungen als auch nach ihrer Leistungsfähigkeit in Bezug auf ihre Aufgaben gefragt.

Als die fünf größten Herausforderungen über die vier Sprachregionen hinweg (wobei es z. T. deutliche Unterschiede zwischen der deutschen, französischen und italienischen Schweiz gibt) bezeichnen die Gemeindeverantwortlichen. (Steiner et al. 2020 S. 31 f.):

– Überalterung der Bevölkerung – Index von 0,54
– Sozialhilfeempfänger – Index von 0,53
– Wenige gute Steuerzahler – Index von 0,48
– Verkehrsbelastung – Index von 0,46
– Verkleinerung der Bauzonen – Index von 0,45

Die fünf geringsten Herausforderungen sehen die Befragten in:
– Unterbringung Asylsuchende – Index von 0,38
– Starker Frankenkurs – Index von 0,35
– Umweltbelastung – Index von 0,29
– Drogenprobleme – Index von 0,19
– Kriminalität – Index von 0,17

Dieser Index wird gebildet mit 0 = Antwort „nicht betroffen", 0,5 = „zum Teil betroffen" und 1,0 = „stark betroffen".

Aus deutschsprachiger, internationaler Perspektive spiegeln diese Antworten natürlich zum einen die hohe Finanzautonomie der Schweizer Gemeinden und die damit verknüpften finanziellen Herausforderungen wider (drei der fünf größten Herausforderungen wirken sehr direkt auf den Finanzhaushalt), zum anderen nimmt der Index linear in Abhängigkeit zur Gemeindegröße zu. Einzige Ausnahme bildet hier die Überalterung der Bevölkerung, die in allen Gemeinden eine wichtige Herausforderung ist (Steiner et al. 2020, S. 31).

Neben den gesellschaftlichen Herausforderungen haben Gemeinden durch ihre Abhängigkeit zum jeweiligen

2.3 · Gesellschaftliche Entwicklungen

Heimatkanton weitere Herausforderungen zu bewältigen. So berichten zwei Drittel der Gemeinden, dass ihre Zusammenarbeit mit den Kantonsbehörden (Verwaltung und Politik) eher gut oder gut verläuft (Steiner et al.2020, S. 34). Zudem empfindet rund jede zehnte Gemeinde, dass sie bei der Aufgabenerfüllung an ihre Leistungsgrenze stößt oder diese gar überschreitet (Steiner et al. 2020, S. 36); konkret bei der Sozialhilfe, der Raum- und Zonenplanung, bei der Informatik und der Gemeindeexekutive ist es gar jede fünfte Gemeinde (Steiner et al. 2020, S. 37). Dabei sind es gar nicht die kleinsten Gemeinden, die bei der Aufgabenbewältigung die größten Probleme berichten, sondern die mittelgroßen mit 5000 bis 9999 Einwohnerinnen und Einwohnern (Steiner et al. 2020, S. 40).

> Im internationalen Vergleich weisen die öffentlichen Verwaltungen im deutschsprachigen Raum eine sehr hohe Leistungsfähigkeit auf.

Die Selbsteinschätzung der obersten Gemeindeverwalterperson bezüglich allfälliger Probleme der Gemeindeverwaltung fällt in der gesamten Schweiz ziemlich ähnlich aus. (Steiner et al. 2020, S. 133 f.):
- Die Aufgaben werden ohne Probleme erfüllt: 3,8
- Viele Prozesse sind zu kompliziert: 2,6
- Es fehlt an den notwendigen Finanzen: 2,5
- Es fehlt an operativen Freiheiten: 2,5
- Es fehlt an Personal: 2,4
- Die Entscheidungswege sind zu lang: 2,4
- Die Aufgaben sind zu wenig klar definiert: 2,1
- Es fehlt an den notwendigen Fachkenntnissen: 2,0
- Zusammenarbeit mit der Exekutive ist schwierig: 1,8
- Distanz zu Bürgern und Bürgerinnen ist zu groß: 1,6

(Antwortmöglichkeit auf Fünferskala von 1 = „trifft überhaupt nicht zu" bis 5 = „trifft völlig zu").

Auch wenn diese Antworten auf Selbsteinschätzungen beruhen, sind die Ergebnisse mit anderen – auch internationalen – Studien im Einklang, die den Schweizer Gemeinden eine hohe Leistungsfähigkeit bescheinigen, was vonseiten der Bevölkerung zu einem verhältnismäßig hohen Vertrauen in die Gemeindeverwaltungen führt (Steiner et al. 2020, S. 114).

2.3 Gesellschaftliche Entwicklungen

Neben den Herausforderungen, die die Verantwortlichen von öffentlichen Organisationen benennen, gibt es gesellschaftliche Trends, die zu Veränderungen in der Gesellschaft führen und so direkt oder indirekt zu Herausforderungen für die öffentliche Verwaltung werden.

Nachstehend sollen diejenigen dieser gesellschaftlichen Veränderungen beschrieben werden, die einen besonders großen Einfluss auf die Aufgaben des Staates und somit die öffentlichen Organisationen haben (Credit Suisse 2018; Klauß und Mierke 2017).

2.3.1 Bevölkerungswachstum

In allen drei deutschsprachigen Ländern findet das Bevölkerungswachstum durch Migration statt. Durch das stetige Wirtschaftswachstum steigt der Bedarf v. a. an gut ausgebildeten Arbeitskräften. Das z. T. starke Bevölkerungswachstum in den drei Ländern (seit der Jahrtausendwende in Deutschland 0,8 %, in Österreich 10,2 % und in der Schweiz 18,4 %) führt zu verschiedensten gesellschaftlichen Herausforderungen: Infrastruktur, die ausgebaut und schneller erneuert werden muss; öffentliche Dienstleistungen (Bildungs- und Gesundheitswesen sowie Sicherheit) müssen ausgebaut werden; Wachstum der Ballungszentren und Zersiedelung der Landschaft usw. Neben den quantitativen Wachstumsfolgen muss die Gesellschaft aber auch die Integration von Menschen aus anderen Kulturen bewältigen. Beide Folgen des Bevölkerungswachstums führen zu Widerständen in der Bevölkerung wie auch der Politik (Schweizerische Volkspartei SVP 2019).

2.3.2 Demografischer Wandel

> Das steigende Ungleichgewicht zwischen Alten und Jungen in den deutschsprachigen Gesellschaften kann realistischerweise nur durch Zuwanderung gemildert werden.

Der demografische Wandel fordert die Gesellschaft der drei deutschsprachigen Länder (BFS 2019b). In allen drei Ländern liegt der Anteil der 65-Jährigen und Älteren um 20 % und ist seit 1980 um rund 25 % gestiegen. Parallel dazu nimmt der Anteil der unter 15-Jährigen stetig ab. Dies belastet nicht nur die Rentenkassen: Da die Menschen gleichzeitig auch immer älter werden, muss die Gesellschaft auch mehr altersgerechte Infrastrukturen und Dienstleistungen zur Verfügung stellen (Felder 2012; Guggemos 2004). Das Gesundheitssystem und v. a. die sozialen Einrichtungen werden stärker belastet, in den meisten Gemeinden muss die Infrastruktur angepasst werden. Dies kann z. B. bedeuten, dass Schulhäuser abgerissen und an deren Stelle Alters- und Pflegeheime gebaut werden.

2.3.3 Arbeit verändert sich

Die Digitalisierung verstärkt die bereits voranschreitende Veränderung der Arbeitswelt im deutschsprachigen Europa.

2.3 · Gesellschaftliche Entwicklungen

Der Dienstleistungssektor wird weiter zulasten der Industrie und der Landwirtschaft wachsen. Einerseits wird damit die Arbeit anspruchsvoller und geistiger, andererseits nimmt der Bedarf an individuellen Dienstleistungen (Pflege) zu (Schweizerisches Gesundheitsobsvervatorium 2011). Für die Schweiz als rohstoffarmes Land bietet sich mit der Positionierung in der Wissensgesellschaft eine Chance; gleichzeitig steigt aber auch das Risiko für Menschen, die an dieser Entwicklung nicht teilhaben können, am Arbeitsmarkt nicht anschlussfähig zu sein (Klauß und Mierke 2017, S. 128–151; Schweizerische Eidgenossenschaft 2017; WEF-World Economic Forum 2013). Für Deutschland erwarten Experten der OECD einen Verlust von rund 18 % der Arbeitsplätze durch die Automatisation und weitere 36 % der Arbeitsplätze werden sich so stark verändern, dass die Arbeitnehmenden sich im großen Umfang anpassen müssen. Gleichzeitig wird für Deutschland auch die Entstehung von vielen neuen Arbeitsplätzen erwartet (Siems 2019). Auch für Österreich wird ein Fortschreiten des strukturellen Wandels der Wirtschaft prognostiziert. Wie in Deutschland und der Schweiz wird der Dienstleistungssektor rund drei Viertel aller Arbeitsplätze umfassen. Und auch in Österreich geht der Trend hin zu hochqualifizierten Tätigkeiten und einer beruflichen Tertiärisierung (Fink et al. 2018).

2.3.4 Wertewandel

Menschen der gleichen Alterskategorie entwickeln insgesamt gesehen ähnliche Werte. Ein Wertewandel findet klassischerweise von einer Generation zur nächsten statt. Deshalb werden die jeweiligen Generationen auch mit unterschiedlichen Bezeichnungen (z. B. Generation Y oder Generation Z) versehen (Krüger 2016).

Über die verschiedenen Generationen hinweg kann beobachtet werden, dass in den jüngeren Generationen die Familien (das enge soziale Umfeld) eine stärkere Bedeutung gewinnt. Die traditionellen Werte, die die Familie als Ort der Unterstützung, des Austauschs, aber auch als primäre soziale Gruppe sehen, sind heute jüngeren Menschen wichtiger als älteren Generationen.

Gleichzeitig jedoch fokussieren sich jüngere Menschen verstärkt auf sich selbst und verfolgen einen individuell ausgerichteten Lebensstil. Das Verantwortungsgefühl für gesellschaftliche Belange geht eher zurück und die Bereitschaft sinkt, sich über einen längeren Zeitraum verbindlich in Vereinen oder politisch zu engagieren. Ein solches Engagement findet allerdings punktuell oder projektbezogen noch statt.

Gesamtgesellschaftlich gesehen verliert der Solidargedanke und die gesellschaftliche Verantwortungsverteilung

> Gerade in unsicheren Zeiten wünschen sich Menschen klare und sichere Werte. Der Wertewandel in unseren Gesellschaften trägt zur Verunsicherung breiter Kreise der Bevölkerung bei.

nach dem Prinzip der Leistungsfähigkeit in den deutschsprachigen Ländern an Bedeutung und die Betonung der individuellen Eigenverantwortlichkeit steigt (Krüger 2016, S. 52 f.; Klaffke 2014; Roos 2011).

In speziellen Jugendstudien (Shell-Studie) wurde durch Befragungen zusätzlich festgestellt, dass – über die letzten Jahre betrachtet – die Bereitschaft der Befragten, andere Ansichten und Meinungen zu tolerieren, deutlich zurückgegangen ist. Parallel verstärkte sich auch der Trend, den Kontakt zu anderen Meinungen oder Kanäle, in denen andere Meinungen vertreten werden, zu meiden. Somit ist eine klare Polarisierung und teilweise auch Radikalisierung der verschiedenen Ansichten festzustellen (Gensicke 2015, S. 247).

2.3.5 Globalisierung

Die Globalisierung führt zu neuen Herausforderungen für Europa. Jedoch nicht nur die einzelnen Staaten (und somit die öffentlichen Verwaltungen) werden durch die Globalisierung gefordert und müssen unterschiedlichste Lösungen erarbeiten. Auch alle anderen Organisationen und schlussendlich die Individuen stellt die Globalisierung vor neue Fragen (Malik 2008). Der kaum steuerbare, grenzüberschreitende Transit von Ideen, Werten, aber auch Investitionsmitteln, Produkten und Arbeitskräften führt dazu, dass sich Europa verstärkt mit seinen eigenen Werten und Bedürfnissen auseinandersetzen muss (Europäische Kommission 2018). Man kann sogar von einem regelrechten Wettstreit der unterschiedlichen Gesellschafts- und Staatsformen sprechen, der in den letzten Jahren entbrannt ist (Strittmatter 2019; Koch 2017, S. 90 ff.). Neben dem Internet und der digitalen Vernetzung, die eine weltumspannende Kommunikation ermöglicht, wurde diese Entwicklung auch durch den Aufstieg der Schwellenländer vorangetrieben (Europäische Kommission 2017).

Gemäß des Globalisierungsreports 2018 erzielte die Schweiz zwischen 1990 und 2016 den höchsten globalisierungsbedingten Pro-Kopf-Einkommenszuwachs der untersuchten Länder (Rang 1, kumulierter Einkommensgewinn je Einwohner ab 1990 49.730 €). Auch Deutschland (Rang 6, Einkommensgewinn von 29.922 €) und etwas weniger Österreich (Rang 11, 23.491 €) konnten von der Globalisierung deutlich profitieren (Weiss et al. 2018, S. 18).

Aufgrund von Fernferienreisen, internationalen Arbeitszusammenhängen, aber auch der Migration nach Europa kann auf der individuellen Ebene ein starkes Ansteigen der globalisierungsbedingten Kontakte festgestellt werden. Diese erreichen eine neue Dimension sowohl bezüglich der

Die Medaille „Globalisierung" hat viele Seiten. Deshalb ist es sehr einfach, gegen eine internationale Vernetzung und übernationale Problemlösungsansätze Stimmung zu machen.

Häufigkeit wie auch bezüglich der Anzahl an Personen in Europa, die solche Kontakte haben. Dieses gehäufte Aufeinandertreffen unterschiedlicher Kulturen, Traditionen und Werte in der globalisierten Welt führt aber auch zu Konflikten. Hier werden die europäischen Gesellschaften und Staaten zukünftig noch stärker gefordert sein, die eigene Identität weiterzuentwickeln und den kontinuierlichen Wandel der eigenen Werte und Traditionen zu bewältigen (Koch 2017, S. 90 f.).

2.3.6 Klimawandel

Die wachstumsfördernde Globalisierung trägt zum Klimawandel stark bei (Koch 2017, S. 96 f.). Dieser wird auch für die mitteleuropäischen Staaten starke Folgen haben (Brasseur et al. 2017). Diese haben selbst einen Ressourcenverbrauch entwickelt, der deutlich über dem Niveau liegt, das klimaneutral wäre. Aus beiden Aspekten entwickeln sich gesellschaftliche Herausforderungen, für die der Staat und die Verwaltung Lösungen entwickeln muss:
— Einerseits die vielfältigen Folgen des Klimawandels bewältigen: Folgen für die Luftqualität, die Gesundheit, die Biodiversität, den Wasserhaushalt, für biogeochemische Stoffkreisläufe, die Landwirtschaft, die Wälder und Forstwirtschaft, den Boden, die Städte, den Tourismus.
— Andererseits versuchen, den Klimawandel zu beeinflussen: über den Personen- und Güterverkehr sowie die Energie- und Wasserversorgung.

> **Erkenntnisse aus der Praxis – Diskussion Schweiz wohin?**
>
> Das ungeklärte Verhältnis zur EU stellt für Avenir Suisse eine erhebliche Bedrohung für den Wirtschaftsstandort Schweiz dar. Deshalb hat dieser liberale, wirtschaftsnahe Thinktank im Jahr 2018 mit seinem Weißbuch (Grünenfelder und Schellenbauer 2018) versucht, die Diskussion über die Zukunft der Schweiz anzustoßen. Begleitet von mehreren lokalen Diskussionsveranstaltungen wurden sechs unterschiedliche Szenarien vorgestellt, wie die Schweiz der Zukunft aussehen könnte (◘ Tab. 2.1; Grünenfelder und Schellenbauer 2018, S. 92 f.): Diese sechs Szenarien wurden dann auf einem Koordinatennetz, das das Verhältnis der Schweiz zur EU darstellt, verordnet (◘ Abb. 1.1).
> Aufgrund seiner persönlichen Wahrnehmung des öffentlichen Diskurses muss der Autor mit Bedauern feststellen, dass die auch aus seiner Sicht dringende Diskussion zur Klärung der Frage „In welcher Schweiz wollen wir zukünftig leben?" im Sand verlaufen ist.

Tab. 2.1 Ausprägungen der sechs Szenarien der Zukunft der Schweiz (Grünenfelder und Schellenbauer 2018, S. 92 f.)

	Tragfähige Partnerschaft	Europäische Normalität	Skandinavischer Weg
Verhältnis Schweiz – EU	Drittstaatenbeziehung auf der Basis von Freihandelsabkommen	Drittstaatenbeziehung auf der Basis von Freihandelsabkommen	Tiefgehendes Freihandelsabkommen und einzelne sektorielle Abkommen (Land- und Luftverkehr, Zollsicherheit) mit der EU
Migrationspolitik	Restriktive Kontingente und strikter Inländervorrang	Unilaterale Personenfreizügigkeit mit vielen Staaten der Welt	Versteigerte Kontingente als Eintrittspreis
Einbindung in den Welthandel	WTO-basiert, einfache Freihandelsverträge	WTO-basiert, unilaterale Öffnung gegenüber vielen Staaten	Bilaterale tiefe Freihandelsabkommen mit vielen Ländern und Efta-Freihandelsabkommen
Geld- und Währungspolitik	Eigenständig und expansiv	Eigenständig	Eher restriktiv, phasenweise Ausrichtung an der EZB
Sozialpolitik und Umverteilung	Ausgebaut zugunsten vieler Anspruchsgruppen	Reduziert auf ein Minimum	Zurückhaltend
Arbeitsmarktpolitik	Stärker reguliert, Arbeitnehmerschutz	Weitgehend dereguliert, Förderung der digitalen Arbeitsformen	Weitgehend dereguliert
Regulierung des Binnenmarkts	Konsequenter Schutz der einheimischen Infrastruktur (Lex Koller für zahlreiche Branchen), Ausbau des Selbstversorgungsgrad, hoher Agrarprotektionismus, schwacher Wettbewerb	Konsequente Deregulierung und Privatisierung des Service public	Teilweise Liberalisierung des Service public über Ausschreibungen, redimensioniertes Versorgungsniveau, tiefere Agrarzölle werden mit ökologischen Direktzahlungen ausgeglichen
Souveränität	Starke Betonung der formellen Souveränität und der nationalen Eigenständigkeit	Betonung der formellen Souveränität und gleichzeitig eigenständige unilaterale Öffnung	Größtmögliche formelle Souveränität unter Berücksichtigung der wirtschaftlichen Erfordernisse
Föderalismus	Ausgeprägt föderal und kleinteilig, starke Umverteilung in die Peripherie	Föderal, stärkt urbanen Raum und erhöht räumliche Disparitäten	Ausgeprägt föderal
Gesellschaftspolitik	Konservativ-traditionell	Progressiv-individualistisch, starke Betonung der Privatsphäre, obligatorischer Bürgerdienst	Liberal-konservativ, Förderung der Zivilgesellschaft und des Milizprinzips

(Fortsetzung)

2.4 · Planungsherausforderung öffentlicher Verwaltungen am …

Tab. 2.1 (Fortsetzung)

	Tragfähige Partnerschaft	Europäische Normalität	Skandinavischer Weg
Verhältnis Schweiz – EU	Rahmenabkommen, weitgehende Einbindung in den Binnenmarkt über sektorielle Abkommen inklusive Dienstleistungen und Energie	EU-Mitgliedschaft	EU-Mitgliedschaft
Migrationspolitik	Personenfreizügigkeit mit EU, Drittstaatenkontingente	Personenfreizügigkeit mit EU, Drittstaatenkontingente	Personenfreizügigkeit mit EU, Drittstaatenkontingente, starke Flüchtlingsmigration
Einbindung in den Welthandel	Bilaterale tiefe Freihandelsabkommen mit vielen Ländern und Efta-Freihandelsabkommen	EU-Freihandelsverträge (Zollunion)	EU-Freihandelsverträge (Zollunion)
Geld- und Währungspolitik	Ausrichtung der Geld- und Währungspolitik an der EZB	Übernahme des Euro	Schweizer Franken, starke Ausrichtung der Geld- und Währungspolitik an der EZB
Sozialpolitik und Umverteilung	Wie heute	Wie heute	Starker Ausbau, Versorgungsstaat
Arbeitsmarktpolitik	Wie heute (FlaM)	EU-kompatible Anpassung der FlaM (Einschränkung der Entsenderichtlinie), verstärkter Arbeitnehmerschutz	EU-kompatible Anpassung der FlaM, Ausbau der zentralen Lohnbildung (GAV), Mindestlöhne, Geschlechterquoten
Regulierung des Binnenmarkts	Punktuelle Deregulierung, wo es die EU-Binnenmarkteinbindung erfordert: Abschaffung der Staatsgarantie von Kantonalbanken, Verbot von Beihilfen, Strommarktliberalisierung	Punktuelle Deregulierung, wo es der EU-Binnenmarkt erfordert: Abschaffung der Staatsgarantie von Kantonalbanken, Verbot von Beihilfen, EU-Agrarpolitik, Strommarktliberalisierung	Weitgehende Liberalisierung des Service public und der Gütermärkte: Abschaffung der Staatsgarantie von Kantonalbanken, Verbot von Beihilfen, EU-Agrarpolitik, Strommarktliberalisierung
Souveränität	Pragmatische Abwägung zwischen wirtschaftlichen Integrationsvorteilen und formeller Souveränität	Betonung der materiellen Souveränität, Neudefinition des formellen Souveränitätsbegriffs im Sinne der Mitbestimmung auf supranationaler Ebene	Betonung der materiellen Souveränität, Neudefinition des formellen Souveränitätsbegriffs im Sinne der Mitbestimmung auf supranationaler Ebene
Föderalismus	Wie heute	Wie heute	Zentralisierung von Kompetenzen
Gesellschaftspolitik	Tendenziell progressiv	Tendenziell progressiv	Progressiv-paternalistisch, Fokus auf Gleichstellung und sozialem Wohlverhalten

Diese Tabelle wurde mit Einverständnis der Autoren aus Grünenfelder und Schellenbauer 2018, S. 92 f. übernommen

2.4 Planungsherausforderung öffentlicher Verwaltungen am Beispiel der Schwankungen bei den Asylanträgen

Öffentliche Verwaltungen sind aufgrund der gesetzlich vorgeschriebenen Budgetprozesse (mit einer politischen Entscheidung am Ende dieses Prozesses) eher träge Organisationen. Die mittelfristige Finanzplanung hat normalerweise einen zeitlichen Vorlauf von fünf Jahren. Abweichungen von dieser Finanzplanung müssen gegenüber den politischen Entscheidungsträgern sehr gut begründet werden. Diese fünf Jahre Vorlaufzeit sind jedoch in der heutigen Zeit eine halbe Ewigkeit, in der sehr viel passieren kann.

Der Budgetprozess des zukünftigen Finanzjahres startet rund neun Monate vorher in den operativ tätigen Organisationseinheiten und endet im besten Fall im Dezember, sodass im Januar die Budgets bekannt sind. Es ist jedoch keine Seltenheit, dass ein Haushalt erst im laufenden Jahr verabschiedet werden kann, was dazu führt, dass die Verwaltung zu Beginn des Haushaltsjahres nur sehr eingeschränkt Aktivitäten finanzieren kann.

Ein Bereich mit sehr großen, kaum planbaren Schwankungen ist das Flüchtlingswesen. Die Aufnahme von Asylsuchenden ist in allen europäischen Staaten ein politisch sehr kontrovers diskutiertes Thema. Gleichzeitig schwankt die Anzahl der gestellten Asylanträge auf kaum vorhersehbarer Weise sehr stark (◘ Abb. 2.2). Dies führt dazu, dass die öffentlichen Verwaltungen oftmals sehr kurzfristig die notwendigen Ressourcen zur Verfügung stellen müssen, um die eintreffenden Asylsuchenden unterzubringen und deren Anträge in den jeweiligen Verfahren zu bearbeiten.

Die Digitalisierung bietet hier Chancen, sowohl in der Planung der Fallzahlen (in diesem Beispiel die zukünftige Anzahl an Asylanträgen) als auch in der zeitlichen Verkürzung des Budgetprozesses und somit der notwendigen Vorlaufzeit für die operativ Tätigen.

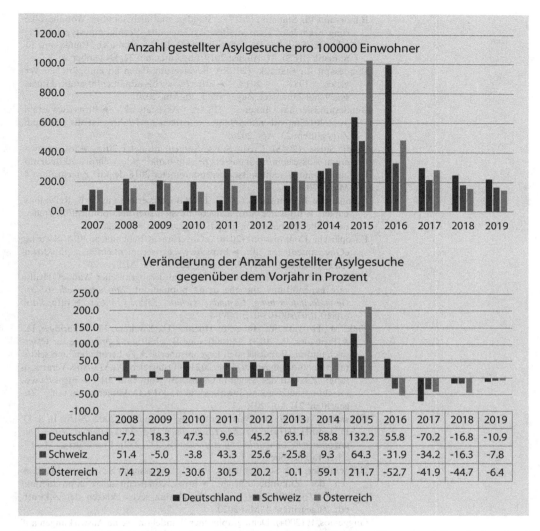

◘ **Abb. 2.2** Planungsherausforderung am Beispiel der gestellten Asylanträge (Eigene Darstellung basierend auf Bundesamt für Migration und Flüchtlinge 2020, S. 9; Bundesministerium Inneres 2020, S. 4; Schweizerische Eidgenossenschaft – Staatssekretariat für Migration 2020, S. 14)

Literatur

Brasseur, G., Jacob, D., & Schuck-Zöller, S. (Hrsg.). (2017). Klimawandel in Deutschland: Entwicklung, Folgen, Risiken und Perspektiven. Berlin: Springer Spektrum. ► https://hdl.handle.net/10419/191581. Zugegriffen: 4. Mai 2020.

Bundesamt für Migration und Flüchtlinge. (2020). Das Bundesamt in Zahlen 2019 – Asyl. ► https://www.bamf.de/SharedDocs/Anlagen/DE/Statistik/BundesamtinZahlen/bundesamt-in-zahlen-2019-asyl.pdf?__blob=publicationFile&v=4. Zugegriffen: 23. Apr. 2020.

Bundesamt für Statistik. (2019a). Ständige und nichtständige Wohnbevölkerung nach Jahr, Kanton, Bezirk, Gemeinde, Bevölkerungstyp und Geschlecht (Ständige Wohnbevölkerung). In: bfs.admin.ch. Bundesamt für Statistik (BFS), 31. August 2019, abgerufen am 22. Dezember 2019.

Bundesamt für Statistik. (2019b). Bevölkerungsdaten im europäischen Vergleich, 1981 – 2018. ▶ https://www.bfs.admin.ch/bfsstatic/dam/assets/9466623/master. Zugegriffen: 20. Apr. 2020.

Bundesministerium Inneres. (2020). Asylstatistik. ▶ https://www.bmi.gv.at/301/Statistiken/files/Jahresstatistiken/Asyl-Jahresstatistik_2019.pdf. Zugegriffen: 23. Apr. 2020.

Credit Suisse. (2018). Credit Suisse Sorgenbarometer 2018. ▶ https://www.credit-suisse.com/media/assets/private-banking/docs/ch/privatkunden/finanzplanung/credit-suisse-sorgenbarometer-2018-de.pdf. Zugegriffen: 4. Mai 2020.

Europäische Kommission. (2017). Die Globalisierung meistern: Reflexionspapier. ▶ https://ec.europa.eu/commission/sites/beta-political/files/reflection-paper-globalisation_de.pdf. Zugegriffen: 4. Mai 2020.

Europäische Kommission. (2018). eGovernment Benchmark 2018: Securing eGovernment for all. ▶ https://www.egovernment.ch/index.php/download_file/force/1477/3343/. Zugegriffen: 4. Mai 2020.

Felder, S. (2012). Gesundheitsausgaben und demografischer Wandel [Health care expenditures and the aging population]. *Bundesgesundheitsblatt, Gesundheitsforschung, Gesundheitsschutz, 55*(5), 614–621. ▶ https://doi.org/10.1007/s00103-012-1469-4

Fink, M., Horvath, T., Huber, P., Huemer, U., Kirchner, M., Mahringer, H., & Piribauer, P. (2018). Mittelfristige Beschäftigungsprognose für Österreich und die Bundesländer. Ergebnisüberblick zu beruflichen und sektoralen Veränderungen 2016 bis 2023 in Österreich. AeAD-Ams Veranstaltung: „Zukunft der Arbeit in Österreich" vom 19.6.2018. ▶ https://www.forschungsnetzwerk.at/downloadpub/180619_Dokumentation.pdf. Zugegriffen: 21. Apr. 2019.

Gensicke, T. (2015). Die Wertorientierung der Jugend (2002–2015). In S. D. H. GmbH (Hrsg.), *Fischer-Taschenbuch:* Bd. 3401. *Jugend 2015. Eine pragmatische Generation im Aufbruch* (S. 237–272). Frankfurt a. M.: Fischer Taschenbuch.

Grünenfelder, P. & Schellenbauer, P. (2018). Weissbuch Schweiz: Sechs Skizzen der Zukunft. Zürich. ▶ https://cdn.avenir-suisse.ch/production/uploads/2018/05/2018_weissbuch_schweiz_sechs_skizzen_der_zukunft.pdf. Zugegriffen: 4. Mai 2020.

Guggemos, P. (2004). Demographischer Wandel und seine Auswirkungen auf die soziale Infrastruktur in Kommunen. In B. Frevel (Hrsg.), *Perspektiven der Gesellschaft. Herausforderung demografischer Wandel* (S. 257–274). Wiesbaden: VS Verlag. doi:10.1007/978-3-322-80562-1_18.

Hertie School & Wegweiser. (2019). Ergebnisse des Zukunftspanels Staat & Verwaltung 2019. Beilage zur Pressemitteilung vom 28.11.2019. ▶ https://www.zukunftskongress.info/sites/default/files/2019-11/Ergebnisse%20Zukunftspanel%202019.pdf. Zugegriffen: 20. Apr. 2020.

Klaffke, M. (2014). *Generationen-Management*. Wiesbaden: Springer Fachmedien Wiesbaden.

Klauß, T. H., & Mierke, A. (2017). *Szenarien einer digitalen Welt – heute und morgen: Wie die digitale Transformation unser Leben verändert*. München: Carl Hanser Verlag GmbH & Co. KG.

Koch, E. (2017). *Globalisierung: Wirtschaft und Politik*. Wiesbaden: Springer Fachmedien.

Krüger, K.-H. (2016). Gesellschaftlicher Wertewandel: Generation X, Y, Z – und dann? In H. Klaus & H. J. Schneider (Hrsg.), *Personalperspektiven* (12. Aufl., S. 39–71). Wiesbaden: Springer Fachmedien. doi:10.1007/978-3-658-13971-1_3.

Literatur

Malik, F. (2008). Thesen für die neue Welt des 21. Jahrhunderts. In: Malik F. (Hrsg.), Unternehmenspolitik und Corporate Governance. Band 2 der Reihe „Management: Komplexität meistern". Frankfurt a. M.: Campus. S. 52 f.

Meyer, M. (2020). SmartAargau Basismodul – Digitale Transformation und Verwaltung 4.0: Résumé 2019. Interner Bericht z.Hd. Steuergruppe des Projekts Smart Aargau.

Roos, G. T. (2011). *Wertewandel in der Schweiz 2030*. Luzern: Swissfuture.

Schweizerische Eidgenossenschaft – Der Bundesrat. (2017). Auswirkungen der Digitalisierung auf Beschäftigung und Arbeitsbedingungen – Chancen und Risiken: Bericht des Bundesrates in Erfüllung der Postulate 15.3854 Reynard vom 16.09.2015 und 17.3222 Derder vom 17.03.2017. Bern. ▶ https://www.newsd.admin.ch/newsd/message/attachments/50248.pdf. Zugegriffen: 4. Mai 2020.

Schweizerisches Gesundheitsobservatorium. (2011). Nachfrage nach Pflege zu Hause wird steigen: Medienmitteilung. Neuchâtel.

Schweizerische Volkspartei SVP. (2019). Zuwanderung auf ein gesundes Mass reduzieren: Ausschnitt aus dem Parteiprogramm der Schweizerischen Volkspartei 2019 – 2023. ▶ https://www.svp.ch/wp-content/uploads/Auslaenderpolitik.pdf. Zugegriffen: 4. Mai 2020.

Siems, D. (2019). Jeder möchte Deutschland sein. Welt-Online. ▶ https://www.welt.de/wirtschaft/article192469599/OECD-Digitalisierung-veraendert-den-deutschen-Arbeitsmarkt.html. Zugegriffen: 21. Apr. 2020.

Staatssekretariat für Migration. (2020). Asylstatistik. ▶ https://www.sem.admin.ch/dam/data/sem/publiservice/statistik/asylstatistik/2019/stat-jahr-2019-kommentar-d.pdf. Zugegriffen: 23. Apr. 2020.

Steiner, R., Ldaner, A., Kaiser, C., Haus, A., Amsellem, A., & Keuffer, N. (2020). *Zustand und Entwicklung der Schweizer Gemeinden. Ergebnisse des nationalen Gemeindemonitorings 2017*. Glarus: Somedia Buchverlag.

Strittmatter, K. (2019). *Die Neuerfindung der Diktatur: Wie China den digitalen Überwachungsstaat aufbaut und uns damit herausfordert* (6. Aufl.). München: Piper Verlag.

WEF – World Economic Forum. (2013). Future of jobs. ▶ https://www3.weforum.org/docs/WEF_Future_of_Jobs.pdf. Zugegriffen: 4. Mai 2020.

Weiss, J., Sachs, A., & Weinelt, H. (2018). Globalisierungsreport 2018: Wer profitiert am stärksten von der Globalisierung? Bielefeld. ▶ https://www.bertelsmann-stiftung.de/fileadmin/files/BSt/Publikationen/GrauePublikationen/MT_Globalisierungsreport_2018.pdf. Zugegriffen: 4. Mai 2020.

Spezifische Herausforderungen bezüglich des digitalen Wandels

Inhaltsverzeichnis

3.1 Die technologische Entwicklung kurz erklärt – 33
3.1.1 Schnellere (und mobile) Datenverbindungen – 34
3.1.2 Schnellere und größere Massenspeicher – 37
3.1.3 Schnellere Prozessoren – 40
3.1.4 Kleinere und intelligentere Sensoren – 41

3.2 Neue Ansätze aufgrund der technologischen Entwicklung – 42
3.2.1 Big Data – 42
3.2.2 Internet der Dinge – 44
3.2.3 Cloud-Anwendungen – 46
3.2.4 Software as a Service – 47
3.2.5 Blockchain – 48
3.2.6 Künstliche Intelligenz und maschinelles Lernen – 51
3.2.7 Gever und Geko – 53
3.2.8 Self-Service-Anwendungen – 55
3.2.9 Nutzung der Crowd – 55
3.2.10 Linked Open Government Data – 57

© Springer Fachmedien Wiesbaden GmbH, ein Teil von Springer Nature 2020
M. Meyer, *Die smarte Verwaltung aktiv gestalten*, Edition Innovative Verwaltung,
https://doi.org/10.1007/978-3-658-30686-1_3

3.3 Bedingungen für technologische Innovationen – 57
- 3.3.1 Die technische Lösung muss realisierbar sein – 57
- 3.3.2 Die technische Lösung muss ökonomisch sinnvoll sein – 58
- 3.3.3 Die Kunden müssen die technische Lösung akzeptieren – 59
- 3.3.4 Die ethische Reflexion bei technologischen Entwicklungen – 60

Literatur – 62

In den letzten Jahren sind die technischen Grundlagen für digitale Lösungen in einem Umfang leistungsfähiger geworden, dass nun komplett neue Anwendungen möglich sind. Gleichzeitig haben diese technischen Geräte, aber auch die dafür notwendigen Dienstleistungen, den experimentellen Entwicklungsstatus überwunden und sind für den Massenmarkt erschwinglich geworden. Dies führt dazu, dass breite Teile der Gesellschaft ihr bisheriges, analog geprägtes Verhalten komplett verändert haben, unter anderem (Faber 2019):

— Die Kunden werden in die Produktions- respektive Wertschöpfungskette einer Dienstleistung viel stärker einbezogen (z. B. Billett-Apps der Bahnanbieter).
— Dienstleistungen und Aufgaben können ortsgebunden und ohne direkten Kontakt mit einem Menschen jederzeit genutzt respektive erledigt werden (Finanztätigkeiten in einer Banken-App).
— Zeitnahe Informationen und detailliertes Spezialwissen sind jederzeit und wiederum räumlich nicht gebunden in nicht mehr überschaubarer Quantität vorhanden.
— Mit dem Smartphone hat man permanent ein Gerät dabei, das die Funktionen ursprünglich verschiedener Geräte (Telefon, Computer, Spielkonsole, Diktiergerät, Film- und Fotoapparat, Navigationsgerät usw.) auf kleinstem Raum vereint. Dies ermöglicht Verhaltensweisen, die früher undenkbar waren (z. B. alle Beteiligte eines Ereignisses werden zu Public-Reportern).

3.1 Die technologische Entwicklung kurz erklärt

Der digitale Wandel basiert auf der technologischen Entwicklung in vier Bereichen. Diese vier Bereiche sind:
— die Übertragungsmöglichkeiten von Daten,
— die Speicherungsmöglichkeit von Daten,
— die Berechnung und das Vergleichen von Daten,
— die automatisierte Erfassung von Daten.

Alle diese Bereiche haben damit zu tun, wie Daten bearbeitet werden können. Der digitale Wandel macht deshalb so große Entwicklungsschritte, weil heute aus technologischer Sicht viel mehr Daten (automatisch) erhoben, viel schneller verarbeitet und viel schneller verschickt sowie gespeichert werden können – und das Ganze zusätzlich mit sehr viel kleineren Bauteilen. Die dadurch neuen Anwendungsmöglichkeiten sind die Basis, um die Gesellschaft maßgeblich und nachhaltig zu verändern (Faber 2019).

Gordon Moore, Mitbegründer der Firma Intel, sagte 1965, dass die Leistungsfähigkeit der Prozessoren sich rund alle 18 Monate verdoppeln wird. Diese Vorhersage ist ziemlich genau eingetroffen: Heute sind Prozessoren 8,5 Milliarden mal leistungsfähiger als 1968. Aber die Leistungssteigerung von 2018 bis 2023 beträgt gemäß dieser Vorhersage das 60,2-Milliardenfache auf dann 68,7 Milliarden gegenüber 1968.

Diese vier Aspekte der Datenverarbeitung und deren technische Basis werden in den folgenden Abschnitten erläutert.

3.1.1 Schnellere (und mobile) Datenverbindungen

Die Möglichkeit, Daten von A nach B zu transportieren, ist die Basis für alle Lösungsansätze, bei denen ortsunabhängig Daten bearbeitet oder angeschaut werden sollen. Verbindungen mittels Local Area Network (LAN, räumlich begrenztes Netzwerk) sind physische Kabelverbindungen und ermöglichen den Einsatz von zentralen Datenservern. LAN-Übertragungen begannen mit einer Geschwindigkeit von 10 MBit/s. Lange Zeit war die 100 MBit/s-Datenübertragungsgeschwindigkeit der Standard, heute hat LAN eine Geschwindigkeit von 1000 MBit/s, mit der Daten innerhalb eines Haushalts oder eines Firmenstandorts hin- und hertransportiert werden.

> Das Internet ist ein Netzwerk von zumeist physisch miteinander verbundenen Computern (Servern). Dieses Netzwerk steht grundsätzlich allen Menschen offen. Über das Internet kann man Daten transportieren.

Wenn die Daten den eigenen Standort verlassen sollen, kommt in den meisten Fällen das Internet als Datenübertragungsnetzwerk zum Tragen. Die unterschiedlichen Internetanwendungen (HTTP, FTP, SMTP, POP usw.) verwenden dafür alle das gleiche Protokoll (TCP). Damit die Daten an den richtigen Ort kommen, hat jeder Internetzugang eine eindeutige, einmalig vergebene und deshalb klar identifizierbare IP-Adresse.

Mit einer physischen Glasfaserverbindung sind auch zwischen räumlich weit auseinander liegenden Servern Geschwindigkeiten von 1000 Mbit/s möglich. Bei einer Kupferkabelverbindung sind zur Zeit 200 Mbit/s Download- und 100 Mbit/s Upload-Geschwindigkeit die oberen Grenzen. Viele Haushalte haben jedoch noch eine deutlich langsamere Verbindung. Dank den hohen Übertragungsraten im Internet spielt es heute keine Rolle mehr, ob jemand an seinem Arbeitsplatz, zu Hause oder in Australien auf die Daten seines Arbeitgebers zugreift. Die Geschwindigkeit, mit der die Person die Daten zu ihrem Rechner geliefert erhält, ist zu allen Standorten so schnell, dass für die Benutzenden bei klassischen Büroanwendungen keine Wartezeiten (mehr) entstehen.

Hintergrundinformation

Die Schweizerischen Bundesbahnen AG (SBB) gaben im Februar 2013 bekannt, dass sie zwar in den Bahnhöfen, jedoch nicht in den Zügen WLAN anbieten werden. Stattdes-

3.1 · Die technologische Entwicklung kurz erklärt

> sen drängten sie darauf, dass entlang der Bahnlinien der Mobilfunkempfang gesichert war. Heute hat man in der Schweiz mit dem Mobiltelefon in den Zügen größtenteils einen hervorragenden Datenzugang. Dies beweist, dass die damalige Entscheidung richtig war (SBB 2013).
> Allerdings werden die Züge nun doch mit WLAN nachgerüstet; die SBB will, wie andere Anbieter von öffentlichen Transportdienstleistungen es bereits tun, den Kundinnen und Kunden einen gratis WLAN-Zugang während der Reise anbieten (Schneeberger 2018).

Um die Jahrtausendwende wurde das Wireless Local Area Network (WLAN) durch die Airport-Technologie von Apple für ein breites Publikum erschwinglich und erreichte dadurch schnell eine große Verbreitung. Ein moderner Sender dieses Funknetzwerks hat auf offener Fläche eine maximale Reichweite von bis zu 300 m. Die Datenübertragungsgeschwindigkeit von WLAN beträgt zwischen 30 und 400 Mbit/s, je nachdem mit wie vielen Funkkanälen parallel gearbeitet werden kann.

Neben den auf der Funktechnologie basierenden reinen Datennetzen können auch Mobilfunknetze, die ursprünglich für die Übertragung von Telefongesprächen konzipiert wurden, für die Datenübertragung genutzt werden. Diese übertragen heute die Inhalte sogar nur noch in digitalisierter Form; d. h. ein Gespräch wird vom sendenden Mobiltelefon digitalisiert, dann über das Mobilfunknetz als digitale Daten übertragen und beim Empfänger vom Mobiltelefon wieder in eine analoge Audioausgabe umgewandelt. Die maximalen Übertragungsraten dieser Funktechnologie haben sich in den letzten zehn Jahren um den Faktor 25 vervielfacht, davon wurden sie in den letzten fünf Jahren rund sechs Mal schneller. Wobei die theoretisch möglichen Übertragungsraten von vielen Faktoren abhängen (Anzahl eingeloggter Geräte am Sendemast, Empfangsqualität usw.; ◘ Abb. 3.1).

Heute übertreffen mobile Datenverbindungen mit ihren theoretischen Geschwindigkeiten die Leistungsfähigkeit von WLAN um ein Vielfaches. Die erzielbaren Geschwindigkeiten sind dermaßen hoch, dass sie für normale Konsumentenanwendungen (Video schauen, Musik streamen, im Internet surfen) problemlos ausreichen. So wird der Standard 5G voraussichtlich vor allem für industrielle Anwendungen (Industrie 4.0) oder die Kommunikation zwischen den Fahrzeugen des Individualverkehrs benötigt.

Datenverbindungen über das mobile Telefonnetz erreichen heute Geschwindigkeiten, die noch vor wenigen Jahren nur mittels WLAN zu erzielen waren. Interkontinentale Datenverbindungen sind genauso schnell wie LAN-Verbindungen. Dadurch spielt es aus Anwendungssicht kaum mehr eine Rolle, wo (räumlich gesehen) eine Aufgabe erledigt wird oder sich ein Datenspeicher befindet.

Kapitel 3 · Spezifische Herausforderungen bezüglich des digitalen Wandels

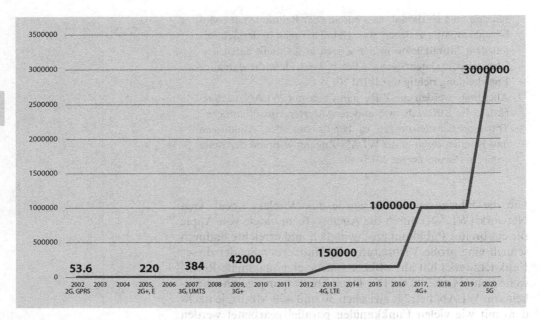

Abb. 3.1 Mobilfunkgeschwindigkeiten in Kbits/s (Eigene Darstellung basierend auf Swisscom 2015)

> **Hintergrundinformation**
>
> Der 5G-Mobilfunkstandard steht in den Startlöchern. Er bietet eine 20-mal schnellere Datenübertragung als der heutige 4G-Standard. Mit 5G können riesige Datenmengen übertragen werden, die klassischerweise durch eine automatisierte Datenerhebung entstehen. Dank 5G können die generierten Daten unterschiedlichster Geräte (Internet of Things) oder auch Fahrzeuge ausgetauscht werden. Nutzende werden zukünftig nicht nur mit dem Smartphone, sondern mit unzähligen persönlichen Gegenständen permanent online sein (Swisscom 2015).
>
> Allerdings ist die Einführung der 5G-Funktechnologie nicht unumstritten. Die Strahlenbelastung durch die Funkwellen weckt bei vielen Menschen Befürchtungen bezüglich gesundheitlicher Folgen. Wie gefährlich Funkwellen tatsächlich (auch im Vergleich zu anderen Gesundheitsrisiken wie Rauchen oder Alkoholkonsum) sind, lässt sich aus Sicht des Autors mangels Langzeitstudien kaum sagen. Es ist jedoch nachgewiesen, dass verschiedenste Staaten und Organisationen aus unterschiedlichsten Gründen die Angst in der Bevölkerung vor 5G mit falschen Nachrichten aktiv schüren (Rüegg 2019).

3.1.2 Schnellere und größere Massenspeicher

Es gibt viele unterschiedliche Datenspeichertechnologien. Für die heutigen Anwendungen sind v. a. diejenigen Speichermedien, welche mehrfach beschreibbar sind und gleichzeitig einen direkten Zugriff auf die gewünschte Information ermöglichen, relevant. Magnetbänder, einmalig beschreibbare CD-ROM oder DVD haben sicherlich ihre Existenzberechtigung, aber auch eingeschränkte Einsatzmöglichkeiten (z. B. im Back-up). Die Entwicklung bei den hier als relevant taxierten Massenspeichern hat drei unterschiedliche Dimensionen: schnellerer Zugriff, mehr Speicherplatz und größerer Schutz gegen physische Beeinträchtigung (◘ Abb. 3.2). Dabei kann zwischen drei unterschiedlichen Speichergenerationen unterschieden werden:

Heute benötigt ein Foto mehr Speicher als früher das komplette Betriebssystem, eine Textverarbeitung und die zu erstellenden Texte zur Verfügung hatten.

- **Floppy-Disk**

Die Floppy-Disk war das erste Speichermedium, das eine große Verbreitung erfahren hat. Sie kam in den frühen 1980er-Jahren auf den Markt. Im Verlauf der Jahre gab es sie in zwei unterschiedlichen Größen (5¼ Zoll, 360 KByte Kapazität und 3½ Zoll, 720 und später 1440 KByte Kapazität).

Die Floppy-Disk ist gegenüber mechanischen Einflüssen sehr empfindlich. Als Speichermedium hat sie v. a. für den Datenaustausch zwischen zwei Computern noch lange eine wichtige Rolle gespielt, bis sie dann von CD-ROM und Memory-Stick abgelöst wurde.

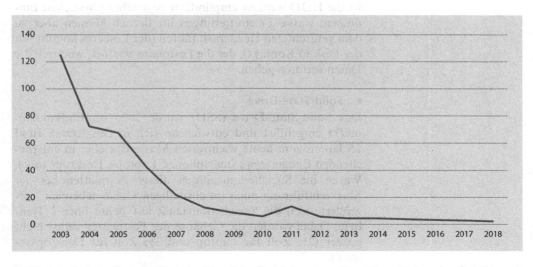

◘ Abb. 3.2 Preis in Cents je Gbyte herkömmliche Festplatte, eigene Darstellung basierend auf statista.com (2014) und tralios (2018).

Technisch lässt sich die Floppy-Disk mit einer Vinylschallplatte vergleichen: Man braucht eine Floppy-Disk (vergleichbar mit der Schallplatte) und ein Floppy-Disk-Laufwerk (der Plattenspieler). Auf einer runden magnetisierbaren dünnen Scheibe werden die Daten gespeichert. Im Floppy-Disk-Laufwerk greift ein Arm (wie der Arm des Schallplattenspielers) auf die jeweilige Stelle zu, an der die Daten gespeichert sind. Während dieses Vorgangs dreht die Scheibe der Floppy-Disk im Floppy-Disk-Leser.

- **Harddisk-Drive**

Die ersten Harddisk-Drives (HDD) oder Festplatten hatten 10 und später 20 Mbyte Speicherkapazität. Sie erhielten Mitte der 1980er-Jahre eine größere Verbreitung. Ihre Speicherkapazität steigerte sich über die Jahre kontinuierlich. Im Jahr 1993 wurde die erste Festplatte mit mehr als 1 GByte vorgestellt. Nach der Jahrtausendwende verschwanden die großen Modelle (5¼ Zoll), üblich sind seither die kleinen Modelle mit 3½ Zoll Baugröße. Die erste Festplatte mit ein Terabyte (Tbyte) kam dann 2007 auf den Markt. Heute kommen HDD v. a. in der Datenspeicherung zum Einsatz, wenn die Geschwindigkeit des Datenzugriffs nicht erste Priorität ist (diese ist immer deutlich schneller als die spätere Übertragung über WLAN oder LAN). Deshalb findet man HDD z. B. noch in privaten Network Attached Storages (NAS).

Technisch arbeitet die HDD ähnlich wie eine Floppy-Disk, einzig, dass die Disk stabiler und mit dem Lesegerät fest verbunden ist. Aber es findet weiterhin ein mechanisch-elektronischer Zugriff mittels Lesearm statt. Dadurch ist die HDD weniger empfindlich gegenüber physischen Einflüssen; starke Erschütterungen im Betrieb können aber zu dem gefürchteten Headcrash führen (der Lesearm kommt mit der Disk in Kontakt), der die Festplatte zerstört, wodurch die Daten verloren gehen.

- **Solid-State-Drive**

Das Solid-State-Drive (SSD) wurde 2006 im Endkundenmarkt eingeführt und entwickelte sich in den letzten rund 15 Jahren zum heute wichtigsten Massenspeicher in entsprechenden Endgeräten (Smartphones, Laptops, Desktops usw.). Waren die Speicherkapazitäten dieser Festplatten bei der Markteinführung noch im einstelligen Gigabytebereich, vergrößerte sich die Speicherkapazität auf heute über 1 Terabyte. Dabei wurden die Gehäuse der Festplatten selbst nicht größer (2½ Zoll für Laptop und 3½ Zoll für Desktopsysteme).

3.1 · Die technologische Entwicklung kurz erklärt

Bei einem SSD werden die Daten nicht mehr auf einer magnetisierten Scheibe, sondern mit der Halbleitertechnologie gespeichert. Somit kommt die gleiche Technologie wie beim Arbeitsspeicher eines Computers zum Einsatz. Da mechanische Teile komplett fehlen, arbeiten SSDs lautlos und haben sehr kurze Zugriffszeiten auf die Daten. Sie kommen deshalb v. a. in den jeweiligen Computern bzw. Geräten selbst zum Einsatz.

Die Entwicklung bei den Festplatten (schnellerer Zugriff, mehr Speicherkapazität, günstigeres Preis-/Speicherkapazität-Verhältnis) (◘ Abb. 3.3) führte dazu, dass digitale Lösungen für und mit immer grösseren Datenmengen realisiert werden konnten:

— Eine automatisierte Videoüberwachung ist nur realisierbar, wenn die aufgezeichneten Videos auch auf entsprechenden Festplatten abgespeichert werden können. Wenn ein Speicherbedarf von 60 MB pro Minute aufgezeichnetes Video angenommen wird, liefert jede Überwachungskamera über 80 GByte Daten pro Tag.
— Private Musiksammlungen können komplett auf eine Festplatte übertragen werden; ein Song (ca. 3 Min.) braucht als MP3 Datei ungefähr 6 MByte Speicherkapazität. Auf einer Festplatte mit 100 GByte können deshalb 16'500 Lieder gespeichert werden, was einer Schallplattenkapazität (15 Lieder) von wiederum rund 1100 Langspielplatten oder CDs entspricht.
— Bilder von digitalen Kameras erreichen heute schnell eine Grösse von je 25 MByte. Deshalb brauchen nicht nur die Kameras selber grosse Speichermedien, auch für die Verwaltung und Speicherung sind grosse Speicherkapazitäten notwendig.

Aufgrund der technischen Möglichkeiten entstehen heute riesige Datenfriedhöfe: Es ist billiger, eine größere Festplatte zu kaufen, als Arbeitszeit zu investieren, um den bestehenden Datenbestand zu bereinigen.

Floppy Disk 5 ¼"	Floppy Disk 3 ½"	HDD 5 ¼"	HDD 3 ½"	SDD 2 ½"
360 Kbyte Ab 1976	720 und 1440 Kbyte Ab 1982	6 MB – 47 GB 1980 bis 1998	10 MB bis 16TB Ab 1983	32 GB bis 1TB Ab 2006

◘ **Abb. 3.3** Entwicklung Festplattenspeicher. (Eigene Darstellung, Daten aus Wikipedia – Festplattenlaufwerk, abgerufen am 27.04.2020)

— Die automatisierte Datenerfassung mittels Sensoren kann nur gelingen, wenn die entstehenden Datenmengen auch in entsprechend grossen Speichermedien gesichert und dann weiterverarbeitet werden können. So generiert die Erfassung von Umwelt- oder Verkehrsdaten riesige Datensammlungen, die dann die Grundlage für umfangreiche Auswertungen bilden.

Da die Kosten für die Datenspeicherung pro MByte immer weiter sinken (◘ Abb. 3.2), verspüren weder die Hersteller noch die Anwendenden einen großen Druck, mit dem Speicherplatz haushälterisch umzugehen. Es wird deshalb weder in wirkungsvolle Komprimiertechnologien investiert, noch werden die produzierten Daten regelmäßig auf ihren zukünftigen Nutzen (und somit die weitere Speicherwürdigkeit) überprüft. Privatanwendende haben nicht selten über 1000 Bilder auf ihrem Smartphone; Firmen sammeln Kundendaten, ohne sie später wirklich auszuwerten. So entstehen riesige Datenfriedhöfe, die natürlich auch Ressourcen (z. B. Energie) verschwenden.

3.1.3 Schnellere Prozessoren

Der Prozessor ist das Bauteil in einem Computer, das die Grundaufgaben erledigt. Auch in anderen Geräten, die eine Steuer- oder Rechenleistung erbringen, ist ein Prozessor das koordinierende Herzstück. Ein Prozessor kann insbesondere mit Daten rechnen und Daten vergleichen, aber auch den Datenfluss steuern und die Ein- und Ausgabe koordinieren. Je nach Hauptaufgabe, die der Prozessor erledigen soll (z. B. Grafikausgabe), spricht man auch von einem Grafikprozessor. Deshalb sind in einem PC normalerweise mehrere Prozessoren am Werk.

Ein Prozessor besteht grob gesagt aus vielen elektronischen Bauteilen (Transistoren, Widerstände und Kondensatoren), die als integrierte Schaltkreise auf einem Siliziumkristall untergebracht worden sind. Diese integrierten Schaltkreise erledigen nun die Arbeit eines Prozessors. Bei der Leistungssteigerung (◘ Abb. 3.4) wurde zuerst auf die Optimierung der internen Struktur, eine Erhöhung der Taktfrequenz, auf einen verkleinerten Aufbau und geringeren Stromverbrauch gesetzt. Dieser Entwicklung sind jedoch physische Grenzen gesetzt. Deshalb fing man an, parallele Strukturen in einen Prozessor zu integrieren.

Der enorme Geschwindigkeitszuwachs und die daraus folgende Steigerung der Rechenleistung der Prozessoren ermöglichen aktuell komplett neue Anwendungen: Die Technologie,

Die Prozessoren eines Mobiltelefons sind um ein Vielfaches leistungsfähiger als diejenigen des Computers, der die erste Mondlandung steuerte.

Jahr	Prozessor	Anzahl in Tausenden Transistoren
1971	Intel 4004	2,3
1974	Intel 8080	4,7
1978	Intel 8086	29
1982	Intel 80286	130
1985	Intel 80386	275
1989	Intel 80486	1'200
1993	Intel Pentium	3'100
1995	Intel Pentium Pro	5'500
1997	Intel Pentium II	7'500
2001	Intel Pentium III	44'000
2001	Intel Pentium IV	55'000
2003	Intel Pentium M	77'000
2005	Intel Pentium D	230'000
2006	Intel Core Solo	151'600
2008	Intel Core i7	731'000

◘ Abb. 3.4 Entwicklung Anzahl Schaltkreise eines Prozessors. (Eigene Darstellung)

mit der ein selbstfahrendes Auto die Umgebung wahrnimmt und z. B. Hindernisse erkennt, ist im Prinzip nicht neu: Kameras, Infrarot oder Radar dienen zur Datenerhebung. Jedoch braucht es sehr schnelle und leistungsfähige Prozessoren, um die große Datenmenge, die ein selbstfahrendes Auto permanent erhebt, zeitnah zu verarbeiten. Denn es nützt ja nichts, wenn der Computer meldet, dass weiter vorn ein Hindernis ist, für dieses Ergebnis aber so lange braucht, dass das Hindernis bereits überfahren wurde.

3.1.4 Kleinere und intelligentere Sensoren

Sensoren dienen zur automatisierten Erhebung ganz unterschiedlicher Daten. Diese können Informationen zu einer Bewegung (z. B. Beschleunigungssensoren) oder zu einem Zustand (z. B. Farberkennungssensoren), Angaben zu Luft- oder Wasserinformationen, aber auch alle möglichen Zustände von Materialien oder Werkstücken erheben. So werden Sensoren heute in der Umwelt- und Haustechnik, in der Logistik oder in der robotergesteuerten Produktion, aber auch in medizinischen Geräten und Fahrzeugen als Datenerfassungsinstrumente eingesetzt.

Neuere Fahrzeuge überwachen mittels Sensoren die eigene Verkehrstüchtigkeit viel besser als dies die Mitarbeitenden der entsprechenden Behörde bei einer Motorfahrzeugkontrolle gewährleisten können. Da der gesetzliche Auftrag lautet, die Verkehrstüchtigkeit der im Verkehr sich befindenden Fahrzeuge sicherzustellen, müsste der Staat hier neue Prozesse und Verfahren entwickeln, die günstiger und weniger zeitaufwendig wären, den gesetzlichen Auftrag jedoch trotzdem erfüllen.

Für Kuno Schedler (2018) ist das Sammeln, Verbinden und Analysieren öffentlicher Daten ein wichtiger Innovationsschritt öffentlicher Verwaltungen. Big Data im öffentlichen Sektor umfasst für ihn nicht nur die Vernetzung der Daten innerhalb einer Verwaltung, sondern auch ein Verbinden der verwaltungsinternen mit verwaltungsexternen Daten. So rücken die Daten ins Zentrum der zu formulierenden innovativen Verwaltungsgeschäftsmodelle.

Diese Sensoren wurden in den letzten Jahren immer kleiner und auch günstiger, sodass sie heute in vielen alltäglichen Geräten in unterschiedlichsten Formen eingebaut werden: in Smartphones zur Datenerfassung für unterschiedlichste Apps, in Häusern und Wohnungen zur Steuerung von Heizung, Rollläden und Licht, in Fahrzeugen zur Überwachung des Betriebszustands, in Parkhäusern zur Anzeige freier Parkplätze (was wiederum die Grundlage für Parkleitsysteme in Städten liefert) usw.

3.2 Neue Ansätze aufgrund der technologischen Entwicklung

3.2.1 Big Data

Durch die technologische Entwicklung können viel mehr Daten automatisiert erhoben, gespeichert und ausgewertet werden. Diese Daten können die Basis für neue Geschäftsmodelle bilden, aber auch vertiefte Erkenntnisse über bestehende Aufgaben liefern. So sind die Verantwortlichen in der Lage, ihre Entscheidungen auf neue, genauere und aktuellere Informationen abzustützen (Buhl et al. 2013).

Digitale Firmen wie GOOGLE oder AMAZON basieren mit ihrem Geschäftsmodell auf Big Data, sie erheben Daten, wo sie nur können. Dagegen müssen viele traditionelle Firmen für das Sammeln von Massendaten erst noch sensibilisiert und ihre Produkte entsprechend ausgerüstet werden (McAfee und Brynjolfsson 2012): Moderne Fahrzeuge sammeln bereits kontinuierlich Daten über das Verhalten der Fahrzeuglenkenden; Geschirrspül- oder Waschmaschinen könnten dies jedoch auch tun. Und so werden neue Geschäftsmodelle möglich – man kauft die Waschmaschine nicht mehr, sondern bezahlt nach Gebrauch und Form der Wäsche. Grundsätzlich müssten Unternehmen, aber auch die Behörden daran interessiert sein, mehr über das Verhalten ihrer Kundinnen und Kunden respektive Bürgerinnen und Bürger zu erfahren. Nur so können maßgeschneiderte Dienstleistungen entwickelt werden.

Gerade für die Infrastrukturplanung ist die Erhebung von Massendaten kein neuartiges Vorgehen. Die Nutzung von Straßen oder des öffentlichen Verkehrs wird schon seit vielen Jahren erhoben. Früher geschah dies manuell durch Menschen, die Strichlisten führten, heute können Sensoren oder Kameras viel genauer und schneller die notwendigen Daten liefern – und dies permanent.

3.2 · Neue Ansätze aufgrund der technologischen Entwicklung

Dabei werden unter Daten nicht nur Textinformationen oder Zahlen verstanden. Auch Bilder, Musik- oder Sprachaufnahmen sowie Videos werden heute gesammelt und permanent ausgewertet. Die kontinuierliche, automatisierte Erfassung von Daten mittels Kameras oder Sensoren führt zu ständig wachsenden Datenmengen, die gespeichert werden müssen und ausgewertet werden können. Diese großen Datensammlungen können dann auch die Basis für die künstliche Intelligenz bilden (Buxmann und Schmidt 2019, S. 9).

Es sind die folgenden vier unterschiedlichen Dimensionen von Big Data (De Mauro et al. 2015; Hitzler und Janowicz 2013), die dem Management eine neue Qualität von Entscheidungen ermöglichen (◘ Abb. 3.5):

Volume: Durch die rasante Entwicklung bei den Speichermedien und den Sensoren können heute enorme Datenmengen erhoben und gespeichert werden. McAfee und Brynjolfsson (2012) berichten, dass Walmart in den USA stündlich 2,5 Petabytes (ein Petabyte entspricht tausend Terabyte) Kundentransaktionen speichern. Diese Datenmengen ermöglichen genauere Auswertungen mit niedrigeren statistischen Streuungen.

Velocity: Die Vernetzung der unterschiedlichsten Geräte und leistungsfähigen Prozessoren ermöglicht einerseits, Daten direkt bei den jeweiligen Aktivitäten entstehen zu lassen, seien dies Einkäufe, der Besuch von Webseiten, das Hinterlassen von Kommentaren, aber auch die Nutzung vernetzter Geräte und selbstverständlich sämtlicher Apps. Die so

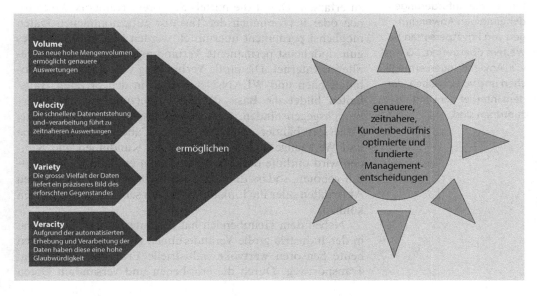

◘ **Abb. 3.5** Die vier Dimensionen von Big Data. (Eigene Darstellung)

gesammelten Daten können Dank der leistungsfähigen Prozessoren zeitnah ausgewertet werden, sodass teilweise in Echtzeit die Ergebnisse vorliegen. Die Staumeldungen in Navigationsgeräten basieren auf den laufend ausgewerteten Standortdaten der Handys in der gleichen Funkzelle. So können Autofahrende zeitnah vor einem Stau gewarnt werden.

Variety: Während früher Daten v. a. in Geschäftsprozessen entstanden, können heute Daten aus vielerlei Quellen stammen und miteinander verknüpft werden. Zudem beschränken sich Daten nicht mehr nur auf Text oder Zahlen; auch Bilder, Audio oder Video werden kontinuierlich gespeichert, verknüpft und ausgewertet. Die mit einer Personendatenbank verknüpften Videoüberwachung des öffentlichen Raums mit ständiger Gesichtserkennung, ist ein Beispiel einer solchen Vielfalt an Informationsgewinnung und -auswertung.

Veracity: Die Glaubwürdigkeit der erhobenen und verarbeiteten Daten stellt im Konzept von Big Data die Schlüsseldimension dar. Nur wenn den Daten und den aus den Daten erstellten Resultaten vertraut werden kann, können sie eine gute Basis für Entscheidungen darstellen.

3.2.2 Internet der Dinge

> Der neue Mobilfunkstandard 5G ermöglicht Datenübertragungsgeschwindigkeiten, die die Anforderungen der gängigen Anwendungen von Privatpersonen bei Weitem übertreffen. 5G wird v. a. Anwendungen ermöglichen und vorantreiben, die dem Internet der Dinge zuzuordnen sind.

Mit der zunehmenden Bedeutung der Daten und dem Bedürfnis der Unternehmen, viele Daten zu sammeln, wurde auch nach Wegen gesucht, das Verhalten der Kundinnen und Kunden respektive der Bürgerinnen und Bürger automatisiert zu erfassen. Damit die mittels Sensoren, Kameras, Mikrofonen oder herkömmlich der Tastatur aufgenommenen Daten möglichst permanent übermittelt werden können, braucht es gute, möglichst permanente Verbindungen der Erfassungsgeräte ins Internet. Die große Verbreitung von 4G-fähigen Mobiltelefonen und WLAN-Netzwerken in den privaten Haushalten bildet die Basis für die Vernetzung von Alltagsgebrauchsgegenständen, wie Personenwaagen, Kühlschränke, Fitnessarmbänder und Smartwatches, aber auch Maschinen und Werkzeuge in der Industrie. Den Kundinnen und Kunden wird mithilfe der erhobenen Daten ein zusätzlicher Nutzen geboten, sodass diese ihre Gesundheitsdaten, sportlichen Aktivitäten oder ihr Einkaufsverhalten sehr einfach verfolgen können.

Neben dem Heimbereich hat das Internet der Dinge v. a. in der Industrie große Veränderungen gebracht: So begleiten heute Sensoren wertvolle industrielle Erzeugnisse auf dem Transportweg. Durch die erhobenen und versandten Daten

3.2 · Neue Ansätze aufgrund der technologischen Entwicklung

kann in Echtzeit nachvollzogen werden, wo sich die Lieferung gerade befindet, ob die Fracht Stürzen oder Stößen ausgesetzt wird und ob sie auf direktem Weg zum Empfänger gelangt ist (Bousonville 2017, S. 19). Sollte nun aufgrund der Sensorinformationen während des Transports deutlich werden, dass die Ware ersetzt oder repariert werden muss, können die notwendigen Maßnahmen schon ergriffen werden, noch bevor die Lieferung beim Empfänger eintrifft (Schenk und Richter 2005, S. 207).

Bei den bisherigen Beispielen kommuniziert das mit einer Datenerhebungstechnologie versehene Endgerät direkt mit dem Datenempfänger, der aufgrund der gewonnenen Informationen Maßnahmen treffen kann. Solche Endgeräte können aber auch miteinander kommunizieren und z. B. in einer Produktionskette vor- oder nachgelagerte Aktivitäten auslösen. Dies ermöglicht das automatische Auslösen von Bestellungen oder das automatisierte Erstellen von Versanddokumenten und das automatisierte Avisieren des Logistikpartners.

Unabhängig davon, ob die Geräte mit einer datensammelnden Stelle oder untereinander kommunizieren, wird immer das Internet als Verbindungstechnologie genutzt. So nutzen alle Geräte eine gemeinsame Technologie mit dem gleichen Kommunikationsprotokoll. Deshalb könnten im Prinzip alle diese Geräte miteinander kommunizieren (◘ Abb. 3.6).

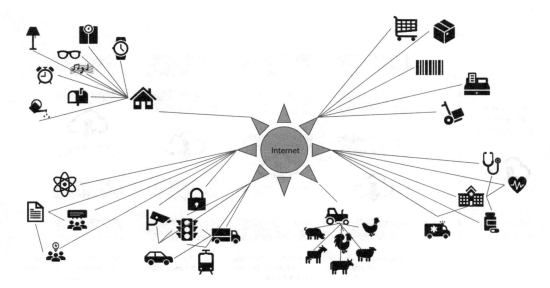

◘ Abb. 3.6 Internet der Dinge. (Internet of Things/IoT; Eigene Darstellung)

3.2.3 Cloud-Anwendungen

Cloud Computing als neues Geschäftsmodell
Amazon und Microsoft haben schon früh begonnen, Cloud Computing anzubieten. Sie sind die beiden Branchen-Leader im Bereich Business-Cloud Computing. Rund dreißig Prozent des Umsatzes erwirtschaftet Microsoft heute mit Cloud Computing. (Nowroth 2018) Apple hat zwar immer noch das iPhone als starkes Verkaufsprodukt, setzt aber auch immer stärker auf Cloud Computing. In diesem Bereich will Apple bis 2020 einen Jahresumsatz von 50 Mrd. $ erreichen. Das wäre rund ein Fünftel des heutigen Gesamtumsatzes. (Henkel 2018)

Mit der Zunahme der Übertragungsgeschwindigkeit der Datenverbindungen mussten die Datenspeicher nicht mehr auf dem Firmengelände stehen, sondern konnten in große Datenzentren ausgelagert werden. Dort kümmern sich Spezialisten um die physischen Wartungs- und Sicherheitsmaßnahmen, aber auch um das Daten-Backup oder den Virenschutz. Diese Form der Zentralisierung hat gerade für Firmen große Synergievorteile: Nicht mehr jeder einzelne Nutzer ist für die Rahmenbedingungen der Datenspeicherung verantwortlich; dies wird zentral von den entsprechenden Spezialisten konzipiert und umgesetzt.

Zudem entwickelten sich die betriebswirtschaftlichen Softwareprodukte von Einzellösungen (eine Software für die Buchhaltung, eine für die Lagerhaltung, eine Textverarbeitung usw.) hin zu integrierten, auf Modulen basierenden Systemen. Die einzelnen Module eines solchen Systems greifen allerdings alle auf die gleichen Daten zu, sodass die Informationen eines Kunden nur noch einmal gespeichert werden müssen.

Je nach betrieblichen Bedürfnissen kann nun sowohl die Datenhaltung wie auch die Verarbeitung der Daten zentral, verteilt oder dezentral stattfinden (◘ Abb. 3.7).

Die oben beschriebene Organisationsstruktur der Datenhaltung und -verarbeitung ist für Privatanwender und kleine Firmen auch möglich. Die Datenhaltung zentral auf einem System, das von speziellen Fachleuten betrieben

◘ Abb. 3.7 Organisation der Datenhaltung und -verarbeitung. (Eigene Darstellung basierend auf Leimeister 2015, S. 108)

3.2 · Neue Ansätze aufgrund der technologischen Entwicklung

wird, ist auch für Privatanwender und kleine Firmen attraktiv. Cloud-Computing wird dieser Dienstleistungsansatz genannt, bei dem Speicherkapazität, Rechenleistung und auch Anwendungssoftware (vgl. nächstes Kapitel) zur Verfügung gestellt wird. Die Kundinnen und Kunden erhalten beim Cloud-Computing Infrastruktur zur Verfügung gestellt (z. B. Festplattenspeicher), die sie sonst selbst anschaffen und betreiben müssten. Dies kann für die Kundinnen und Kunden erhebliche Vorteile haben:

- Sie benötigen kein Fachwissen für die Organisation und das Betreiben der physischen Dateninfrastruktur.
- Sie können bedarfsgerecht Datenspeicher sowie gegebenenfalls Rechenleistung hinzumieten oder auch wieder abgeben: Wenn vor Weihnachten sehr viel mehr Kundentransaktionen stattfinden als während des restlichen Jahres, kann in dieser Phase die Leistungsfähigkeit der Cloud-Infrastruktur erhöht und später wieder reduziert werden. Mit einem eigenen System müsste man dieses immer auf die maximal benötigte Leistung auslegen (und würde die Kapazitäten einen Großteil der Zeit nicht nutzen).
- Gerade Start-ups in einer starken, aber ungewissen Wachstumsphase ermöglicht das Cloud-Computing einen optimalen Ressourceneinsatz für die IT-Infrastruktur. Je nach Geschäftsentwicklung kann schnell reagiert werden und teilweise von einer Stunde auf die nächste weitere Leistung hinzugekauft werden. Bei einem eigenen System müsste man zusätzliche Komponenten zuerst bestellen und dann installieren und testen, bis die erhöhten Bedürfnisse gedeckt werden können.

3.2.4 Software as a Service

Ein weiterer Trend, der durch die schnellen Datenübertragungsmöglichkeiten möglich wurde, ist der Wechsel von Kaufsoftware hin zu Mietsoftware. Früher musste man eine Software mittels Disketten, CD-ROM oder DVD zum Kunden bringen und dieser konnte die Software dann installieren und zeitlich unbegrenzt nutzen. Erst mit einer neuen Version konnte die Softwarefirma dann einen erneuten Umsatz erzielen. Durch die schnellen Datenübertragungsmöglichkeiten können Apps und Softwarepakete über die Telefonleitung oder sogar die Mobilfunkverbindung installiert werden. Jährliche Lizenzgebühren (häufig verbunden mit entsprechendem Cloudspeicher) fallen nun an. Dadurch können die Softwarefirmen viel genauer die zu erwartenden Einnahmen kalkulieren (Nowroth 2018). Dieses Geschäftsmodell verfolgen u. a. Microsoft mit Office 365 oder Adobe mit der Creative Cloud.

Einen Schritt weiter gehen Angebote, bei denen die Software nicht mehr auf dem Rechner der Kunden gespeichert wird, sondern direkt im Browser laufen. GOOGLE hat mit Google Docs, Google Tabelle usw. ein komplettes Office Paket entwickelt, dass im Browser läuft. MICROSOFT hat nachgezogen mit den MS Office Programmen und auch in der iCloud kann man Texte erstellen, Tabellen bearbeiten oder Präsentationen zeigen. So können die verwendeten Geräte mit wenig Leistung auskommen, sie benötigen einzig eine gute Datenverbindung. Die Bearbeitung und Speicherung finden vollständig in der Cloud statt.

3.2.5 Blockchain

Mit der Entwicklung der Kryptowährungen wurde eine parallele Finanzwelt geschaffen, die ohne die traditionellen Finanzdienstleister (Banken, Börsen, SEPA usw.) auskommt. Im Moment kann nicht abgeschätzt werden, in welchem Umfang der Blockchain-Ansatz eine parallele Verwaltungswelt ermöglichen würde, die die Staatsaufgaben komplett übernimmt. Doch scheint das Potenzial groß, da Blockchain-Lösungen viele Bürokratieaxiome nach Max Weber erfüllen: Transparenz, vorhersehbare, gleichbleibende Entscheidungen, alle Beteiligte gleich behandeln, nachvollziehbare Entscheidungen usw.

Die Blockchain ist eine Software-, genauer gesagt, Datenspeicherlösung, die dank schneller Datenverbindungen und großer Massenspeicher möglich wurde. Mittlerweile ist sie schon über zehn Jahre alt. Bekannt wurde die Technologie durch das Aufkommen der Kryptowährungen, die kurz nach dem Finanzcrash 2008 entwickelt wurden. Mit den Kryptowährungen sollen – so die Vorstellung der Entwickler – die Finanzdienstleister überflüssig werden: Die Nutzenden einer Kryptowährung kontrollieren die ordentliche Abwicklung der Finanzgeschäfte selbst und sich gegenseitig. Dazu werden diese transparent und unveränderbar in einer unendlichen, ständig fortlaufenden Datenkette gespeichert.

Der Blockchain-Ansatz kann jedoch nicht nur für Finanztransaktionen eingesetzt werden, im Prinzip ist eine Blockchain eine speziell aufgebaute Datenbank und somit für das Speichern jeglicher Daten geeignet (◘ Abb. 3.8). Soll ein bestehender Prozess mit einer Blockchain abgebildet werden, so muss für jeden Geschäftsgegenstand eine eigenständige Kette von Blöcken gebildet werden. Vergleichbar ist dies mit den Tabellen einer herkömmlichen Datenbank. Die jeweiligen Geschäftsfälle (Transaktionen) werden dann – vergleichbar mit aneinandergereihten Datensätzen – jeweils in einen neuen Block geschrieben: Deshalb ist die Struktur der jeweiligen Blöcke identisch.

Zwei Elemente unterscheiden eine Blockchain jedoch von herkömmlichen Datenbanken: Zum einen werden die einzelnen Datenblöcke mittels spezieller, einmaliger Schlüssel (Hashes) nacheinander (chronologisch) zu einer Kette verknüpft. Da der Schlüssel zwischen den einzelnen Datenblöcken auf dem Inhalt der beiden angrenzenden Blöcke basiert, können die einzelnen Blöcke, wenn sie einmal geschrieben und an die Kette angehängt wurden, nicht mehr verändert werden, ohne dass sich auch der Schlüssel zwischen den Blöcken verändert

3.2 · Neue Ansätze aufgrund der technologischen Entwicklung

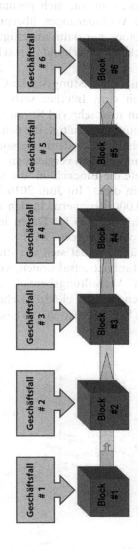

Abb. 3.8 Schema einer Blockchain (Eigene Darstellung)

(und dann die Kette nicht mehr hält). Als weiteres Sicherheitsmerkmal sind sämtliche Einträge in einer Blockchain kryptografisch verschlüsselt.

Nun könnte man natürlich mit sehr großem Aufwand eine Blockchain mit neuen Daten komplett neu aufbauen. Damit dies verhindert wird, gibt es auf unzähligen Rechnern im Netz Kopien der Blockchain, die sich permanent gegenseitig auf unrechtmäßige Veränderungen überprüfen. So kann auch ein neuer Datenblock nur dann angefügt werden, wenn alle Rechner im Blockchain-Verbund ihr o.k. dazu geben (◘ Abb. 3.9).

Da eine Blockchain viele leistungsstarke Computer benötigt, die permanent mit dem Internet verbunden sind, verbraucht eine Blockchain u. a. sehr viel Strom. Allerdings wurden bisher keine Berechnungen getätigt, die den Ressourcenverbrauch einer Blockchain mit dem Ressourcenverbrauch traditioneller Bearbeitungsweisen vergleichen.

Anfang 2009 startete die Blockchain, die als Basis für die Kryptowährung Bitcoin dient. Im Juni 2019 lag das System redundant auf fast 10.000 Rechnern. In den rund zehn Jahren Betrieb haben sich über 220 TB Daten in dieser Blockchain angesammelt (blockchain.com 2019).

Wie bereits ausgeführt, eignet sich die Blockchain-Technologie nicht nur für Finanztransaktionen; viele andere Anwendungen, auch im Verwaltungsbereich basieren heute schon auf der Blockchain: die elektronische Identität der Stadt Zug (► Abschn. 8.4; Sperlich 2018) basiert auf Block-

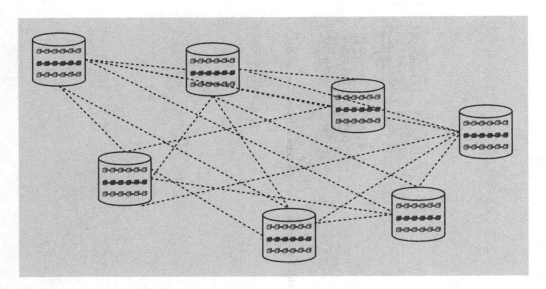

◘ Abb. 3.9 Schema Blockchain-Verbund (Eigene Darstellung)

3.2 · Neue Ansätze aufgrund der technologischen Entwicklung

chain; elektronische Patientendossiers können mit Blockchain geführt werden (Franzetti 2019, S. 236); das Cardossier (▸ Abschn. 8.1), ein Projekt, an dem das Straßenverkehrsamt des Kantons Aargau mitwirkt, basiert auch auf Blockchain (Cardossier 2019).

Ob die Blockchain allerdings geeignet ist, zukünftig ganze Verwaltungsprozesse (z. B. vereinfachte Bauverfahren) abzuwickeln, muss in der Praxis zuerst noch erprobt werden. Auf jeden Fall können mit dieser Technologie sog. Smart Contracts (Franzetti 2019, S. 201 f.), also digital vereinbarte, nicht veränderbare Verträge zwischen einzelnen oder vielen, sehr gut abgebildet werden. Das Potenzial scheint jedenfalls vorhanden, denn Blockchain beherrscht viele von Max Webers Bürokratieaxiomen (Weber 1972, S. 124 f.), wie Transparenz, Vorhersehbarkeit des Handelns und Entscheidens, alle Menschen gleich behandeln usw., hervorragend.

3.2.6 Künstliche Intelligenz und maschinelles Lernen

Künstliche Intelligenz (KI) kann mit dem Erfahrungslernen eines Menschen verglichen werden (◘ Abb. 3.10). Während man früher darüber diskutiert hat, ob KI den Menschen ersetzt, wird heute das Miteinander – im Sinn von „die Maschine und der Mensch erzielen zusammen eine höhere Produktivität" – in den Vordergrund des wissenschaftlichen Diskurses gestellt. Dies führt dazu, dass sich die Entwicklung von KI in einzelnen Teilbereichen bewegt und nicht mehr die universelle, den Menschen ersetzende Lösung gesucht wird

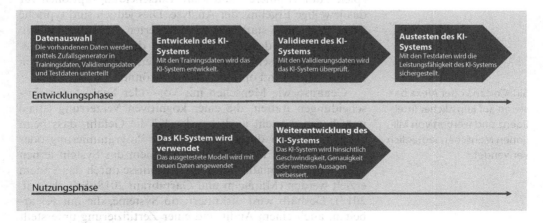

◘ Abb. 3.10 So funktioniert maschinelles Lernen (Eigene Darstellung basierend auf Morrisson und Rao 2016)

(Gürtler 2019, S. 95). Heute versteht man unter KI „Technologien, die menschliche Fähigkeiten im Sehen, Hören, Analysieren, Entscheiden und Handeln ergänzen und stärken" (Gürtler 2019, S. 96; Richter 2017).

KI basiert primär auf vielen Daten, die schnell nach einem Muster durchsucht werden können. Assistenten wie Siri oder Cortana basieren auf KI, digitale Übersetzungsdienste, aber auch Korrekturhilfen in Textverarbeitungsprogrammen, Stauwarner, die auf der Anzahl eingeloggter Telefone in einer Funkzelle basieren, nutzen KI, genau gleich wie eine große Anzahl Analysetools.

KI, die Entscheidungen treffen soll, muss anhand von Beispielen dafür befähigt werden. Man nennt dies maschinelles Lernen. Wenn z. B. ein System (bestehend aus Kamera, Computer und entsprechender Software) Katzen erkennen soll, so muss man ihm viele unterschiedliche Katzenbilder als Basis geben, damit es dann anhand der gespeicherten Bilder entscheiden kann, ob die Merkmale eines neuen Bilds mit den Merkmalen der gespeicherten Bilder übereinstimmen. Fotoverwaltungsprogramme, die automatisch alle gespeicherten Bilder einer Person zusammentragen können, arbeiten nach dem genau gleichen Schema. Analog wie beim Erkennen und Bewerten von gespeicherten Bildern kann nun natürlich ein System auch zum Analysieren und Ableiten von Entscheidungen von anderen Aufgaben trainiert werden. Was es braucht, sind eine große Anzahl Beispiele, die das System analysieren kann und dann die „richtige" Lösung für die analysierten Beispiele. So gibt es heute Unterstützung durch KI bei Geschäftsentscheidungen, bei Vertragstexten oder auch hinsichtlich Empfehlungen für Börsengeschäfte. Damit eine Aufgabe durch KI unterstützt (oder sogar selbstständig erledigt) werden kann, braucht es im Prinzip viele Musterbeispiele zum Trainieren und klare Entscheidungsoptionen für das jeweilige Ergebnis der Analyse. Dies jedoch sind typische Merkmale eines stark prozessgesteuerten Ablaufs. Deshalb ist naheliegend, dass alle Tätigkeiten, die in klaren, regelgesteuerten Prozessen beschrieben werden können, auch durch KI unterstützt und optimiert werden können.

Genauso wie Menschen mit Vor- oder Fehlurteilen Entscheidungen treffen, die einer kognitiven Verzerrung (Bias) unterliegen, besteht auch bei der KI die Gefahr, dass beim Lernen entweder durch Fehler in der Programmierung oder bei fehlerhaftem Datenmaterial, mit dem das System lernen soll, später systematisch falsche Ergebnisse durch das System erzielt werden (Manheim und Garrabrant 2018; Scherk et al. 2017). Deshalb wird diskutiert, ob Systeme, die mit KI arbeiten, auch einem Audit und einer Zertifizierung unterstellt

---

Siri, Cortana oder Alexa basieren auf künstlicher Intelligenz und werden von Millionen Menschen tagtäglich verwendet.

werden sollen – und v. a. wie diese aussehen könnten (Rausenberger und Prenrecaj 2017).

In vielen öffentlichen Verwaltungen gibt es bereits heute Systeme (▶ Abschn. 8.7), die auf KI basieren (Hecker et al. 2017, S. 47, 53; Scherk et al. 2017, S. 31 f.).

Allerdings sind die Hürden in öffentlichen Verwaltungen viel höher, KI wie in der Privatwirtschaft zum Einsatz kommen zu lassen: Wenn KI in einem Stellenbesetzungsverfahren Bewerbungen automatisiert bewertet und Bewerbende aussortiert oder Kreditanträge automatisiert beurteilt und abgelehnt oder bewilligt werden, haben die Betroffenen keine Rekursmöglichkeit. Entscheidungen von der öffentlichen Verwaltung jedoch unterliegen immer der Rekursmöglichkeit und dem rechtlichen Gehör. Und trotz dieser Absicherung, die es bereits bei durch Menschen getroffene Entscheidungen der öffentlichen Verwaltung gibt, ist bisher keine gesellschaftliche Akzeptanz vorhanden, große und verknüpfte Datenmengen in der öffentlichen Verwaltung aufzubauen, um mit diesen dann KI-gestützte Prozesse zu betreiben (Ebert und Schüür-Langkau 2018). Deshalb ist bisher nicht abzuschätzen, in welchem Umfang zukünftig Prozesse mit KI unterstützt oder gar komplett durchgeführt werden können (Opiela et al. 2018). Ein wichtiger Schritt zur Ermöglichung des Einsatzes dieser Technologie in der öffentlichen Verwaltung wäre, dass neben der aktuell laufenden Diskussion über KI v. a. Wege gefunden werden, wie die Prozesse eines Systems, das KI verwendet, kontrolliert, nachvollzogen und gegebenenfalls angepasst werden können. Dass diese Kontrollaufgaben regelmäßig und mit enormer fachlicher Kompetenz ausgeübt werden müssen, ist leicht nachvollziehbar. Dass eine solche Auditaufgabe dann aber auch enorm kostenintensiv wird, ebenso (Bughin und Hazan 2019).

3.2.7 Gever und Geko

Aufgrund der gesetzlichen Rahmenbedingungen (die auf Max Webers Axiomen der Bürokratie aufbauen) müssen öffentliche Verwaltungen alle Entscheidungen dauerhaft dokumentieren (vgl. Bundesgesetz über das Verwaltungsverfahren 1968). Bürgerinnen und Bürger haben ein Anrecht darauf, dass die sie betreffenden Verwaltungsakte nachvollziehbar und auf gesetzlichen Grundlagen entschieden worden sind. Die Einhaltung dieser Anforderungen wird zum einen mit beschriebenen, gleichbleibenden Prozessen sichergestellt (Schaffroth 2008); gleichzeitig wurden aber in der Vergangenheit auch riesige Papierablagen produziert. Dass diese großen Papierarchive in der Betreuung zu teuer und auch für die Be-

Öffentliche Verwaltungen haben z. T. sehr lange Aufbewahrungsfristen für ihre Dokumente. Dies stellt besondere Anforderungen an das Archivsystem.

arbeitung der einzelnen Geschäftsvorfälle nicht effektiv sind, wurde im Zuge der verbesserten technischen Möglichkeiten immer deutlicher. Mit spezifisch auf die Verwaltung zugeschnittenen Geschäftsverwaltungs- und Geschäftskontrollprogrammen wurde in den letzten Jahren die papierbasierte Verwaltungstätigkeit zumindest teilweise digitalisiert.

Je nach dem gewünschten Fokus wurde dabei eine Software mit dem Schwerpunkt Geschäftsverwaltung (GEVER) oder mit dem Schwerpunkt Geschäftskontrolle (GEKO) eingeführt. Die Stärken einer GEVER-Lösung liegen eher in der Ablage, Indizierung und langfristigen Archivierung der Dokumente; eine GEKO-Software fokussiert eher auf die Automatisierung des jeweiligen Prozesses, der Vernetzung der beteiligten internen und externen Personen und in der Möglichkeit der Fristenüberwachung der jeweiligen Geschäfte (ATEGRA Schweiz 2019). Beide Ansätze können als eigenständige Softwareprodukte betrieben oder als Module in integrierten Softwarelösungen eingebettet sein. Zudem gibt es Lösungen, die auf einem lokalen Server, und solche, die komplett in der Cloud betrieben werden (Reithaar 2019). Vielfach wurde in digitalen GEVER-Anwendungen bereits auch eine Geschäftskontrolle (GEKO) integriert (Walser 2014; ◘ Abb. 3.11).

Um eine GEVER- oder auch GEKO-Anwendung erfolgreich implementieren zu können, müssen die Geschäftsprozesse der jeweiligen Organisationseinheit gut dokumentiert sein. Denn die IT kann nur diejenigen Arbeitsschritte auch abbilden, die bereits als Prozesse definiert sind. Deshalb empfiehlt es sich, vor der Einführung von umfangreichen Geschäftsverwaltungs- bzw. Geschäftskontrollanwendungen in

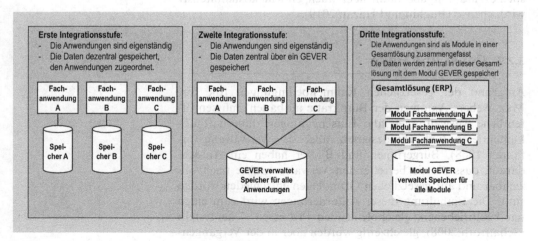

◘ Abb. 3.11 Entwicklungsstufen der GEVER-Integration (Eigene Darstellung, basierend auf Reithaar 2019, S. 7)

der Organisation ein Geschäftsprozessmodell einzuführen (Schaffroth 2016). In der Schweiz wurde zur Unterstützung der Gemeinden ein spezieller Ordnungsrahmen für Prozesse und Dokumentenablage entwickelt. Mit einheitlichen Prozessen und Dokumentenablagen soll die Basis gelegt werden, dass Akten, Dokumente und Daten leichter automatisiert ausgetauscht werden können (Walser 2014).

3.2.8 Self-Service-Anwendungen

Die Erstellung von Dienstleistungsangeboten, wie es die öffentliche Verwaltung mehrheitlich tut, wird zunehmend analog zur Produktion von Gütern als prozesshafte Wertschöpfung betrachtet. Indem die einzelnen Schritte eines solchen Wertschöpfungsprozesses identifiziert und einzeln betrachtet werden, können die individuellen Arbeitsschritte besser analysiert werden. Dies ist dann die Basis für Entscheidungen, wie externe Akteure an der Dienstleistungserstellung mitwirken können. Dieses Vorgehen wird von der Wissenschaft als interaktive Wertschöpfungssteigerung bezeichnet und spielt gerade im Dienstleistungsbereich eine immer wichtigere Rolle (Bruhn und Hadwich 2015a, V).

> Für die Bevölkerung wird es immer üblicher, in Dienstleistungsprozessen aktiv mitzuwirken und Aufgaben selbst auszuführen.

Diese Einbindung ist in vielfältiger Art und Weise möglich: Kunden bewerten im Internet Artikel oder Dienstleistungen, damit andere Interessierte einen Eindruck erhalten können, sie scannen beim Einkauf ihre Artikel selbst und bezahlen sie beim Self-Checkout auch ohne Kontakt mit dem Verkaufspersonal oder sie nehmen die Umzugsmeldung im entsprechenden Portal der Gemeinde selbst vor und geben die entsprechenden Angaben direkt ins System der Verwaltung über das Internet ein. Die Vorteile dieser gemeinschaftlichen Dienstleistungserstellung von Anbieter und Kunde sind vielfältig. Auf beiden Seiten gibt es Kosten-, Zeit- und Qualitätsvorteile. Zudem entstehen nicht zu unterschätzende Beziehungsvorteile, die durch die gemeinsame Erstellung des Dienstleistungsprodukts entstehen (Bruhn und Hadwich 2015b, S. 6 f.).

3.2.9 Nutzung der Crowd

Unter einer Crowd versteht man eine große Anzahl Menschen (Menschenmenge), die für ein bestimmtes Thema vereint und anschließend genutzt werden kann. Das Wissen und die Ideen einer solchen Crowd für die Entwicklung von Lösungen zu nutzen, ist bereits bei verschiedenen Fragestellungen erprobt worden. Dies bezeichnet man dann als Crowd Innovation.

> Die Crowd bietet ein riesiges Potenzial bezüglich Mitwirkung und Unterstützung. Sie ist jedoch keine repräsentative Größe für demokratische Prozesse.

Wikipedia ist ein Internetnachschlagedienst, das von den Nutzenden selbst gefüllt wird. Wie bei den Lexika früher, wird das Wissen schriftlich festgehalten und kann anschließend nachgeschlagen werden. Nur ist bei Wikipedia im Gegensatz zu den Lexika nicht ein Verlag mit seinen Fachmitarbeitenden für die Inhalte verantwortlich, sondern die breite Menschenmenge, die sich berufen fühlt, einzelne Beiträge zu verantworten. Verschiedene inhaltliche Überprüfungsprozesse sollen die Qualität der Beiträge sicherstellen. Dieses Nutzen der Crowd nennt man Crowdsourcing.

Beim Crowdfunding dagegen nutzt man die Menschenmenge, um ein bestimmtes Vorhaben (Projekt, Produktentwicklung) finanziell abzusichern. Wenn die Idee des Vorhabens geeignet ist, genügend Menschen davon zu überzeugen und zu einer finanziellen Beteiligung zu motivieren, dann kann es schlussendlich auch umgesetzt werden.

Die Nutzung der Crowd ist im Prinzip nichts Neues. Es sind im weiteren Sinn die klassischen Bürger- oder Volksbeteiligungsprozesse, die hier angewandt werden. Allerdings führt die Nutzung des Internets dazu, dass die Kommunikation zwischen den Anbietenden und der Crowd weder räumlich noch zeitlich noch quantitativ begrenzt wird (Schedler und Collm 2011). Die digitalen Medien ermöglichen in einem Crowd-Prozess (räumlich und zeitlich unabhängig) das Erreichen unzähliger Menschen.

Damit ein Crowd-Prozess unter Beteiligung der öffentlichen Verwaltung gelingen kann, muss diese gegenüber der Crowd offen und transparent kommunizieren. Das setzt natürlich voraus, dass davon ausgegangen wird, dass die Crowd wiederum vertrauens- und verantwortungsvoll mit den erhaltenen Informationen umgeht. Zudem darf ein Crowd-Prozess nicht mit einem demokratischen Abstimmungsprozess verwechselt werden. Er dient höchstens der Meinungsgenerierung oder -bildung. Bei der Umsetzung ist deshalb darauf zu achten, dass zwischen dem Einbezug einer Crowd (die demokratisch nicht legitimiert ist) und einem formalen Abstimmungsverfahren möglichst wenig Konfliktpotenzial entsteht (Schedler und Collm 2011).

Allerdings ist unbestritten, dass der technologische Wandel völlig neue Dimensionen der Bürgerbeteiligung, Mitbestimmung und Mitwirkung ermöglicht. Dafür gibt es auch schon unterschiedlichste Softwareprodukte (Fichter 2018). Ob und in welcher Art der digitale Wandel jedoch die demokratischen Prozesse und Formen grundlegend zu verändern vermag, kann heute noch nicht abgeschätzt werden.

3.2.10 Linked Open Government Data

Unter Linked Data versteht man das Verknüpfen und Publizieren von Daten, die im Internet oder auf internen Servern so strukturiert vorhanden sind, dass sie ohne großen Aufwand für ein großes Publikum nutzbar gemacht werden können (Bizer et al. 2009, S. 1). Die Europäische Kommission sieht im Verlinken und Aufbereiten von öffentlich verfügbaren, maschinell lesbaren und über das Internet abrufbaren staatlichen Daten eine sehr gute Chance, die öffentliche Verwaltung transparenter und bürgernäher zu gestalten. Gleichzeitig stellen solche Datensammlungen aus Sicht der Kommission eine wichtige ökonomische Ressource dar: Sie seien eine „Goldmine von unrealisiertem ökonomischen Potenzial" (Europäische Kommission 2013, S. 7). Um das Veröffentlichen geeigneter Daten voranzutreiben, hat die Kommission zahlreiche Regeln bezüglich des Formats und der Form, in denen die Daten gespeichert respektive publiziert werden sollen, entwickelt (Europäische Kommission 2013, S. 10). Bereits heute gibt es sehr viele Beispiele, wie Private öffentliche Daten für unterschiedlichste Anwendungen nutzen (Europäische Kommission 2013, S. 25–54). In der Schweiz ist das Umweltdatenportal EnVIS des Kantons Aargau (▶ Abschn. 8.3) ein solches Beispiel, wie unterschiedliche Datenbanken mit Umweltdaten vernetzt und die Daten anschließend über ein gemeinsames Portal der Öffentlichkeit zugänglich gemacht werden (Lienert 2019).

3.3 Bedingungen für technologische Innovationen

Um eine technische Entwicklung realisieren zu können, müssen drei Grundvoraussetzungen gegeben sein (Meyer 2017, S. 6 f.):

3.3.1 Die technische Lösung muss realisierbar sein

Aus Science-Fiction-Publikationen kennt man viele Lösungsansätze für praktische Probleme, die theoretisch durchgerechnet worden sind oder in der Fantasie gelöst werden könnten. Ein bekanntes Beispiel dafür ist die Fortbewegungsart „Beamen" in der Serie „Raumschiff Enterprise": Den Befehl „Beam me up, Scotty" kennen wohl viele Menschen. Und auch wenn die Vorstellung, dass jegliche Materie und

Eine neue technische Lösung muss praktisch realisierbar, ökonomisch vorteilhafter und für die Menschen akzeptierbar sein, damit sie umgesetzt wird.

somit auch der Mensch aus vielen kleinen Elementarteilchen besteht, die aufgelöst und an einem anderen Ort wieder zusammengesetzt werden können, nachvollziehbar ist, ist die Menschheit bis heute dieser Fortbewegungsart noch nicht wirklich näher gekommen: Einzelne Elementarteilchen konnten zwar schon an einen anderen Ort übermittelt werden, doch vom wirklichen „Beamen" ist die Wissenschaft noch weit entfernt (Blaschke 2011). Eine andere Science-Fiction-Fortbewegungsart, „das Hoverboard" im Film „Back to the future" ist heute umgesetzt: Am 4. August 2019 überquerte der Franzose Franky Zapata in 20 Min. mit seinem Hoverboard als „Raketenmann" den Ärmelkanal, nachdem er Ende Juli bei einem ersten Versuch noch gescheitert war (Ebert 2019).

Diese beiden Beispiele zeigen: Für eine technologische Innovation muss zuallererst die technische Lösung verfügbar sein. Es reicht nicht, eine Lösung in der Theorie berechnen oder ableiten zu können, sie muss auch in der Praxis als Ganzes funktionieren. Denn wie das selbstfahrende Auto gezeigt hat: Die einzelnen technischen Lösungen waren für die Erfassung der Umwelt schon sehr lange bekannt. Radar, Filmkamera oder Ultraschall sind „alte" Technologien. Was bis vor Kurzem gefehlt hat, waren die schnellen Prozessoren, die die erhobenen Daten so schnell verarbeiten können, dass das Ergebnis auch verkehrstauglich ist.

3.3.2 Die technische Lösung muss ökonomisch sinnvoll sein

Oft dauert es Jahre, bis eine technisch machbare Lösung auch ökonomisch interessant ist – viele technische Lösungen kommen nie in dieses Stadium.

Es ist ein großer Schritt von einer technischen Lösung, die machbar ist, zum marktfähigen Produkt, das viele Kunden begeistert. In den Laboren und technischen Hochschulen entstehen sehr viele Anwendungslösungen. Vielfach entstehen diese, ohne dass ein entsprechender Absatzmarkt vorhanden wäre. Diese Prototypen sind noch viel zu teuer, zu groß, nicht benutzerfreundlich usw. So existieren die technischen Lösungen für die Haussteuerung schon seit mehreren Jahrzehnten. Allerdings verhalf ihnen erst die Möglichkeit, sie mit dem Internet zu vernetzen und mit dem Smartphone zu steuern, zum Durchbruch auf dem Markt. Zudem konnten sie durch die technologische Entwicklung erst seit Kurzem kostengünstig und dadurch erschwinglich für einen Massenmarkt produziert werden.

Bei Produkten, die eine herkömmliche Lösung ersetzen sollen, muss die neue Lösung ökonomischer/billiger sein als die alte. Diese Rahmenbedingung für den Durchbruch von technologischen Innovationen zeigt sich sehr gut bei der

3.3 · Bedingungen für technologische Innovationen

alternativen Energieerzeugung: Solar- und Windenergie setzt sich in den Gegenden (abgesehen von der naturgegebenen Eignung der Gegend) durch, in denen der Preis für den abgenommenen Strom die Investitionskosten deckt respektive gar zu einem Gewinn führt.

3.3.3 Die Kunden müssen die technische Lösung akzeptieren

Wenn eine technologische Neuerung möglich und auch ökonomisch interessanter ist, heißt das noch lange nicht, dass die Menschen diese auch akzeptieren. In den letzten Jahren (Jahrzehnten) haben viele For-Profit-Organisationen Teile ihrer Administration in Länder mit niedrigeren Lohnkosten verlegt. Technisch könnte die öffentliche Verwaltung dies auch tun und so viele Steuermillionen, wenn nicht gar Steuermilliarden, sparen. Es darf jedoch davon ausgegangen werden, dass das Verlagern z. B. der Steuerverwaltung oder der Arbeitslosenkasse in ein anderes Land mit niedrigeren Lohnkosten von der Bevölkerung nicht akzeptiert werden würde.

Auch beim Sammeln von persönlichen Daten gibt es in der Bevölkerung eine für den Autoren erstaunliche unterschiedliche Bewertung: Während GOOGLE oder Facebook, aber auch Handelsunternehmen mit Kundenkarten ohne großen Widerspruch Daten zum persönlichen Verhalten und den persönlichen Vorlieben sammeln und auswerten dürfen, regen sich bei datenbezogenen Tätigkeiten des Staates gleich große Widerstände. Dabei wäre es für die Gesellschaft schon interessant, ob ein Sozialhilfeempfänger ein großes Auto fährt oder ob jemand, der kein Einkommen versteuert, im Grundbuch als Besitzer von mehreren Immobilien eingetragen ist.

Da die Überwachung des eigenen Verhaltens immer umfassender wird, verändert sich die Sensibilität der Bevölkerung in diesem Bereich möglicherweise in der Zukunft: Bereits heute halten moderne Autos in Echtzeit Fahrstil, Fahrfehler (Sekundenschlaf), gefahrene Route aber natürlich auch technische Probleme fest und melden diese Daten dem Hersteller. Wie dieser mit diesen Daten umgeht, ist meistens in den Geschäftsbedingungen geregelt und diese müssen vom Kunden akzeptiert werden, sonst erhält er das Auto nicht. Dass solche Daten aber bei einem Unfall vom Gericht verwendet werden können, musste Philipp Müller, Ständeratskandidat des Kantons Aargau, im Oktober 2016 erfahren. Das Urteil gegen ihn bei seinem Unfall stützte sich primär auf Daten des Abstands- und des Spurhalteassistenten sowie auf die Dashcam seines Autos (Aschwanden 2016).

Mittels Videoüberwachung kann der chinesische Staat jeden Menschen im öffentlichen Raum in Sekundenbruchteilen identifizieren und dessen Verhalten dokumentieren.

Trotzdem und allen Diskussionen über das Datensammeln privater Firmen zum Trotz, akzeptieren die Konsumierenden verschiedenste Formen der Datensammlung der privaten Unternehmen. Es ist deshalb durchaus möglich, dass sie auch das Sammeln von persönlichen Daten durch den Staat in naher Zukunft weniger kritisch sehen.

Eine neue technische Lösung muss jedoch nicht unbedingt gleichbedeutend mit dem Sammeln privater Daten sein. In Asien haben Pflegeroboter und auch Roboter bei Servicedienstleistungen eine hohe Akzeptanz. Gleiches kann man in Mitteleuropa (noch) nicht beobachten. Die Frage, ob eine technologische Innovation von der Bevölkerung akzeptiert wird, hängt also auch stark mit den kulturellen und ethischen Werten einer Gesellschaft zusammen.

3.3.4 Die ethische Reflexion bei technologischen Entwicklungen

Eine große gesellschaftliche Herausforderung stellt die ethische Reflexion bei technologischen Entwicklungen dar: Nicht immer ist das, was technisch machbar ist, gesellschaftlich auch erwünscht. Oder es bestehen starke Unterschiede zwischen einzelnen Kulturen, ob das, was mit den technischen Möglichkeiten gemacht wird, von den Menschen auch angenommen wird. Ein gutes Beispiel dafür ist das neue Programm der Sozialpunkte der chinesischen Regierung. Die chinesische Bevölkerung wird nahezu flächendeckend mit staatlichen Videokameras überwacht. Durch die Gesichtserkennung können so Menschen in Sekundenbruchteilen identifiziert und deren Verhalten klassifiziert werden. So wird festgehalten, ob man seine alten Eltern regelmäßig besucht, oft alkoholische Getränke kauft oder bei Rot über die Straße geht. Jeder Bewohner in China hat ein sogenanntes Sozialkonto erhalten – auf diesem können die Bewohner von China Punkte sammeln: Sozial erwünschtes Verhalten (z. B. der Besuch der alten Eltern) gibt Pluspunkte, sozial nicht erwünschtes Verhalten (z. B. häufig und viel Alkohol kaufen oder bei Rot über die Straße gehen) gibt Minuspunkte. Der Punktestand auf dem Konto entscheidet dann darüber, ob man Bahntickets kaufen darf oder ob das Kind auf eine bessere Schule kommt. Dabei scheint dieses System in China auf eine große Zustimmung zu stoßen (Kaminski 2019).

Selbstverständlich wird auch in Mitteleuropa sozial unerwünschtes Verhalten von der Gesellschaft geahndet. Allerdings erfolgt diese Bestrafung eher in Form von sozialem Gruppendruck (Ausschluss aus der Gruppe) oder individuellen Rückmeldungen oder -weisungen und nicht in Form von

Welche ökonomisch attraktiven, technischen, Lösungen akzeptiert werden, hängt stark von der Kultur der jeweiligen Gesellschaft ab.

staatlicher Steuerung respektive Bestrafung. Allerdings ist China stark dabei, sein technologisches System auch anderen Staaten und Firmen zur Verfügung zu stellen.

Das Beispiel der totalen Überwachung in China zeigt deutlich, dass eine ethische Diskussion erst einsetzt, wenn die technische Lösung umsetzungs- und marktbereit zur Verfügung steht. Die Gesellschaft fragt nicht im Vorfeld, wollen wir eine Überwachung, wie sie Orwell (Orwell und Kehlmann 2019) in seinem Buch *1984* beschrieben hat und verbietet gegebenenfalls entsprechende Forschung. Wenn die technische Lösung vorliegt, dann – das haben auch andere technologische Entwicklungen (z. B. Atomspaltung, Gentechnologie) gezeigt – wird es sehr schwierig, die Anwendung der Technologie aus ethischen Gründen zu verhindern.

> **Erkenntnisse aus der Praxis**
>
> Heute müssen alle, die ein motorisiertes Fahrzeug im öffentlichen Raum lenken wollen, eine entsprechende Prüfung ablegen. Mit dieser zeigen sie, dass sie die Verkehrsregeln kennen und das Fahrzeug in der Anwendung beherrschen. Zudem müssen sie über die erforderlichen gesundheitlichen Anforderungen verfügen und dies gegebenenfalls regelmäßig nachweisen. Mit der Führerscheinprüfung ist aber auch gewährleistet, dass Fahrzeuglenkende die volle Verantwortung für die Folgen der Teilnahme am Verkehr übernehmen können und müssen. Die gesetzlichen Regeln des Straßenverkehrs und auch die jahrzehntelange Rechtsprechung basiert darauf, dass nur Personen, die eine Führerscheinprüfung bestanden haben, auch am Verkehrsgeschehen teilnehmen dürfen.
> Mit den selbstfahrenden Fahrzeugen wird dieser gesamte Rechtsbereich infrage gestellt. Kann ein Lenker eines selbstfahrenden Fahrzeugs überhaupt die Verantwortung für seine Teilnahme am Verkehr wahrnehmen? Muss er den Computer des Fahrzeugs gegebenenfalls übersteuern und eingreifen? Haftet der Hersteller oder der Softwarelieferant für allfällige Unfälle? Müssen die Menschen noch Führerscheinprüfungen ablegen? Müssen Lenkende sich noch in einem fahrtüchtigen Zustand befinden? Dies sind alles Fragen, die bis heute ungeklärt sind. Dies ist umso bemerkenswerter, weil VW im Jahr 2022 mit dem VW ID Vizzion ein Fahrzeug auf den Markt bringen will, das über kein Steuerrad mehr verfügt (autobild.de 2019). Bei diesem Fahrzeug gibt es also keine Lenkende mehr und der rechtliche Rahmen für den Straßenverkehr passt für dieses Fahrzeug nicht. Es kann also festgestellt werden, dass die Entwicklung des rechtlichen Rahmens deutlich langsamer als die technologische Entwicklung ist.

Literatur

Aschwanden, E. (2016). Experte spricht von hartem Urteil für Philipp Müller. Retrieved from ▶ https://www.nzz.ch/schweiz/aktuelle-themen/zwischenfall-im-wahlkampf-philipp-mueller-wegen-verkehrsunfall-verurteilt-ld.125328. Zugegriffen: 26. Apr. 2020

ATEGRA Schweiz. (2019). GEVER Geschäftsverwaltung / GeKo Geschäftskontrolle. ▶ https://ategra.ch/gever-geko/. Zugegriffen: 4. Mai 2020.

Autobild.de. (2019). Neue E-Autos (2020 bis 2024). ▶ https://www.autobild.de/bilder/neue-e-autos-2020-bis-2024--5777507.html#bild45. Zugegriffen: 26. Apr. 2020.

Bizer, C., Heath, T., & Berners-Lee, T. (2009). Linked data – The story so far. *International Journal on Semantic Web and Information Systems, 5*(3), 1–22. ▶ https://doi.org/10.4018/jswis.2009081901

Blaschke, J. (2011) Ist Beamen möglich? ▶ https://www.ds.mpg.de/76949/23. Zugegriffen: 26. Apr. 2020.

Blockchain.com. (2019). Blockchain Charts: Die vertrauenswürdigste Quelle für Daten auf der Bitcoin-Blockkette. ▶ https://www.blockchain.com/de/charts. Zugegriffen: 4. Mai 2020.

Bruhn, M., & Hadwich, K. (Hrsg.). (2015a). *Forum Dienstleistungsmanagement. Strategische Ausrichtung von Kundeninteraktionen, Geschäftsmodellen und sozialen Netzwerken: Interaktive Wertschöpfung durch Dienstleistungen.*

Bruhn, M., & Hadwich, K. (2015b). Interaktive Wertschöpfung durch Dienstleistungen – Eine Einführung in die theoretischen und praktischen Problemstellungen. In M. Bruhn & K. Hadwich (Hrsg.), *Forum Dienstleistungsmanagement. Interaktive Wertschöpfung durch Dienstleistungen. Strategische Ausrichtung von Kundeninteraktionen, Geschäftsmodellen und sozialen Netzwerken* (S. 3–30). Wiesbaden: Springer Gabler.

Bughin, J., & Hazan, E. (2019). Can artificial intelligence help society as much as it helps business? ▶ https://www.mckinsey.com/~/media/McKinsey/Business%2520Functions/McKinsey%2520Analytics/Our%2520Insights/Can%2520artificial%2520intelligence%2520help%2520society%2520as%2520much%2520as%2520it%2520helps%2520business/Can-artificial-intelligence-help-society-as-much-as-it-helps-business.ashx. Zugegriffen: 4. Mai 2020.

Buhl, H. U., Röglinger, M., Moser, F., & Heidemann, J. (2013). Big Data. *WIRTSCHAFTSINFORMATIK, 55*(2), 63–68. ▶ https://doi.org/10.1007/s11576-013-0350-x. Zugegriffen: 4. Mai 2020.

Bundesgesetz über das Verwaltungsverfahren (Bundesversammlung der Schweizerischen Eidgenossenschaft 20.12.1968).

Bousonville, T. (2017). *Logistik 4.0.* Wiesbaden: Springer Fachmedien.

Buxmann, P., & Schmidt, H. (2019). Grundlagen der Künstlichen Intelligenz und des Maschinellen Lernens. In P. Buxmann & H. Schmidt (Hrsg.), *Künstliche Intelligenz. Mit Algorithmen zum wirtschaftlichen Erfolg* (S. 3–20). Berlin: Springer Gabler.

Cardossier. (2019). Factsheet Cardossier – Blockchain für die Automobilbranche. ▶ https://cardossier.ch/wp-content/uploads/2019/03/factsheet_cardossier_20190306_de.pdf. Zugegriffen: 4. Mai 2020.

Ebert, A., & Schüür-Langkau, A. (2018). Künstliche Intelligenz in vier Szenarien. ▶ https://www.springerprofessional.de/verwaltungsmanagement/kuenstliche-intelligenz/kuenstliche-intelligenz-in-vier-szenarien/16159090. Zugegriffen: 4. Mai 2020.

Ebert, A. (2019). Mal eben nach England. Franky „Raketenmann „Zapata überquert per Hoverboard den Ärmelkanal. ▶ https://diezukunft.de/news/gadget/mal-eben-nach-england. Zugegriffen: 26. Apr. 2020.

Literatur

Europäische Kommission. (2013). Study on business models for linked open government data. ▶ https://joinup.ec.europa.eu/sites/default/files/document/2013-11/Study_on_business_models_for_Linked_Open_Government_Data_BM4LOGD_v1.00.pdf. Zugegriffen: 4. Mai 2020.

Faber, O. (2019). Digitalisierung – ein Megatrend: Treiber & Technologische Grundlagen. In M. Erner (Hrsg.), *Management 4.0 – Unternehmensführung im digitalen Zeitalter* (S. 3–42). Berlin: Springer.

Fichter, A. (2018). Die Demokratie-Hacker aus Argentinien. http://republik.ch/2018/04/05/die-demokratie-hacker-aus-argentinien. Zugegriffen: 4. Mai 2020.

Franzetti, C. (2019). Digitalisierung, digitale Transformation. In C. Franzetti (Hrsg.), *Essenz der Informatik* (S. 223–240). Berlin: Springer. doi:10.1007/978-3-662-58534-4_15

Gürtler, O. (2019). Künstliche Intelligenz als Weg zur wahren digitalen Transformation. In P. Buxmann & H. Schmidt (Hrsg.), *Künstliche Intelligenz. Mit Algorithmen zum wirtschaftlichen Erfolg* (S. 95–105). Berlin: Springer Gabler.

Hecker, D., Döbel, I., Petersen, U., Rauschert, A., Schmitz, V., & Voss, A. (2017). Zukunftsmarkt Künstliche Intelligenz: Potenziale und Anwendungen. Sankt Augustin. ▶ https://www.bigdata.fraunhofer.de/content/dam/bigdata/de/documents/Publikationen/KI-Potenzialanalyse_2017.pdf. Zugegriffen: 4. Mai 2020.

Henkel, C. H. (2018, November 2). Apples Geschäftsmodell gleicht einer Lizenz zum Gelddrucken. Neue Zürcher Zeitung. ▶ https://www.nzz.ch/wirtschaft/apples-geschaeftsmodell-gleicht-einer-lizenz-zum-gelddrucken-ld.1433210. Zugegriffen: 4. Mai 2020.

Hitzler, P., & Janowicz, K. (2013). Linked data, big data, and the 4th Paradigm: Editorial. *Semantic Web*, *4*(3), 233–235. ▶ www.semantic-web-journal.net/system/files/swj488.pdf. Zugegriffen: 4. Mai 2020.

Kaminski, R. (2019). Wie China den Westen herausfordert. In: MIGROS-Magazin der Brückenbauer. ▶ https://www.migrosmagazin.ch/wie-china-den-westen-herausfordert. Zugegriffen: 26. Apr. 2020.

Leimeister, J. M. (2015). *Einführung in die Wirtschaftsinformatik*. Berlin, Heidelberg: Springer Berlin Heidelberg

Lienert, C. (2019). Umweltdaten-Portal EnVIS. ▶ https://www.ag.ch/de/bvu/umwelt_natur_landschaft/umwelt_1/umweltdaten_1/umweltdaten.jsp

Manheim, D., & Garrabrant, S. (2018). Categorizing variants of goodhart's law. ▶ https://arxiv.org/pdf/1803.04585v4. Zugegriffen: 4. Mai 2020.

Mauro, A. de, Greco, M., & Grimaldi, M. (2015). What is big data? A consensual definition and a review of key research topics. In : AIP Conference Proceedings (S. 97–104). AIP Publishing LLC. doi:10.1063/1.4907823.

McAfee, A., & Brynjolfsson, E. (2012). Big data: The management revolution. *Harvard Business Review*, *8*. ▶ https://tarjomefa.com/wp-content/uploads/2017/04/6539-English-TarjomeFa-1.pdf. Zugegriffen: 4. Mai 2020

Meyer, M. (2017). NPPM-Input „Smarte Organisationen": Einführungsreferat. ▶ https://irf.fhnw.ch/bitstream/handle/11654/25543/Eingangsreferat%2520NPPM-Input%2520Smarte%2520Organisationen.pdf?sequence=1. Zugegriffen: 4. Mai 2020.

Morrison, A., & Rao, A. (2016). Machine learning overview: (infographic). ▶ https://usblogs.pwc.com/emerging-technology/a-look-at-machine-learning-infographic/. Zugegriffen: 4. Mai 2020.

Nowroth, M. (2018). So macht Microsoft 84 Millionen Euro Gewinn am Tag. ▶ https://orange.handelsblatt.com/artikel/50844. Zugegriffen: 4. Mai 2020.

Opiela, N., Mohabbat Kar, R., Thapa, B., & Weber, M. (2018). Exekutive KI 2030: Vier Zukunftsszenarien für künstliche Intelligenz in der öffentichen Verwaltung. Berlin. ► https://www.oeffentliche-it.de/documents/10181/14412/Exekutive+KI+2030+-+Vier+Zukunftsszenarien+-für+Künstliche+Intelligenz+in+der+öffentlichen+Verwaltung. Zugegriffen: 4. Mai 2020.

Orwell, G., & Kehlmann, D. (2019). *1984: Roman* (46. Aufl.). Berlin: Ullstein.

Rausenberger, R., & Prenrecaj, K. (2017). Audit 4.0 – Digitale Wirtschaftsprüfung: Der Einsatz von innovativen Technologien verändert Abschlussprüfung und -prüfer. *Expert Focus, 91*(11), 779–783. ► www.pwc.ch/de/publications/2018/Expert_Focus_Digitale_Wirtschaftspruefung.pdf. Zugegriffen: 4. Mai 2020.

Reithaar, J. (2019). Grundsätzliche Entscheidungskriterien von Gemeinden für den Einsatz einer GEVER-Lösung. sowie Vor- und Nachteile von zwei Lösungsansätzen (stand-alone und integriert) (Bachelorarbeit). Fachhochschule Nordwestschweiz – Hochschule für Wirtschaft, Brugg.

Richter, I. (2017). Kurz erklärt: Was ist Künstliche Intelligenz? ► https://news.microsoft.com/de-de/was-ist-kunstliche-intelligenz/. Zugegriffen: 4. Mai 2020.

Rüegg, M. (2019). Wie Lügen Russlands Macht stärken. Republik.ch. ► https://www.republik.ch/2019/10/28/wie-luegen-russlands-macht-staerken. Zugegriffen: 26. Apr. 2020.

SBB (2013). Medienmitteilung: SBB bietet kostenlosen Internetzugang an Bahnhöfen: Bessere Mobilfunkversorgung für Bahnreisende. ► https://company.sbb.ch/de/medien/medienstelle/medienmitteilungen/detail.html/2013/2/2002-1. Zugegriffen: 24. Apr. 2020.

Schaffroth, M. (2008). Interoperabilität und Geschäftsprozessmanagement im E-Government. *eGov Präsenz, 2,* 46–49. ► https://www.ech.ch/sites/default/files/imce/Fachgruppen/Geschaeftsprozesse/(eGov-Pr%C3%A4senz%25202-2008)%2520Schaffroth%2520-%2520Interoperabilit%C3%A4t%2520und%2520Gesch%C3%A4ftsprozessmanagement%2520im%2520E-Government.pdf. Zugegriffen: 4. Mai 2020.

Schaffroth, M. (2016). Geschäftsprozesse mit GEVER erfolgreich unterstützen – Ein Erfahrungsbericht. ► https://www.ech-bpm.ch/sites/default/files/blog/geschaeftsprozesse_mit_gever_erfolgreich_unterstuetzen_2016_-_erfahrungsbericht_des_isb.pdf_yBzGPUuTinmw5pnDK. Zugegriffen: 4. Mai 2020.

Schedler, K., & Collm, A. (2011). Crowd Inovation: Wie die Verwaltung ihre Grenzen öffnet. ► https://www.alexandria.unisg.ch/207931/1/11%2520IMPacts%2520-%2520Crowd%2520Innovation.pdf. Zugegriffen: 4. Mai 2020.

Schedler, K. (2018). Von Electronic Government und Smart Government: Mehr als elektrifizieren! *IMPuls., 1,* 1–10.

Schenk, M., & Richter, K. (2005). Logistik intelligent steuern. In C. Engelhardt-Nowitzki & J. Wolfbauer (Hrsg.), *Gelebtes Netzwerkmanagement. Festschrift für Albert F. Oberofer zum 80. Geburtstag* (S. 205–212). Göttingen: Cuvillier.

Scherk, J., Pöchhacker-Tröscher, G., & Wagner, K. (2017). Künstliche Intelligenz – Artificial Intelligence. Linz. Retrieved from Pöchhacker Innovation Consulting website. ► https://www.p-ic.at/uploads/simplex/images/BVMIT%2520Dossier%2520Artificial%2520Intelligence%25202017%-2520FINAL.pdf. Zugegriffen: 4. Mai 2020.

Schneeberger, P. (2018). Interview: SBB-Präsidentin Ribar: „Der Weg führt in Richtung individualisierte Preise" 29.5.2018. ► https://www.nzz.ch/schweiz/sbb-praesidentin-ribar-der-weg-fuehrt-in-richtung-individualisierte-preise-ld.1389582, Zugegriffen: 24. Apr. 2020.

Literatur

Sperlich, T. (2018). Let's do it!: Zug um Zug, Block für Block. *Stadtmagazin – Die Stadt Zug im Fokus,* 19, 11–14.

Statista.com (Bandt, M.). (2014). Dramatischer Preisverfall bei Festplattenspeicher. ▶ https://de.statista.com/infografik/2544/entwicklung-preis-pro-gigabyte-festplattenspeicher/. Zugegriffen: 24. Apr. 2020.

Swisscom. (2015). Das Swisscom-Mobilfunknetz 1990–2020. ▶ https://www.swisscom.ch/dam/swisscom/de/about/medien/medienmitteilung/2015/Swisscom-GSM-Infographic-DE.pdf. Zugegriffen: 4. Mai 2020.

Tralios.de (Vallendor, D.). (2018). Festplatten- und SSD-Preisentwicklung analysiert. ▶ https://www.tralios.de/2018/09/06/festplatten-und-ssd-preisentwicklung-2018/. Zugegriffen: 24. Apr. 2020.

Walser, K. (2014). Ordnungsrahmen zum Einsatz des Geschäftsprozessmanagements und des Dokumentenmanagements in der Öffentlichen Verwaltung. In D. Lück-Schneider, T. Gordon, S. Kaiser, J. von Lucke, E. Schweighofer, M. A. Wimmer, & M. G. Löhe (Hrsg.), *GI Edition Proceedings:* Bd. 229. *Gemeinsam Electronic Government ziel(gruppen)gerecht gestalten und organisieren. Gemeinsame Fachtagung Verwaltungsinformatik (FTVI) und Fachtagung Rechtsinformatik (FTRI) 2014,* 20.-21. März 2014 in Berlin (S. 81–95). Bonn: Köllen. ▶ https://pdfs.semanticscholar.org/3c7d/a2162b644a5cd820ea4a9e306a71f0f923e4.pdf. Zugegriffen: 4. Mai 2020.

Weber, M. (1972). *Wirtschaft und Gesellschaft: Grundriss der verstehenden Soziologie* (5., rev. Aufl., Studienausg). Tübingen: Mohr.

Digitalisierung der öffentlichen Verwaltung

Inhaltsverzeichnis

Kapitel 4   Unterschiedliche Ansätze der Digitalisierung öffentlicher Verwaltungen – 69

Kapitel 5   Der Ansatz der Smarten Verwaltung – das Zuger Modell – 81

Unterschiedliche Ansätze der Digitalisierung öffentlicher Verwaltungen

Inhaltsverzeichnis

4.1 eGovernment – bestehende Prozesse digitalisieren – 70

4.2 Smart Cities – Städte vernetzen – 73

4.3 Kritik an diesen beiden Ansätzen – 76

Literatur – 79

© Springer Fachmedien Wiesbaden GmbH, ein Teil von Springer Nature 2020
M. Meyer, *Die smarte Verwaltung aktiv gestalten*, Edition Innovative Verwaltung,
https://doi.org/10.1007/978-3-658-30686-1_4

Öffentliche Verwaltungen müssen heute vielfältige Herausforderungen meistern. Dabei ist der digitale Wandel eine dieser Herausforderungen – und gleichzeitig aber auch die große Chance –, viele andere Herausforderungen besser bewältigen zu können. So basiert die kantonale Strategie „Smart Aargau" bewusst auf der drohenden Personalknappheit: Wie viele andere öffentliche Verwaltungen werden auch im Kanton Aargau in den nächsten fünf Jahren viele Führungs- und Fachkräfte in Rente gehen – voraussichtlich mehr als der Arbeitsmarkt zu ersetzen vermag. Mit der Strategie „Smart Aargau" wird nun aktiv versucht, die Folgen dieses Personalengpasses durch den verstärkten Einsatz digitaler Hilfsmittel zu bewältigen und gleichzeitig attraktive Arbeitsbedingungen für potenzielle junge Mitarbeitende zu schaffen (Regierungsrat des Kantons Aargau 2019, S. 4).

In der wissenschaftlichen Diskussion findet man heute drei unterschiedliche Ansätze, wie der digitale Wandel verfolgt werden kann (Meyer 2018): eGovernment, SmartCities und Smart Government.

4.1 eGovernment – bestehende Prozesse digitalisieren

eGovernment Schweiz ist die gemeinsame Organisation von Gemeinden, Kantonen und Bund. Eine öffentlich-rechtliche Rahmenvereinbarung regelt das Zusammenwirken der Partner. Die Organisation soll die Digitalisierung der öffentlichen Verwaltung koordinieren und vorantreiben.

Mit E-Government wird die Digitalisierung von Behördendienstleistungen bezeichnet (E-Government Schweiz 2019, S. 3). Dieser Begriff soll auch für eine moderne und effiziente Verwaltung stehen (Digitales Österreich o. D.). Dabei geht es primär um Behördendienstleistungen, die bereits in Form von analogen Prozessen bestehen und nun zusätzlich in einer digitalen Form erbracht werden sollen (Meyer 2018). Bei E-Government-Lösungen dieser Art handelt es sich also um ein zusätzliches Angebot, das sich in der Dienstleistungserbringung nur wenig von den bisherigen, analogen Prozessen unterscheidet: Es gibt vielleicht eine neue Eingabemaske und die Bürgerinnen und Bürger können über ein Internetportal einen Antrag stellen oder eine Rechnung wird nicht mehr verschickt, sondern direkt per elektronischem Bankverfahren beglichen usw.. Um E-Government-Lösungen entwickeln zu können, müssen die ursprünglichen Prozesse bereits definiert und beschrieben worden sein.

In der Schweiz ist dies bereits eine große Herausforderung. Deshalb wurden in der ersten Projektphase von E-Government-Schweiz viele Musterprozesse für Gemeinden entwickelt (Buess et al. 2019). Der eUmzug war dann ein erstes wichtiges Projekt, das schweizweit umgesetzt wurde: Per Ok-

4.1 · eGovernment – bestehende Prozesse digitalisieren

tober 2019 konnte über die Hälfte der Schweizer Bevölkerung ihren Ortswechsel elektronisch melden und muss dafür nicht mehr auf ein Amt.

Weitere wichtige Vorhaben, die eGovernment Schweiz realisieren will, sind die eID, einheitliche Standards für Schnittstellen, verschiedene Portale für Unternehmensmeldungen (Mehrwertsteuer, Finanz- und Personaldatenaustausch) und die Möglichkeit, digital an Wahlen und Abstimmungen teilzunehmen (eGovernment Schweiz 2019).

In der Schweiz wurde ein gemeinsames Vorgehen der drei föderalen Ebenen gewählt. Die Finanzierung von eGovernment Schweiz wird auch vom Bund und den Kantonen gemeinsam getragen (Schweizerische Eidgenossenschaft 2019, § 4). Die Strategie und Auswahl der Vorhaben bestimmt ein von Bund, Kantonen und Gemeinden paritätisch besetzter Steuerungsausschuss.

In Deutschland verpflichtet das Onlinezugangsgesetz (OZG) Bund, Länder und Kommunen bis Ende 2022 fast 600 Verwaltungsleistungen digitalisiert anzubieten. Diese Verwaltungsleistungen sind aus Nutzerperspektive in 35 Lebens- und 17 Unternehmenslagen gruppiert worden. Die Umsetzung erfolgt in Pilotprojekten, die später allen Bundesländern zur Verfügung gestellt werden sollen. Damit eine optimale Vernetzung der einzelnen Angebote gewährleistet werden kann, sollen die Lösungen in einen Portalverbund eingebunden werden. Die Zielerreichung Ende 2022 wird nicht nur daran gemessen, ob die Verwaltungsleistungen online verfügbar sind, sondern v. a. auch daran, wie ihre Akzeptanz bei der Bevölkerung ist (BMI 2020a).

In Deutschland wird der digitale Wandel stark vom Bund vorangetrieben. Dafür hat sich der Bund in der Föderalismusreform II weitgehende Rechte gesichert, um zentralistisch steuern zu können. Darauf baut das Onlinezugangsgesetz auf. Es verpflichtet die drei föderalen Ebenen zu umfangreichen Maßnahmen bei der Digitalisierung von Verwaltungsangeboten (BMI 2018). Bei der Umsetzung wird in Verwaltungsleistungen, die der Bund verantwortet, und in solche, die der Bund verantwortet, die Länder jedoch die Umsetzung gewährleisten müssen, unterschieden. Für erstere übernimmt der Bund die alleinige Umsetzungsverantwortung, für die anderen wird ein arbeitsteiliges Vorgehen von Bund und Ländern gewählt, gesteuert von einem IT-Planungsrat.

In Österreich bietet die Plattform „Digitales Österreich" Hintergrundinformationen zu eGovernment in Österreich. In seiner E-Government-Strategie formuliert das Bundeskanzleramt Österreich (2017, S. 15 + 16) als Vision

für die Plattform Digitales Österreich die nachfolgenden Eigenschaften:
- Komfort und Einfachheit
- Effizienzsteigerung
- Vertrauenswürdigkeit und Sicherheit
- Transparenz und Offenheit
- Partizipation
- Innovation
- Wirtschaft
- Nationale und internationale Konvergenz und Synergien

Die Webseite <oesterreich.gv.at> als konkrete Umsetzung liefert zusätzlich Behördeninformationen, Formulare und Kontaktinformationen zu den Behörden vor Ort. Diese behördenübergreifende Plattform bietet unterschiedlichste eGovernment-Anwendungen für die Bewohnerinnen und Bewohner aber auch für Firmen. Die Webseite ist zudem als App verfügbar und somit optimiert für den mobilen Einsatz.

> Um eGovernment-Lösungen umsetzen zu können, muss der jeweilige Vorgang als Geschäftsprozess eindeutig beschrieben sein.

Die eGovernment-Umsetzung in Österreich ist komplett zentralistisch gesteuert. Die österreichische Bundesregierung gibt Strategie und Umsetzung vor. Als nationale Instanz hat sie nicht nur den Blick auf die unteren Strukturen, in Österreich wird auch deutlich der Bezug zu den Aktivitäten der EU-Kommission und deren Strategien hergestellt. Regelmäßig wird Österreich eine Spitzenposition bei nationalen eGovernment-Benchmark-Vergleichen attestiert (Bundeskanzleramt 2017, S. 9).

Der jährlich durchgeführte eGovernment MONITOR von fortiss (2019) beschreibt die eGovernment-Entwicklungen in Deutschland, Österreich und der Schweiz aufgrund von Bevölkerungsbefragungen aus Sicht der Bevölkerung. Gesamthaft gesehen nutzt etwas mehr als die Hälfte der deutschsprachigen Europäerinnen und Europäer eGovernment-Dienstleistungen. In Österreich sind es jedoch deutlich mehr als in den beiden anderen Ländern. Auffällig ist, dass der Bildungsstand (hoch) und das Alter (unter 54 Jahre) wichtige Einflussgrößen für eine häufigere Nutzung der digitalen Angebote sind. Am wichtigsten ist in allen drei Ländern die Möglichkeit, Transaktionen (Bezahlvorgänge, Anträge) digital zu erledigen. Die Informationssuche und Kommunikation mit Behörden sind deutlich weniger bedeutsam. Zwischen zwei Drittel (Deutschland) und drei Viertel (Österreich und Schweiz) der Befragten sind zufrieden mit dem aktuell verfügbaren Online-Angebot ihres Wohnorts (◘ Abb. 4.1).

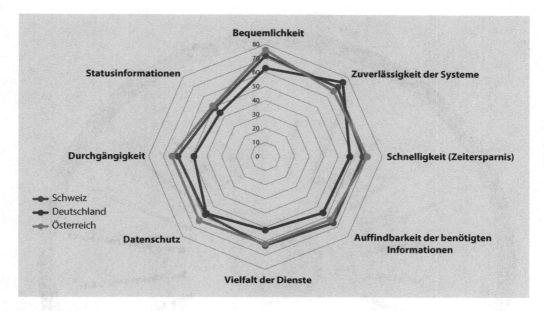

● Abb. 4.1 Zufriedenheit mit den folgenden Aspekten der verfügbaren Online-Angebote des eigenen Wohnorts (Eigene Darstellung auf Basis Fortiss 21, 2019, S. 20)

Die Befragten in Deutschland haben tendenziell mehr digitale Identitäten als diejenigen in Österreich und der Schweiz. Trotzdem nutzen in allen drei Ländern etwa gleich viele Befragte einen Passwortmanager. In keinem Land findet sich eine Mehrheit für die Nutzung einer einzigen digitalen Identität für alle elektronischen Dienste (privatrechtliche und öffentliche Verwaltung).

4.2 Smart Cities – Städte vernetzen

Der Smart-City-Ansatz verfolgt die Digitalisierung einer Region (Stadt) unter Einbezug der relevanten, privaten und staatlichen Akteure. Ziel ist eine verbesserte Ressourcennutzung und eine Steigerung der Lebensqualität der Bevölkerung dieser Region (Jaekel 2015, S. 17–30). Gassmann und Kollegen sprechen von einem digitalen Schatten einer Stadt, der die Bereiche Environment, Living, Economy, Mobility, Government und People umfasst (Gassmann et al. 2018, S. 19–35). In diesen Bereichen sind Smart-City-Maßnahmen anzusiedeln. Der schweizerische Verband Smart City Hub Switzerland hat in seinem Smart City Wheel die Bereiche noch verfeinert (● Abb. 4.2).

Kapitel 4 · Unterschiedliche Ansätze der Digitalisierung öffentlicher Verwaltungen

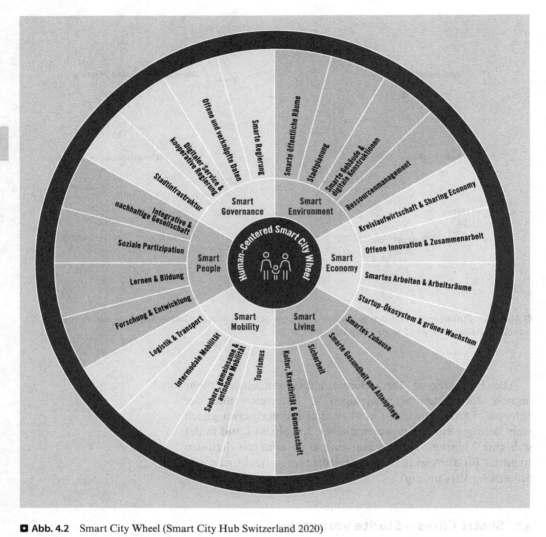

Abb. 4.2 Smart City Wheel (Smart City Hub Switzerland 2020)

Der Smart-City-Ansatz basiert auf der Public-Private-Partnership(PPP)-Philosophie. Die Verwaltung ist dabei ein wichtiger Partner und kann auch Impulsgeberin sein.

Entsprechend sind Smart-City-Strategien v. a. in Ballungszentren oder größeren Städten zu finden (Adler 2016; Camboim et al. 2018). Mit verschiedenen Benchmark- oder Maturitäts-Modellen wird versucht, die Ansätze und Lösungen verschiedenster Städte und Regionen zu vergleichen und auch die Smarteste City zu küren (Haselhorst Associates 2019; tmforum 2019; Cohen 2014).

Eine klassische und weit verbreitete Lösung einer Smart City ist die Parkraumverwaltung. Dazu müssen die öffentlichen und privaten Parkplätze/-häuser ihre Parkfelder dahingehend bewirtschaften, dass sie digital die Anzahl der aktu-

4.2 · Smart Cities – Städte vernetzen

ell freien Parkfelder einem zentralen Server melden können. Dies kann durch eine simple Zählung der aktuellen Kunden bzw. Einfahrten in den Parkraum geschehen, häufiger geschieht es durch die individuelle Belegungsüberprüfung mittels Sensoren der einzelnen Parkfelder. Eine solche lässt im Parkhaus dann auch die Steuerung der Parkplatzsuchenden mittels Hinweisen zur Anzahl freier Parkplätze in den verschiedenen Sektoren zu. Die Installation dieser Technologie ist in der Verantwortung der jeweiligen Parkraumbetreibenden (privat oder öffentlich).

Die digital gemeldeten freien Parkplätze werden dann zentral zusammengeführt und an die Anzeigetafeln an den Einfallstraßen in das jeweilige Stadtgebiet geleitet. Da diese Anzeigetafeln im öffentlichen Raum stehen, sind sie häufig in der Verantwortung der öffentlichen Hand. Es ist aber auch denkbar, dass die privaten Parkraumanbietenden und die jeweilige Stadt eine gemeinsame Organisation für die optimale Lenkung der Parkraumsuchenden gründen. Diese ist dann für den Betrieb der Zentrale und der entsprechenden Anzeigetafeln verantwortlich.

In der Schweiz haben sich mehrere Städte und interessierte staatsnahe Firmen zum Smart City Hub Switzerland zusammengeschlossen. Dieser soll die Zusammenarbeit und den Wissensaustausch der Mitglieder fördern (Smart City Hub Switzerland 2020). Eine weitere nationale Plattform ist die Interessensgemeinschaft Smart City Schweiz, die vom Bundesamt für Energie geleitet wird und Städten, Dienstleistenden sowie Forschungsinstitutionen den Austausch ermöglicht.

Auch in Deutschland und Österreich gibt es entsprechende Plattformen und Organisationen. In Deutschland hat die Bundesregierung im Jahr 2016 die Dialogplattform Smart Cities eingerichtet, die 2017 eine Smart City Charta mit Leitlinien und Empfehlungen für die digitale, nachhaltige Transformation der Kommunen vorgelegt hat (BMI 2017). Zudem läuft aktuell die zweite Staffel des Projektwettbewerbs „Smart Cities made in Germany". Bei diesem können sich Kommunen mit ihren zukünftigen Modellprojekten bewerben. Diese Projekte sollen sich mit dem Thema „Gemeinwohl und Netzwerkstadt/Stadtnetzwerk" beschäftigen (BMI 2020b).

In Österreich werden Smart Cities Projekte vom Klima- und Energiefonds im Rahmen der Klima- und Energiestrategie der Bundesregierung gefördert (smartcities.at 2020a). Auch in Österreich werden innovative Projekte zentral finanziert. Begonnen wurde damit jedoch schon 2010. Aktuell läuft die 11. Ausschreibung. Bisher wurden fast 150 Pilotprojekte in ganz Österreich gefördert. Diese werden auf einer interaktiven Karte im Internet vorgestellt (Smartcities.

at 2020b). Es wird deutlich, dass auch bei den Smart-Cities-Umsetzungen Österreich weiter entwickelt ist als Deutschland oder die Schweiz.

4.3 Kritik an diesen beiden Ansätzen

> eGovernment- und Smart-City-Lösungen stellen die heutigen – aus der analogen Welt stammenden – Mechanismen der öffentlichen Verwaltung als ausführendes Organ des Staates nicht grundsätzlich infrage.

Sowohl eGovernment als auch Smart Cities sind Ansätze, die die Digitalisierung in öffentlichen Verwaltungen weiterbringen. Dabei ist der Smart-City-Ansatz nicht wirklich ein Programm für die öffentlichen Verwaltungen, die öffentlichen Verwaltungen sind zwar ein wichtiger Teil einer Smart-City-Entwicklung, die Privatwirtschaft und die Öffentlichkeit sind jedoch genauso wichtig.

eGovernment dagegen ist als Ansatz für die Modernisierung der öffentlichen Verwaltungen gestartet. Allerdings beschränkt er sich darauf, die Verwaltung, so wie sie heute auf- und ausgebaut ist, zu digitalisieren. Während sich Unternehmen mit digitalen Strategien neu erfinden und neue Geschäftsmodelle entwickeln, bleibt die öffentliche Verwaltung mit dem eGovernment-Ansatz im Prinzip die gleiche Organisation wie in den letzten Jahrzehnten. Gewiss, der Kontakt zu den Bürgerinnen und Bürgern, den Einwohnerinnen und Einwohnern wird digitalisiert, Geschäfte und Anträge können verbreitet über das Internet und mobil bearbeitet werden, aber im Rahmen von eGovernment wird weder geprüft, ob der gesetzliche Auftrag komplett anders umgesetzt werden könnte (im Sinn einer neuen digitalen Strategie), noch ob sich durch die Digitalisierung der gesetzliche Rahmen so verändert hat, dass andere gesetzliche Grundlagen geschaffen werden müssen (eGovernment-Schweiz 2019; Schedler 2018; Alguliev und Yusifov 2013).

Zudem kann bei beiden Ansätzen beobachtet werden, dass sich v. a. Ökonomen und IT-Fachpersonen mit dem digitalen Wandel der öffentlichen Verwaltung beschäftigen. Durch den digitalen Wandel verändert sich jedoch die gesamte Gesellschaft. Deshalb müssten die Fragestellungen und auch Lösungen viel breiter und v. a. interdisziplinär diskutiert und abgestützt werden. So wäre beispielsweise das Thema Partizipation sicherlich auch aus staatsrechtlicher, ethischer, aber auch soziologischer Sicht zu beleuchten. Damit der digitale Wandel wirklich gelingen kann, müsste aus Sicht des Autors ein interdisziplinärer Diskurs stattfinden, bei dem die unterschiedlichen wissenschaftlichen Disziplinen bewusst miteinander nach Lösungen suchen. Sonst droht am Ende ein ähnlicher Stillstand wie er bei den verschiedenen New-Public-Management-Bestrebungen zu beachten ist.

4.3 · Kritik an diesen beiden Ansätzen

Auch bei den v. a. von Ökonomen vorangetrieben New-Public-Management-Ansätzen wäre für einen nachhaltigen Erfolg der interdisziplinäre Diskurs notwendig gewesen (Maeder 2001).

> **Erkenntnisse aus der Praxis – Partizipation, das Schlagwort für die neue Bürger- oder Bevölkerungsbeteiligung**
>
> Die Bewohnenden oder die Bürgerinnen und Bürger einer Region bilden eine Gesellschaft, die je nach Größe dieser Region als Staatsgebilde (oder Teil davon) organisiert ist. Die Mitwirkungs- und Mitgestaltungsmöglichkeit der Menschen dieser Gesellschaft sind historisch gewachsen und traditionell stark verankert – allerdings ohne Berücksichtigung der neuen, digitalen Möglichkeiten.
>
> Der digitale Wandel wirkt nun auf unterschiedlichen Ebenen respektive Themenfeldern auf die Menschen und ihre Gemeinschaft ein:
>
> — Ein gewisser Teil der Menschen verspürt (aus unterschiedlichsten Veränderungen wie Migration, Ökologie, demografischer Wandel) Zukunftsängste und möchte zukünftig möglichst viel Sicherheit. Auch der digitale Wandel führt zu Veränderungen, die nicht nur Chancen, sondern auch Risiken bergen.
> — Durch den digitalen Wandel wird v. a. für die jüngere Bevölkerung die digitale Kommunikation sehr viel wichtiger. Die analogen, demokratischen Mitwirkungsmöglichkeiten gehören nicht mehr zur Kernkompetenz dieser Generationen, was sicherlich auch ein Grund für die niedrige Wahl- und Stimmbeteiligung junger Menschen ist.
> — Die Menschen haben für ihren Alltag gelernt, mit digitalen Errungenschaften und Tools umzugehen und profitieren gern von den Erleichterungen, die sie mit diesen erfahren. Für sie ist unverständlich, dass sie für offizielle, staatliche Handlungen noch physisch auf ein Amt müssen – das dann womöglich noch um 17.00 Uhr schließt. Die Menschen sehen keinen Unterschied darin, ob sie bei Zalando bestellen oder einen Antrag bei einem Amt stellen müssen. Zudem sehen sie sich zunehmend als Kunden (ist König) und weniger als Bürger oder Bürgerin (mitverantwortlich für die Gesellschaft und ihre Organe).
> — Durch die Migration wird ein immer größerer Teil der Wohnbevölkerung von der aktiven Gestaltung der staatlichen Rahmenbedingungen ausgeschlossen: Vor allem in Ballungsgebieten haben viele Bewohnende kein Stimm- und Wahlrecht.

Die Digitalisierung bietet völlig neue Möglichkeiten der gesellschaftlichen Mitgestaltung. Allerdings bestehen noch viele ungeklärte Fragen, wie diese neuen Mitwirkungsformen und die traditionellen demokratischen Prozesse zusammen harmonieren können.

Neue Verwaltungsreformansätze, z. B. des Centre for Public Impact in Genf, gehen davon aus, dass eine erhöhte Beteiligung der Bevölkerung die Akzeptanz der Verwaltung und ihrer Entscheidungen steigert.

- Der Staat und damit die öffentliche Verwaltung erhält immer mehr Aufgaben. Dadurch steigt der Finanzierungsdruck und gleichermaßen der Druck auf die Verwaltung, ihre Dienstleistungen kostengünstiger zu produzieren. Durch die Alterspyramide der Beschäftigten in der Verwaltung sind zudem neue Lösungen für die Verwaltung gefragt: Zum einen, um die durch die anstehenden Pensionierungen verloren gehende Kompetenz und Arbeitskraft auszugleichen, zum anderen, um weiterhin ein attraktiver Arbeitgeber zu bleiben.

Mit unterschiedlichen Partizipationsansätzen und den entsprechend unterschiedlichen digitalen Lösungen sollen folgende Veränderungen erzielt werden:
- Die Bewohnerinnen und Bewohner eines Gebiets werden frühzeitig in die Planung der Ausgestaltung (Raumplanung, Stadt-/Quartierplanung) ihres Wohngebiets mit einbezogen.
- Die öffentliche Verwaltung kommuniziert aktiv auf den verschiedenen digitalen Kanälen und erreicht dadurch auch jüngere Generationen.
- Unterschiedliche Formen von digitalen Plattformen (digitaler Dorfplatz in ▶ Abschn. 8.2) fördern die Vernetzung und Nachbarschaftshilfe in der Kommune. Auf einer solchen Plattform können auch die lokalen Vereine und das lokale Gewerbe präsent sein (das Dorfleben wird von der Plattform digital abgebildet).
- Die Bewohnenden werden in die Dienstleistungserbringung der öffentlichen Verwaltung stärker einbezogen: Sie erhalten die Möglichkeit, Vorkommnisse (Müll auf der Straße, defekte Straßenlaternen, brennende Papierkörbe usw.) den entsprechenden Verwaltungsstellen direkt zu melden. Sie füllen Formulare online selbst aus und übernehmen so die Datenerfassung für die öffentliche Verwaltung. Sie dürfen Vorschläge für die Weiterentwicklung der staatlichen Dienstleistungen unterbreiten und können diese auch gemeinschaftlich im Diskurs weiter ausgestalten usw.
- Die stimmberechtigten Bürgerinnen und Bürger werden mittels Befragungen und Abstimmungen aktiv in die politischen Prozesse eingebunden. Dies kann im Budgetprozess, bei konkreten Bauvorhaben oder bei geplanten Veranstaltungen geschehen.

Die Gemeinden profitieren mehrfach durch die gesteigerte Partizipation ihrer Bewohnenden.
- Sie lernen die Anliegen und Bedürfnisse der Einwohnerinnen und Einwohner besser kennen und können so zielgenauer die eigenen Dienstleistungen planen.

- Die Beteiligung aller Bevölkerungsgruppen an der Gesellschaftsgestaltung nimmt genauso zu wie das Verständnis der unterschiedlichen Gruppen füreinander. Dadurch wird auch die Integration ins Gemeinwesen und möglicherweise sogar die aktive Teilnahme gefördert.
- Der direkte Austausch mit den Behörden fördert das gegenseitige Verständnis und das Image des Verwaltungsapparats wird verändert, sodass dieser als moderner Dienstleister wahrgenommen wird. Zudem fördert die Teilhabe an Entscheidungen auch die Akzeptanz für das erzielte Ergebnis und die notwendigen staatlichen Entscheidungen. Schlussendlich soll die verbesserte Partizipation v. a. einen direkten Nutzen für die Bewohnenden bringen, sodass sie sich stärker mit ihrem Gemeinwesen identifizieren können und motiviert werden, dieses aktiv mitzugestalten.

Literatur

Adler, L. (2016). How smart city Barcelona brought the internet of things to life. ► https://datasmart.ash.harvard.edu/news/article/how-smart-city-barcelona-brought-the-internet-of-things-to-life-789. Zugegriffen: 4. Mai 2020.

Alguliev, R., & Yusifov, F. (2013). Effective E-government management mechanisms: Conceptual approaches. *Universal Journal of Communications and Network, 1*(2), 44–49.

BMI – Bundesministerium des Innern, für Bau und Heimat. (2017). Smart city Charta. Digitale Transformation in den Kommunen nachhaltig gestalten. ► https://www.bmi.bund.de/SharedDocs/downloads/DE/veroeffentlichungen/themen/bauen/wohnen/smart-city-charta-langfassung.pdf?__blob=publicationFile&v=7. Zugegriffen: 28. Apr. 2020.

BMI – Bundesministerium des Innern, für Bau und Heimat. (2018). OZG-Umsetzungskonzept: Digitalisierung als Chance zur Politikgestaltung – Umsetzung des Onlinezugangsgesetzes. ► https://www.bmi.bund.de/SharedDocs/downloads/DE/publikationen/themen/moderne-verwaltung/ozg-umsetzungskonzept.pdf?__blob=publicationFile&v=3. Zugegriffen: 28. Apr. 2020.

BMI – Bundesministerium des Innern, für Bau und Heimat. (2020a). Onlinezugangsgesetz. ► https://www.bmi.bund.de/DE/themen/moderne-verwaltung/verwaltungsmodernisierung/onlinezugangsgesetz/onlinezugangsgesetz-node.html;jsessionid=FEB36A0E27C9A9C0B9648F8E6A30EB17.2_cid364. Zugeggriffen: 27. Apr. 2020.

BMI – Bundesministerium des Innern, für Bau und Heimat. (2020b). Modellprojekte Smart Cities: Stadtentwicklung und Digitalisierung. ► https://www.smart-cities-made-in.de/. Zugegriffen: 28. Apr. 2020.

Buess, M., Ramsden, A., & Bieri, O. (2019). Nationale E-Government-Studie 2019. Adligenswil, Luzern: Demoscope, Interface. ► https://www.egovernment.ch/index.php/download_file/force/1540/3836/. Zugegriffen: 4. Mai 2020.

Bundeskanzleramt Österreich, Plattform Digitales Österreich. (2017). Behörden im Netz: Das österreichische E-Government ABC. Wien. ► https://www.digitales.oesterreich.gv.at/documents/22124/30428/E-Government-ABC.pdf/b552f453-7ae9-4d12-9608-30da166d710b. Zugegriffen: 27. Apr. 2020.

Camboim, G. F., Zawislak, P. A., & Pufal, N. A. (2018). Driving elements to make cities smarter: Evidences from European projects. Technological Forecasting and Social Change. ▶ https://doi.org/10.1016/j.techfore.2018.09.014. Zugegriffen: 4. Mai 2020.

Cohen, B. (2014). The smartest cities in the world 2015: Methodology. ▶ https://www.fastcompany.com/3038818/the-smartest-cities-in-the-world-2015-methodology. Zugegriffen: 4. Mai 2020.

Digitales Österreich (o. D.). Was ist E-Government? ▶ https://www.digitales.oesterreich.gv.at/was-ist-e-government-. Zugegriffen: 27. Apr. 2020.

eGovernment-Schweiz. (2019). E-Government Strategie Schweiz 2020–2023. Bern. ▶ https://www.egovernment.ch/index.php/download_file/1728/3332/. Zugegriffen: 26. Apr. 2020.

Gassmann, O., Böhm, J., & Palmié, M. (2018). Smart City: Innovationen für die vernetzte Stadt – Geschäftsmodelle, Organisation, Management. Hanser eLibrary. München: Hanser. ▶ https://doi.org/10.3139/9783446457584. Zugegriffen: 4. Mai 2020.

fortiss. (2019). *eGovernment MONITOR 2019: Nutzung und Akzeptanz digitaler Verwaltungsangebote – Deutschland, Österreich und Schweiz im Vergleich*. Berlin: Initiative D21.

Hasselhorst Associates. (2019). Studie „Digitales Deutschland: Smart-City-Ranking 2019". ▶ https://www.haselhorst-associates.com/themen/smart-city/smart-city-ranking-2019-digitales-deutschland/. Zugegriffen: 28. Apr. 2020.

Jaekel, M. (Hrsg.). (2015). *Smart City wird Realität: Wegweiser für neue Urbanitäten in der Digitalmoderne*. Wiesbaden: Springer Vieweg.

Maeder, C. (2001). Der moralische Kreuzzug des „New Public Management" in der Schweiz. Sozialer Sinn 2(1). ▶ https://doi.org/10.1515/sosi-2001-0108.

Meyer, M. (2018). Die Digitalisierung gibt jetzt Vollgas. *Kommunalmagazin.ch, 35*(6), 11–13. ▶ https://www.baublatt.ch/kommunal/die-digitalisierung-gibt-jetzt-vollgas. Zugegriffen: 4. Mai 2020.

Regierungsrat des Kantons Aargau. (Hrsg.). (2019). Smart Aargau: Strategie Digitale Transformation. ▶ https://www.ag.ch/media/kanton_aargau/sk/dokumente_7/smartaargau_1/SmartAargau_Strategie.pdf. Zugegriffen: 26. Apr. 2020.

Schedler, K. (2018). Von Electronic Government und Smart Government: Mehr als elektrifizieren! *IMPuls, 1*, 1–10.

Schweizerische Eidgenossenschaft – Der Bundesrat und Plenarversammlung der Konferenz der Kantonsregierungen. (2019). Öffentlich-rechtliche Rahmenvereinbarung über die E-Government-Zusammenarbeit in der Schweiz 2020. ▶ https://www.egovernment.ch/index.php/download_file/1730/3333/. Zugegriffen: 28. Apr. 2020.

Smart City Hub Switzerland. (2020). Ziele des Smart City Hub Switzerland. ▶ https://www.smartcityhub.ch/. Zugegriffen: 28. Apr. 2020.

Smartcities.at. (2020a). Die Smart Cities Initiative – eine Serviceseite des Klima + Energiefonds. ▶ https://www.smart-cities-made-in.de/. Zugegriffen: 28. Apr. 2020.

Smartcities.at. (2020b). Österreichs Smart Cities und Smart Urban Regions. ▶ https://smartcities.at/stadt-projekte/oesterreichs-smart-cities-und-smart-urban-regions/. Zugegriffen: 28. Apr. 2020.

Tmforum. (2019). TR259 smart city maturity and benchmark model R19.0.1. ▶ https://www.tmforum.org/resources/technical-report/tr259-smart-city-maturity-benchmark-model-r19-0-0/. Zugegriffen: 28. Apr. 2020.

Der Ansatz der Smarten Verwaltung – das Zuger Modell

Inhaltsverzeichnis

5.1 Haltung – 82
5.1.1 Innovation – 84
5.1.2 Unternehmerisches Denken – 85
5.1.3 Gleichberechtigung – 86
5.1.4 Technische Versiertheit – 86
5.1.5 Offenheit – 87
5.1.6 Bürgerzentriertheit – 87

5.2 Handeln – 88
5.2.1 Bürgerengagement – 88
5.2.2 Personalsicht – 88
5.2.3 Effizienz – 89
5.2.4 Effektivität – 89
5.2.5 Integration (der Daten) – 90

Literatur – 92

© Springer Fachmedien Wiesbaden GmbH, ein Teil von Springer Nature 2020
M. Meyer, *Die smarte Verwaltung aktiv gestalten*, Edition Innovative Verwaltung,
https://doi.org/10.1007/978-3-658-30686-1_5

Der digitale Wandel verändert die gesamte Gesellschaft. Die öffentliche Verwaltung als ausführendes Organ ist vom digitalen Wandel deutlich vielfältiger betroffen als ein privatwirtschaftliches Unternehmen. Deshalb muss der digitale Wandel in öffentlichen Verwaltungen auch interdisziplinär diskutiert und über die Disziplinengrenzen hinweg nach Lösungen gesucht werden. Eine rein ökonomische oder gar nur technische Sichtweise reicht zur nachhaltigen Bewältigung dieser Herausforderung bei Weitem nicht aus.

Mit dem Begriff Smart Government werden Ansätze des digitalen Wandels bezeichnet, die deutlich weiter als der eGovernment- oder Smart-City-Ansatz gehen (Schedler 2018; Breier et al. 2017; Gil-Garcia et al. 2016). Allerdings wird der Begriff von den unterschiedlichen Autoren nicht einheitlich verwendet, sodass z. T. erhebliche Unterschiede zwischen den verschiedenen Autoren bestehen. Das Zuger Modell der Smarten Verwaltung basiert auf dem Konzept von Gil-Garcia et al. (2016). Diese Autoren versuchen in 14 Dimensionen die Digitalisierung der Verwaltung als Ausführungsorgan des Staates zu beschreiben. Damit betonen sie die Notwendigkeit des ganzheitlichen Herangehens und verfolgen aufgrund der unterschiedlichen Themen auch einen interdisziplinären Ansatz. In den vergangenen Jahren wurde dieses Modell durch den Autor und seine Kollegen weiter verfeinert (Meyer und Frühsorge 2019; Müller 2018; Meyer 2017, 2018; Breier et al. 2017).

Das Zuger Modell der Smarten Verwaltung geht von einem ganzheitlichen, interdisziplinären Ansatz des digitalen Wandels aus. Es umfasst elf unterschiedliche Dimensionen, die bei der strategischen Bewältigung des digitalen Wandels berücksichtigt werden müssen. Diese Dimensionen können in solche unterteilt werden, die primär auf das Handeln ausgerichtet sind, und in solche, die primär eine bestimmte Haltung voraussetzen. Zudem wirken die einzelnen Dimensionen auf drei unterschiedlichen Ebenen: die politische Führung, die operative, interne Umsetzung und die externen Bürger- und Kundensysteme (Meyer und Frühsorge 2019, S. 255; ◘ Abb. 5.1).

5.1 Haltung

Die öffentliche Verwaltung muss in vielerlei Hinsicht alte Haltungsformen ablegen und neue entwickeln. Lange Zeit sah sich die Verwaltung primär als Garant für das ordnungsgemäße, gesetzeskonforme Funktionieren der Gesellschaft (des Staates). Dieser Auftrag, der auch heute noch besteht, führt zu einem Hierarchie- und Abhängigkeitsverhältnis, das lange Zeit die Verwaltung und ihre Mitarbeitenden geprägt hat: Die Verwaltung muss die Bürgerinnen und Bürger kontrollieren und für deren ordnungsgemäßes Handeln in Ver-

5.1 · Haltung

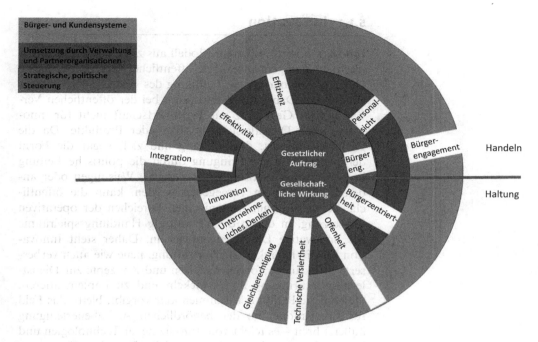

◘ **Abb. 5.1** Zuger Modell der Smarten Verwaltung (Meyer und Frühsorge 2019, S. 255)

waltungsangelegenheiten sorgen. Langsam ist die Einsicht gereift, dass dieser Auftrag besser erfüllt werden kann, wenn man versucht, zusammen mit den Bürgerinnen und Bürgern das Funktionieren des Staates sicherzustellen.

Neben dem Verhältnis zu den Bürgerinnen und Bürgern muss auch die Haltung gegenüber Veränderungen insgesamt überprüft werden. Die Aktivitäten öffentlicher Verwaltungen basieren auf Gesetzen, die sich normalerweise nur sehr langsam entwickeln. Deshalb verändern sich auch die Arbeitsgrundlagen einer Verwaltung normalerweise nur langsam und häufig eher selten. In der Folge ist das Bewältigen von Veränderungen nicht unbedingt eine Kernkompetenz von öffentlichen Verwaltungen. Heute sind jedoch die gesellschaftlichen Veränderungen deutlich schneller und auch tiefergehend als noch im letzten Jahrhundert. Aus diesem Grund muss sich innerhalb der Verwaltung auch die Haltung zu Veränderungen (und die Kompetenz, diese zu bewältigen) ändern.

> Öffentliche Verwaltungen als staatliche Organe dürfen nur tätig werden, wenn sie einen entsprechenden gesetzlichen Rahmen respektive einen Auftrag haben. Dies ist in der heutigen schnelllebigen Zeit eine große Herausforderung.

5.1.1 Innovation

Innovation wird in diesem Modell aus zwei Blickwinkeln betrachtet: Zum einen müssen öffentliche Verwaltungen eine Haltung zur innovativen Erfüllung des gesetzlichen Auftrags entwickeln. Dabei steht Innovation bei der öffentlichen Verwaltung im Gegensatz zur Privatwirtschaft nicht für innovative neue Dienstleistungsansätze oder Produkte. Da die Dienstleistungsart, der -umfang und z. T. sogar die Form der Dienstleistungserbringung durch die politische Leitung in Form von Gesetzen, Verordnungen, Weisungen oder anderen Reglementen vorgegeben werden, kann die öffentliche Verwaltung nur in denjenigen Bereichen der operativen Umsetzung, in denen die Verwaltung Handlungsspielräume hat, innovative Lösungen entwickeln. Daher steht Innovation für die Fähigkeit der Verwaltung, neue wie auch verbesserte Strukturen, Vorgehensweisen und Konzepte zur Dienstleistungserbringung zu entwickeln und zu implementieren. Obwohl die Politik den Rahmen klar vorgibt, bleibt das Feld für Innovationen in der behördlichen Aufgabenerledigung äußerst breit – es reicht vom Einsatz neuer Technologien und interne Kooperationen über spezielle Produkte für ausgewählte Zielgruppen bis hin zu einer neuen Qualität der Bürgerbeteiligung und -mitwirkung.

Zum anderen müssen öffentliche Verwaltungen die Innovation in ihrem regionalen Verantwortungsbereich (lokal, überregional, national) aktiv fördern. Politik und Verwaltung müssen ein Umfeld schaffen, in dem die Kreativität der Unternehmen, aber auch der Bewohnenden gefördert wird und gute Rahmenbedingungen für die Umsetzung vorhanden sind. In der schnelllebigen Zeit von heute sind kreative Menschen wichtiges Humankapital einer Region. Diese Menschen gilt es durch die Rahmenbedingungen anzuziehen, respektive alle Menschen so zu fördern, dass sie kreativ tätig sein können. Bei einer solchen Entwicklung wirken Bildung, kulturelle Diversität und soziale Inklusion unterstützend und müssen deshalb gefördert werden.

Innovation muss von den strategisch, also den politisch Verantwortlichen gewollt und geplant werden. Die politische, strategische Steuerung muss darauf ausgelegt werden, dass Innovation gewünscht und möglich ist. Dann können öffentliche Verwaltungen und deren Partnerorganisationen innovatives Handeln in ihren täglichen Alltag einfließen lassen.

5.1.2 Unternehmerisches Denken

Öffentliche Verwaltungen sind gekennzeichnet durch eine breite Vielfalt von Themen, die teilweise nur sehr wenig miteinander zu tun haben. Während der Bildungsauftrag und die soziale Sicherheit gegenseitige Abhängigkeiten aufweisen, sind die Überschneidungen der Wirtschaftsförderung und der Kulturabteilung nicht so offensichtlich. Deshalb ist es eine besondere Herausforderung, analog zu Wirtschaftsunternehmen ein unternehmerisches Gesamtbild mit einer klaren, operativ umsetzbaren Vision und Strategie für eine öffentliche Verwaltung zu entwickeln. Trotz dieser thematischen Silos wird aber auch immer deutlicher, dass viele gesellschaftliche Herausforderungen ämterübergreifend gelöst werden müssen: Das Angebot von Kinderbetreuungsplätzen in der Region ist ein wichtiges Argument in der Wirtschaftsförderung und im Standortmarketing; Landwirtschaftsthemen betreffen häufig auch den Umweltschutz; Migration und Asylfragen sind immer auch außenpolitische Themen usw.. Deshalb ist es notwendig, dass die einzelnen Bereiche der öffentlichen Verwaltungen die großen Herausforderungen verstärkt gemeinsam angehen. Dabei können aktuelle digitale Tools und Lösungen eine große Unterstützung bieten.

Gleichzeitig haben öffentliche Verwaltungen im jeweiligen Fachgebiet häufig herausragende Fachexpertise und können einzelne Themen auch inhaltlich vorantreiben. Das unternehmerische Denken bezieht sich in diesem Zusammenhang insbesondere auf die Lösungs- und Zielgruppenorientierung bei der Bewältigung anstehender Herausforderungen. Zusammen mit der Wissenschaft und Unternehmen können so Lösungen entwickelt werden, die die Attraktivität der Kommunen, Regionen und Staaten steigern. Unternehmerisch denkende Fachbereiche können so zum Innovationstreiber werden und auf ihre privatrechtlichen Partnerorganisationen ausstrahlen. Bei diesen Innovationen spielt der Einsatz digitaler Lösungen eine wichtige Rolle.

Unternehmerisches Denken ist eine Geisteshaltung, die von der Politik als strategisches Organ vorgelebt und dann in der öffentlichen Verwaltung praktiziert werden muss. Wenn jedoch der politischen Leitung bürokratische Abläufe und die Auseinandersetzung um behördeninterne Macht und Einfluss wichtiger sind, dann kann von der öffentlichen Verwaltung nicht erwartet werden, dass sie unternehmerisches Denken entwickelt und kultiviert: Unternehmerisches Denken ist auch und insbesondere eine Frage der stimmigen Unternehmenskultur, die Sicherheit vermittelt und Innovation begrüßt.

> Reformansätze der öffentlichen Verwaltung verwenden häufig Begriffe aus der Privatwirtschaft: Innovation, Unternehmertum, Kosten-Nutzen usw.. In solchen Fällen muss der jeweilige Begriff hinsichtlich der Besonderheiten der öffentlichen Verwaltung klar definiert werden.

5.1.3 Gleichberechtigung

Der digitale Wandel birgt eine große Chance, bestehende Rahmenbedingungen, die zur Ungleichheit führen, zu verändern. Die hohe Mobilität der Anwendungen und die breite Verfügbarkeit unterschiedlichster Kommunikationsformen (Text, Audio, Video usw.) führen dazu, dass alle Menschen die Möglichkeit erhalten, am öffentlichen Leben, aber auch an Bildung teilzuhaben. Der digitale Wandel gibt uns die Instrumente, allen Menschen die Chance zu geben, alle staatlichen Dienstleistungen zu nutzen. Deshalb muss die öffentliche Verwaltung zukünftig die digitalen Möglichkeiten deutlich stärker dafür nutzen, Ungleichheiten abzubauen und das Potenzial der Menschen zu nutzen und zu fördern.

Gleichberechtigung wirkt in allen drei Systemkreisen: Die politische, strategische Leitung muss sie als gesellschaftliches Ziel bewusst einfordern; die öffentliche Verwaltung muss bei allen operativen Entscheidungen die Gleichberechtigung berücksichtigen und alle Dienstleistungen für die Bewohnenden und sonstigen Kunden müssen die Gleichberechtigung fördern.

5.1.4 Technische Versiertheit

> Ein beachtlicher Teil der Bevölkerung ist gegenüber neuen Technologien skeptisch. Dabei wird die eigene Haltung weniger aufgrund des tatsächlichen Faktenwissens als vielmehr aufgrund der eigenen Meinung gebildet. Die Letztere zu beeinflussen, versuchen wiederum zahlreiche Interessensvertretungen mit wahren, halbwahren oder falschen Informationen.

Damit der digitale Wandel und seine Herausforderungen bewältigt werden können, müssen alle Beteiligten die Möglichkeiten der neuen Technologien kennen und deren Bedeutung für den eigenen Verantwortungsbereich so verstehen, dass diese zum optimalen Nutzen eingesetzt werden können. Die Verantwortlichen auf der strategisch-politischen Ebene müssen dabei primär die gesellschaftlichen und gesetzgeberischen Aspekte verstehen und mit diesem Wissen gesellschaftsgestaltend agieren, sodass der notwendige rechtliche Rahmen geschaffen wird. Die operativ Verantwortlichen in den öffentlichen Verwaltungen müssen die technischen Entwicklungen so verfolgen, dass sie Chancen für ihren Verantwortungsbereich erkennen und allfällige Risiken richtig einschätzen können. Bürgerinnen und Bürger wie auch privatrechtliche Organisationen benötigen auch eine technische Versiertheit, um offen für die gesellschaftlichen Chancen des digitalen Wandels zu sein – ohne dabei die Risiken auszublenden. Der Staat (Politik und öffentliche Verwaltung) ist dabei in der Verantwortung, für objektive und sachliche Information der Bevölkerung einzustehen.

5.1.5 Offenheit

Die Politik und mit ihr auch die öffentliche Verwaltung ist für die Bevölkerung immer weiter weggerückt. Staats- und Politikverdrossenheit sind die Folge. Deshalb müssen die Politik als für den Staat strategisch verantwortliche Instanz und die öffentliche Verwaltung als operatives Organ die Chancen des digitalen Wandels nutzen und eine größere Transparenz zugunsten der Bevölkerung ermöglichen. Diese Veränderung ist jedoch weniger eine praktische Herausforderung als vielmehr eine Haltungsfrage, die ein klares Umdenken sowohl bei der Politik als auch bei der Verwaltung erfordert. Eine größere Offenheit fördert zudem die Vernetzung zwischen den verschiedenen Akteuren (Behörden unterschiedlicher Länder respektive Kantone oder auch auf der kommunalen Ebene) und kann zu mehr Aktivitäten im Rahmen einer öffentlich-privaten Partnerschaft (PPP) führen.

5.1.6 Bürgerzentriertheit

In unserem Rechtssystem gestaltet der Staat unsere Gesellschaft, indem die gewählten Volksvertretenden die Regeln, individuelle Rechte und Pflichten sowie Ansprüche definieren, die unser Zusammenleben bestimmen. Die Verwaltung ist das ausführende Organ des Staates und verantwortlich dafür, dass die politischen Entscheidungen umgesetzt werden. Deshalb fokussiert eine öffentliche Verwaltung traditionell auf die gesetzlichen Grundlagen und stellt die gesellschaftlichen Regeln ins Zentrum ihres Handelns. Dies führt nicht selten zu einer wenig bürgerinnen- und bürgernahen Erledigung des gesetzlichen Auftrags.

Der digitale Wandel bietet die Chance, die Umsetzung der gesetzlichen Aufträge mit neuen Instrumenten und Prozessen auf die Lebenswelten der Bürgerinnen und Bürger ausgerichtet zu gestalten und dabei einen hohen Automatisierungsgrad und eine größtmögliche Vernetzung der Daten anzustreben. Bei der Realisierung dieser Bürgerzentriertheit staatlichen Handelns sind die betroffenen Stakeholder (Bürgerinnen und Bürger, Unternehmen, öffentliche Verwaltung) als Umsetzungspartner angemessen zu beteiligen: Die Bürgerzentriertheit führt auch zu einer Koproduktion staatlicher Leistungen, ähnlich wie Kundinnen und Kunden in der Privatwirtschaft schon seit Längerem Aufgaben der Dienstleistungserbringung übernehmen.

> Die Politik wird heute von Menschen bestimmt, die von der analogen Welt geprägt wurden. Sie bestimmen über Generationen von Menschen, die nur die digitale Welt kennen.

5.2 Handeln

Die Evaluation, ob Verwaltungshandeln die gewünschte gesellschaftliche Wirkung erzielt hat, ist häufig aufwendiger und deshalb teurer als das eigentliche Verwaltungshandeln. Umso wichtiger sind deshalb digitale Instrumente, die die Wirkung des Verwaltungshandelns aufzeigen können.

Der digitale Wandel bietet viele Möglichkeiten, aber bei der konkreten Umsetzung natürlich auch Risiken. Deshalb muss sich die Smarte Verwaltung auch mit der konkreten Umsetzung beschäftigen: Wer handelt, wie wird gehandelt, welche Voraussetzungen braucht es für das Handeln.

Dabei findet das Handeln einer öffentlichen Verwaltung unter anderen Rahmenbedingungen statt als das Handeln von Privatpersonen oder privatrechtlichen Organisationen. Die gesetzliche Grundlage bildet den formalen Auftrag, ohne den eine öffentliche Verwaltung nicht tätig werden darf. Das zu erreichende gesellschaftliche Ziel wiederum lässt sich vielfach nicht in ökonomischen Größen messen. Die gewünschte gesellschaftliche Wirkung des Verwaltungshandelns zeigt sich häufig erst nach Jahren oder gar nach Jahrzehnten. Hier können neue digitale Instrumente aufgrund von großen Datenmengen und mithilfe künstlicher Intelligenz vertiefte Erkenntnisse bringen.

5.2.1 Bürgerengagement

Die Politik- und damit einhergehend die zunehmende Staatsverdrossenheit sind eine große Herausforderung, wenn nicht gar eine starke Bedrohung für unsere Gesellschaft. Durch den digitalen Wandel erhalten die politisch Verantwortlichen Instrumente zur Verfügung gestellt, mit denen sie das Bürgerengagement völlig neu definieren können und Bürgerinnen und Bürger zum einen an der politischen Meinungsfindung beteiligen, zum anderen auch sehr viel stärker bei politischen Entscheiden einbeziehen können. Entsprechende Onlinetools gibt es und sie werden auch erfolgreich eingesetzt (Fichter 2018). Für deren Umsetzung bedarf es jedoch Offenheit und technische Versiertheit der Verantwortlichen.

5.2.2 Personalsicht

Die Mitarbeitenden einer öffentlichen Verwaltung stellen insbesondere in Bezug zur erfolgreichen Bewältigung des digitalen Wandels eine eigene Dimension dar. Zum einen sind sie natürlich die alles entscheidende Ressource, zum anderen steht und fällt jegliche Veränderung einer Organisation mit der Veränderungsfähigkeit der Mitarbeitenden (► Abschn. 6.2). Dabei verlangt eine Smarte Verwaltung von ihren Mitarbeitenden eine moderne Haltung (▶ Abschn. 5.1), hohe Fachkompetenz und eine stetige Veränderungsbereitschaft. Aus diesem Grund muss jede Strategie zur Realisierung einer Smarten Verwaltung die Mitarbeitenden als eigenständigen Entwicklungsaspekt berücksichtigen.

5.2.3 Effizienz

Im Gegensatz zu privatrechtlichen Organisationen wird der Erfolg einer öffentlichen Verwaltung nicht am ökonomischen Ergebnis gemessen. Die öffentlichen Verwaltungen müssen primär die im gesetzlichen Auftrag definierte gesellschaftliche Wirkung erzielen (▶ Abschn. 5.2.4). Da sie diese Wirkung jedoch mit Steuergeldern finanzieren, haben sie eine hohe Verpflichtung (▶ Abschn. 5.1), äußerst haushälterisch mit den zur Verfügung gestellten Mitteln umzugehen. Effizientes Handeln, bei dem mit möglichst wenig Ressourceneinsatz die gewünschte Qualität der gesellschaftlichen Leistungen erzielt wird, muss sowohl strategisch wie operativ höchste Beachtung erhalten. Dies bedeutet auch, einen möglichst hohen Automatisierungsgrad unter Einsatz der technologisch verfügbaren und von der Bevölkerung akzeptierten digitalen Lösungen anzustreben. Um die Effizienz zu steigern, haben viele öffentliche Verwaltungen von der klassischen Inputsteuerung (die Politik stellt ein bestimmtes Budget zur Verfügung) zur wirkungsorientierten Outputsteuerung mit Leistungsverträgen (die Politik kauft gewünschte Leistungen ein) gewechselt (Bogumil et al 2007).

5.2.4 Effektivität

Öffentliche Verwaltungen als ausführendes Organ des Staates erhalten ihre Aufträge über die politischen Entscheidungen in Gesetzen und ähnlichen Reglementen. Die Politik steuert mit ihren Entscheidungen strategisch; die öffentliche Verwaltung muss die gesetzten Ziele mit den operativen Maßnahmen erreichen. Dabei muss sie eine möglichst hohe gesellschaftliche Wirkung bei der Zielerreichung anstreben. Die Effektivität einer öffentlichen Verwaltung misst sich schlussendlich an der erzielten gesellschaftlichen Wirkung.

Dabei ist es notwendig, die erzielte gesellschaftliche Wirkung ganzheitlich zu analysieren. Nachhaltigkeit der Infrastruktur, ökologische Aspekte, Integration neuer Bevölkerungsgruppen usw. prägen die Gesellschaft weit in die nächsten Generationen hinein. Die Interessen der zukünftigen

> Heute könnten viele Prozesse viel wirkungsvoller und schlanker gestaltet werden, wenn die in einer Verwaltung vorhandenen Daten miteinander verknüpft werden könnten. In diesem Punkt werden staatsphilosophische Gründe heute höher gewichtet als die Effektivität der Verwaltung.

Generationen sind beim staatlichen Handeln deshalb genauso zu berücksichtigen wie die Interessen der aktuell von den Entscheidungen betroffenen Menschen.

Die automatisierte Erhebung von Daten mittels der mit dem Internet verbundenen Geräte ermöglicht eine neue Qualität der Evidenzbasierung in der strategischen Steuerung öffentlicher Verwaltungen. Die umfangreichen Datensammlungen und die technologischen Möglichkeiten der vielfältigen Auswertungen dieser Daten können die Effektivität von Politik und Verwaltung deutlich steigern. Zwar bleibt es das Vorrecht von Politik, losgelöst von jeglicher Evidenz zu entscheiden, gleichzeitig hat die Politik aber auch das Anrecht auf die bestmögliche Qualität von Evidenz, um mit ihren Entscheidungen die Gesellschaft zu gestalten.

Zur Effektivität einer Verwaltung zählt auch deren Fähigkeit, möglichst schnell auf unvorhergesehene Situationen (z. B. im Asylbereich, Naturereignisse oder aktuell die Corona-Pandemie) reagieren zu können. Die Gewährleistung der wichtigsten staatlichen Funktionen auch in Extremsituationen gehört zur wichtigen Aufgabe einer öffentlichen Verwaltung.

5.2.5 Integration (der Daten)

Heute stehen die Bürgerinnen und Bürger mit vielen verschiedenen Verwaltungsstellen im Austausch. Dabei können die Bürgerinnen und Bürger, aber auch die Verwaltungsstellen jeweils sehr unterschiedliche Rollen haben: Wenn eine Mutter Kindergeld bei der entsprechenden Behörde beantragt, ist diese Beziehung eine völlig andere als wenn die gleiche Frau von der Polizei wegen zu schnellem Fahren angezeigt wird. Da die einzelnen Verwaltungsakte über Jahrzehnte gewachsen sind, muss bei gewissen Ereignissen (z. B. Geburt eines Kindes, ▶ Abschn. 8.8) mit vielen unterschiedlichen Ämtern in Kontakt getreten werden. Diese Ämter wiederum führen häufig eigene Datensammlungen, die sie auf Basis der verwaltungsinternen Prozesse angelegt und über die Jahre optimiert haben. Die Kundinnen und Kunden müssen durch eine solche Organisation der gespeicherten Informationen ihre Daten bei jedem Kontakt mit einer neuen Behörde aufs Neue angeben und die Verwaltungsstellen müssen diese erfassen sowie später auch pflegen. In vielen Fällen ist eine Verknüpfung der Datenbanken der einzelnen Verwaltungsstellen aus rechtlichen Gründen nicht möglich.

Ein Zusammenführen der unterschiedlichen Datensammlungen mit Ausrichtung auf die Kundenoptik würde neue Dimensionen in der Bürgerinnen- respektive Bürgerbeziehung zur Verwaltung ermöglichen, u. a.:

5.2 · Handeln

- Bestätigungen von einzelnen Stellen für die Leistungen anderer Stellen könnten automatisch erfolgen (z. B. Kindergeld).
- Grundstückinformationen könnten automatisch in Baugesuche übernommen werden.
- Wohnsitzinformationen könnten von allen Ämtern verwendet werden.

Allerdings stößt ein Zusammenführen von Datensammlungen auf erhebliche Skepsis bei der Bevölkerung und den verantwortlichen Politikern (▶ Abschn. 8.6). Dabei könnte ein verbesserter Austausch die Kommunikation, Reaktion, Koordination und Dienstleistungserbringung der Behörden verbessern und zusätzliche Informationen generieren. Durch vernetzte Datensysteme könnten zudem Doppelspurigkeiten bei der Datenerfassung und -pflege vermieden werden. Die großen Internetfirmen geben heute schon einen Vorgeschmack dessen, was in Bezug auf vernetzte Datenhaltung und -auswertung aufgrund des Kundinnen- und Kundenverhaltens möglich ist – sie werden dafür allerdings auch von verschiedensten Stellen kritisiert (Kaumanns und Siegenheim 2009, S. 140; Flückiger 2016).

Eine Smarte Verwaltung sollte deshalb versuchen, ihre Datensammlungen auf die Lebenswelt der Bürgerinnen und Bürger auszurichten, damit diese bei einem Ereignis (z. B. Geburt oder Todesfall) nur einmal mit der Verwaltung in Kontakt treten und ihre Angaben geben müssen.

Wenn die Bürgerinnen und Bürger frei entscheiden dürfen, welches Amt auf welche Daten zugreifen darf, könnte auch ein Verknüpfen unterschiedlichster Datensammlungen möglich werden.

> **Fazit**
>
> Das Zuger Modell der Smarten Verwaltung fokussiert einerseits auf die drei Umsetzungsebenen der staatlichen Verwaltung, indem es bewusst die Politik als strategischen Ausgangspunkt, die Verwaltung als operatives Umsetzungsorgan und die Empfangenden der staatlichen Dienstleistungen einbezieht und die Rollen und Aufgaben differenziert betrachtet. Gleichzeitig streicht es heraus, dass es für die Bewältigung des digitalen Wandels nicht nur Aktivitäten (Handeln) braucht, sondern es für den maximalen Nutzen der digitalen Möglichkeiten auch einer entsprechenden Haltung aller Beteiligten bedarf. Und schlussendlich markieren die elf Themenfelder diejenigen Aspekte, die sowohl bei einer strategischen Festlegung als auch bei der operativen Umsetzung beachtet werden sollten.

Literatur

Bogumil, J., Ohm, A. K., Kuhlmann, S., & Grohs, S. (2007). *Zehn Jahre Neues Steuerungsmodell: Eine Bilanz kommunaler Verwaltungsmodernisierung* (2. Aufl.). Baden-Baden: Nomos.

Breier, C., Meyer, M., & Baumann, M. (2017). Smart Government: Was macht eine smarte Verwaltung aus? Jahrbuch der Schweizerischen Verwaltungswissenschaften, S. 168–184. ▶ http://www.sgvw.ch/wp-content/uploads/2018/09/12_Smart-Government_Was-macht-eine-smarte-Verwaltung-aus.pdf. Zugegriffen: 4. Mai 2020.

Fichter, A. (5. April 2018). Die Demokratie-Hacker aus Argentinien. *Die Republik*. ▶ republik.ch/2018/04/05/die-demokratie-hacker-aus-argentinien. Zugegriffen: 4. Mai 2020.

Flückiger J. (1. Februar 2016). Daten sind Gold wert – doch für wen? *Neue Zürcher Zeitung*. ▶ https://www.nzz.ch/schweiz/daten-sind-gold-wert-doch-fuer-wen-1.18687304. Zugegriffen: 4. Mai 2020.

Gil-Garcia, J. R., Zhang, J., & Puron-Cid, G. (2016). Conceptualizing smartness in government: An integrative and multi-dimensional view. *Government Information Quarterly, 33*(3), 524–534.

Kaumanns, R., & Siegenheim, V. (2009). *Die Google-Ökonomie: Wie der Gigant das Internet beherrschen will* (1. Aufl.). Norderstedt: Books on Demand.

Meyer, M. (2017). NPPM-Input „Smarte Organisationen": Einführungsreferat. ▶ https://irf.fhnw.ch/bitstream/handle/11654/25543/Eingangsreferat%20NPPM-Input%20Smarte%20Organisationen.pdf?sequence=1. Zugegriffen: 4. Mai 2020.

Meyer, M. (2018). Die Digitalisierung gibt jetzt Vollgas. *Kommunalmagazin.ch* 35(6), 11–13. ▶ https://www.baublatt.ch/kommunal/die-digitalisierung-gibt-jetzt-vollgas. Zugegriffen: 4. Mai 2020.

Meyer, M., & Frühsorge, M. (2019). Der digitale Wandel und dessen Auswirkungen auf öffentliche Verwaltungen – Eine Einführung. In A. H. Verkuil, K. Hinkelmann, & M. Aeschbacher (Hrsg.), *Digitalisierung und andere Innovationsformen im Management. Aktuelle Perspektiven auf die digitale Transformation von Unternehmen und Lebenswelten* (2. Aufl., Bd. 2, S. 243–272)., Innovation und Unternehmertum Basel: edition gesowip.

Müller, J. (2018). *Smarte Verwaltung auf Gemeindeebene. Modellentwicklung für Gemeinden im digitalen Wandel (Bachelorarbeit)*. Olten: FHNW und Hochschule für Wirtschaft.

Schedler, K. (2018). Von Electronic Government und Smart Government: Mehr als elektrifizieren! *IMPuls., 1*, 1–10.

Umsetzung und Fallbeispiele

Inhaltsverzeichnis

Kapitel 6   Umsetzung konkret angehen – 95

Kapitel 7   Ausblick – 121

Kapitel 8   Good-Practice-Beispiele öffentlicher Verwaltungen – 125

Umsetzung konkret angehen

Inhaltsverzeichnis

6.1 Maturitätsprüfung – 97

6.2 Die Mitarbeitenden gestalten den digitalen Wandel – 98
6.2.1 Die Veränderung aktiv mit den Mitarbeitenden zusammen gestalten – 103
6.2.2 Die Veränderungskurve auf Basis der Theorie-U nach Scharmer – 104
6.2.3 Die Veränderungsfähigkeit der Mitarbeitenden aktiv fördern – 108
6.2.4 Die Veränderungsfähigkeit ganzheitlich steigern – 113
6.2.5 Empfehlungen für Verantwortliche eines Change-Prozesses – 116

6.3 Gelingensfaktoren für die Umsetzung – 117
6.3.1 Politische und fachliche Führung – 117
6.3.2 Digitale Kompetenz der Verantwortlichen und der öffentlichen Verwaltungen – 118
6.3.3 Ressourcen (finanzielle und personelle) für die Umsetzung – 119

Literatur – 120

© Springer Fachmedien Wiesbaden GmbH, ein Teil von Springer Nature 2020
M. Meyer, *Die smarte Verwaltung aktiv gestalten*, Edition Innovative Verwaltung,
https://doi.org/10.1007/978-3-658-30686-1_6

> Heute müsste jedes neue Vorhaben einem Digitalcheck unterzogen werden: Kann die gewünschte staatliche Wirkung mit anderen (digitalen) Mitteln erzielt werden?

Wenn eine öffentliche Verwaltung ein konkretes Umsetzungsprojekt im Bereich des digitalen Wandels angeht, empfiehlt sich aufgrund der Praxiserfahrung folgendes stufenweises, strategisches Vorgehen:

1. **Prüfen, ob der Zweck der gesetzlichen Bestimmungen noch gegeben ist.**
   Die technologische, digitale Entwicklung kann dazu führen, dass bisherige gesetzliche Bestimmungen nicht mehr notwendig oder nicht mehr sinnvoll sind. So wird in absehbarer Zeit und wenn die Haftungsfrage geklärt sein wird, das autonome Fahren Standard werden. Inwieweit dann noch Regelungen bezüglich Führerschein und Fahren im fahrtüchtigen Zustand (Alkohol oder Medikamente am Steuer, aber auch Lenken eines Fahrzeugs im Alter) notwendig sind, muss kontinuierlich geprüft werden. Wie gezeigt werden konnte, ist die Industrie in diesem Punkt wahrscheinlich schneller und weiter als die Politik mit dem für die Anwendung der technologischen Entwicklung notwendigen rechtlichen Rahmen.
2. **Prüfen, ob neue Ansätze möglich respektive sinnvoll sind.**
   Im Kanton Zug herrscht in den Naherholungsgebieten ein gewisser Dichtestress. Viele Bürgerinnen und Bürger gehen gern in die Natur. Die Nutzung der Natur durch den Menschen wird jedoch an vielen Stellen durch den Naturschutz eingeschränkt. Allerdings gelten für Vogelschutzgebiete andere Schutzbestimmungen als für voralpine Hochlandmoore und wieder andere für die ausgewiesenen Waldschutzgebiete. Bisher wurden die jeweiligen Informationen in Form von Infotafeln oder Merkblättern vermittelt. Heute sind aber auch Apps möglich, die auf Geodaten basieren und den jeweiligen Standort des Geräts mit den relevanten Informationen verbinden. So erhalten die Personen direkt vor Ort in der Natur automatisch die richtigen Hinweise und Verhaltensregeln gezeigt. Zudem sind weitere Anwendungen denkbar, wie z. B. Besuchendensteuerung, Lern- und Spielinhalte, Kontakte mit der Behörde (z. B. Vogel- oder Wildbeobachtungen) usw.
3. **Prüfen, ob neue Mittel möglich respektive sinnvoll sind.**
   Heute können viele Prozesse digitalisiert oder mit technologischen Hilfsmitteln einfacher und schneller (dadurch meist auch kostengünstiger) bewältigt werden: seien es die Fahrzeugzählungen am Straßenrand oder Anträge, sei es das Einreichen von kaufmännischen Daten oder die Auswertung von Umweltdaten.

Wenn diese drei Stufen geklärt worden sind, kann mit einer Ist-Analyse (▶ Abschn. 6.1) das konkrete Projekt angegangen werden.

6.1 Maturitätsprüfung

Bevor die Umsetzung einer Veränderung konkret angegangen wird, sollte der aktuelle Stand (Ist-Zustand) des zu verändernden Bereichs sorgfältig analysiert werden. Nur so kann man den Ausgangspunkt einer Veränderung klar definieren. Für eine erste solche Überprüfung bieten sich Maturitätsprüfungen an (Meyer und Palamoottil 2020; Leaders Academy ohne Datum). In Bezug auf den digitalen Wandel hat die Leaders academy eine Maturitätsprüfung für Unternehmen entwickelt. Diese bildet die Grundlage für die digitale Maturitätsprüfung für öffentliche Verwaltungen (Meyer 2020a, b). Sie besteht aus sechs Frageblöcken zu den Themen:

- Ihre öffentliche Verwaltung insgesamt (elf Fragen)
- Prozesse im eigenen Bereich (acht Fragen)
- Dienstleistungen im eigenen Bereich (vier Fragen)
- Unser Kontakt zu den Bürgerinnen und Bürgern (fünf Fragen)
- Umgang mit Innovation im eigenen Bereich (drei Fragen)
- Mitarbeitende im eigenen Bereich (drei Fragen)

Diesen Maturitätstest haben die Teilnehmenden der bereits erwähnten Vorgesetztenschulung der Verwaltung des Kantons Aargau durchgeführt. Es war beeindruckend festzustellen, wie unterschiedlich die Verantwortungsbereiche der Teilnehmenden auf den digitalen Wandel vorbereitet waren (◻ Abb. 6.1.) Dies zeigt deutlich auf, dass Veränderungsprozesse der digitalen Transformation innerhalb einer Verwaltung sehr sorgfältig vorbereitet und auch individuell abgestimmt auf die einzelnen Bereiche geplant sowie umgesetzt werden sollten.

Im Anhang (▶ Kap. 9) finden Sie den kompletten Selbstcheck, sodass Sie für Ihren Bereich eine Maturitätsprüfung vornehmen können.

> Reifegrad- oder Maturitätschecks sind einfach anzuwendende Verfahren, die einen ersten Eindruck über das Verbesserungspotenzial des untersuchten Themas geben.

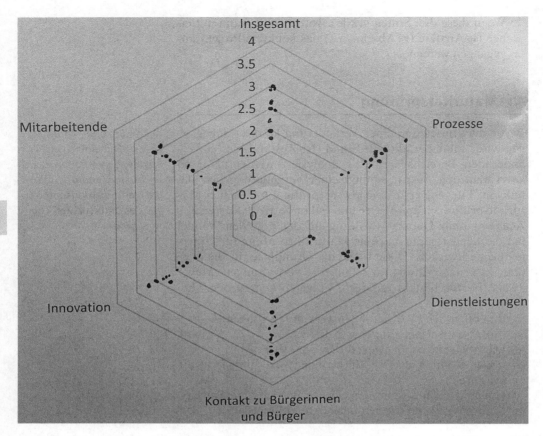

◘ **Abb. 6.1** Ergebnis des Selbstchecks digitale Transformation einer Weiterbildungsklasse Führungskräfte Kanton Aargau. (Eigene Darstellung)

6.2 Die Mitarbeitenden gestalten den digitalen Wandel

Mitarbeitende in öffentlichen Verwaltungen sind vom digitalen Wandel doppelt gefordert: Einerseits sind sie Fachexperten, die ihre Aufgaben verstärkt mit digitalen Instrumenten lösen müssen (inhaltliche Herausforderung), andererseits sind sie Teil der Organisation, die sich im digitalen Wandel auch verändert (organisationale Herausforderung).

Der digitale Wandel führt, wie in den vorderen Kapiteln beschrieben, zu starken Veränderungen, die die Mitarbeitenden in unterschiedlichster Form und auf gänzlich verschiedenen Ebenen fordern: als Anwendende, als Fachspezialisten für nichtdigitale Themen, als Eltern mit Kindern, die digital aufwachsen usw.. Dabei – und dies ist eine zusätzliche Herausforderung – stellt sich der digitale Wandel als sowohl fordernde Veränderung als auch anspruchsvolles Lösungsinstrument dar. Für Mitarbeitende ist es nicht leicht, einen klaren Blick auf diese beiden Pole zu finden und so eine eindeutige Position und Haltung zum digitalen Wandel zu entwickeln.

Aufgrund der unterschiedlichen Ebenen, die vom digitalen Wandel beeinflusst werden, ist eine ganzheitliche

6.2 · Die Mitarbeitenden gestalten den digitalen Wandel

Herangehensweise an die Thematik sehr wichtig. Dabei sollten das Umfeld beachtet und einbezogen werden, sowie die Bedürfnisse der betroffenen Individuen, der involvierten Gruppen und der geforderten Sachebenen gleichgewichtig berücksichtigt werden.

Innerbetrieblich betrachtet führen Projekte des digitalen Wandels häufig auch zu Veränderungen der Art und Weise, wie eine Aufgabe gelöst wird und zu Anpassungen der Organisationsstruktur. Die Organisation muss sich im digitalen Wandel verändern und mit der Organisation auch die Menschen, die in dieser Organisation arbeiten. Dieser Veränderungsprozess wird auch als Change-Prozess bezeichnet. Viele dieser Prozesse verlaufen nicht erfolgreich: Julia Pescher (2010) geht von über 70 % nicht erfolgreichen Change-Prozessen aus. Kotter (2015) hat acht entscheidende Fehler des Managements in Veränderungsprozessen formuliert:

- **Kein Durchhaltevermögen:** Kotter hat beobachtet, dass in vielen Firmen die Energie für das konsequente Umsetzen des gesamten Veränderungsvorhabens nachlässt, sobald die ersten Veränderungserfolge sichtbar werden. So wird das Ziel nur fast erreicht und das Veränderungsvorhaben bleibt unvollendet stehen. Es besteht durch diesen unvollendeten Status sogar die Gefahr, dass die Organisation in alte Verhaltensmuster zurückfällt.
- **Kein Kulturverständnis:** Ein Veränderungsprozess beeinflusst nicht nur die formalen Strukturen einer Organisation. Auch die Organisationskultur verändert sich. Die in den alten Organisationsstrukturen entwickelten Werte und Normen müssen im Change-Prozess berücksichtigt und für die neue Organisation nach dem Veränderungsprozess weiterentwickelt werden. Allerdings werden in der Planung und Umsetzung von Change-Prozessen die organisationskulturellen Aspekte nicht berücksichtigt.
- **Keine authentische Kommunikation:** Da ein Veränderungsprozess für die Mitarbeitenden ein einschneidender Vorgang ist, spielt die überzeugende Kommunikation eine entscheidende Rolle. Nur wenn die Mitarbeitenden mithilfe einer konsistenten Kommunikation für das Vorhaben gewonnen werden können, kann es gelingen. Dazu müssen die Führungskräfte nicht nur eine gemeinsame Vision und Zielsetzung kommunizieren, sie müssen auch entsprechend handeln. Handeln Führungskräfte im Change-Prozess nicht in Übereinstimmung mit ihren kommunizierten Zielen, dann kommunizieren sie mit ihrem Handeln etwas anderes als mit ihren Aussagen. Dies vermittelt den Mitarbeitenden, dass die Erreichung des durch den

> Wenn Veränderungsprozesse scheitern, ist fast immer eine Führungsschwäche der Grund dafür.

Change-Prozess anzustrebenden Ziels doch nicht so wichtig sei, und wird dazu führen, dass auch die Mitarbeitenden den Change-Prozess nicht mehr wichtig nehmen und das Projekt deshalb scheitert.

— **Keine Blockadeanalyse:** Kotter hat beobachtet, dass viele Change-Prozesse mit großem Enthusiasmus der Führung und der Mitarbeitenden gestartet werden. Dieser gemeinsame Elan des jungen Projekts wurde dann jedoch durch unerwartete, in der Analyse nicht beachtete Erschwernisse im Keim erstickt, und das Projekt kam zum Erliegen. Deshalb müssen vor dem Start des eigentlichen Change-Prozesses die Organisation und ihre Kultur, ihr Umfeld, die Prozesse und die Mitarbeiter auf mögliche Hindernisse und blockierende Risiken untersucht werden. Die Umgehung der erkannten möglichen Stolpersteine für das Change-Projekt kann dann bewusst in der Projektplanung berücksichtigt werden.

— **Keine Ergebnisorientierung:** Ein Change-Prozess dauert meist über einen längeren Zeitraum. Wenn der Erfolg erst am Ende oder gar einen längeren Zeitraum nach Beendigung des Projekts sichtbar ist, wird es schwierig, die Motivation für den anstrengenden und häufig auch herausfordernden Prozess aufrechtzuerhalten. Deshalb müssen neben dem Endziel auch in regelmäßigen Abständen Zwischenziele geplant und gesetzt werden, die dann gebührend gefeiert werden können. Diese Zwischenerfolge sind nicht nur gut für die Aufrechterhaltung der Spannung im Projekt; kleinere Projektschritte fördern auch den Glauben an die Realisierbarkeit des insgesamt großen Veränderungsschritts und den Glauben an die eigene Umsetzungskraft (Wir können es schaffen!).

— **Keine klaren Worte:** Da Veränderungen in den meisten Fällen anstrengend sind und alles Neue eher Angst auslöst, stoßen sie bei den meisten Menschen zuerst auf Ablehnung. Das Festhalten an den alten Gewohnheiten gibt Sicherheit; das Navigieren in bekannten Fahrwassern und das Verrichten von Routinetätigkeiten wirkt beruhigend. Wer Menschen aus ihrer sog. Komfortzone (die durchaus ihre Berechtigung hat) herausholen möchte, muss dies klar und unmissverständlich begründen: Nur wenn allen bewusst wird, dass die Veränderung unvermeidlich ist, werden die Mitarbeitenden diese auch mittragen.

— **Keine Teamarbeit in der Führung:** Veränderungsprozesse sind Führungsaufgabe. Dabei muss die Organisationsleitung den Veränderungsprozess als Team gemeinsam gestalten und gegenüber den Mitarbeitenden vertreten. Nur wenn die Leitenden als geeintes Team hinter

Über 90% aller Changeprozesse enden nicht optimal – meist wegen Führungsfehlern

6.2 · Die Mitarbeitenden gestalten den digitalen Wandel

dem Veränderungsprozess stehen und diesen in intensiver Teamarbeit vorantreiben, werden die notwendigen Signale von der Führungsebene an die Mitarbeitenden gesandt. Äußert auch nur ein Führungsmitglied öffentlich Kritik am Veränderungsprozess und stellt die Zielerreichung infrage, wird es das Projekt bei den Mitarbeitenden sehr schwer haben.

— **Keine Vision:** Eine gute und alle Involvierten überzeugende Vision ist die Grundvoraussetzung für einen gelingenden Change-Prozess. Während Ziele die Richtung vorgeben, stellt die Vision eine emotionale Verbindung zu allen Beteiligten her. Nur wenn ein Change-Prozess auch auf der emotionalen Ebene überzeugen kann, wird er langfristig die notwendige Unterstützung erhalten. Dabei darf die Vision nicht abgehoben und kompliziert sein, sondern muss die zu Involvierenden in deren Gedankenwelt abholen: Wenn der Funke der Vision nicht nach fünf Minuten Vorstellung überspringt, dann ist die Vision nicht stark genug für einen aufwendigen Change-Prozess..

Kotter (2015, S. 29 ff.) entwickelte auf Basis dieser Erkenntnisse acht aufeinander aufbauende Schritte für den erfolgreichen Veränderungsprozess (◘ Abb. 6.2):

Da Veränderungsprozesse wie beschrieben häufig scheitern, ist die grundsätzliche Veränderungsfähigkeit von Organisationen ein wichtiges Forschungsthema geworden (Teece 2014, 2007; Soparnot 2011). Es gibt verschiedene Ansätze, wie die Veränderungsfähigkeit einer Organisation gemessen werden kann (Schweiger et al. 2016; Szebel 2015; Humanagement GmbH 2014). Bei allen Ansätzen spielen die Mitarbeitenden und deren Fähigkeit, Veränderungen zu bewältigen, eine wichtige Rolle.

> Die Veränderungsfähigkeit einer Organisation hängt stark davon ab, wie die Mitarbeitenden Veränderungen bewältigen können.

Die Haltung der Mitarbeitenden zu einem Veränderungsprozess wird durch intrinsische und extrinsische Faktoren beeinflusst.

Die extrinsischen Faktoren werden primär durch die Arbeitsumgebung beeinflusst. Vorgesetzte und die Organisationsleitung haben die Möglichkeit, mit unterschiedlichen Maßnahmen den Druck auf die Mitarbeitenden zu erhöhen, Klarheiten zu schaffen oder auch entlastend zu wirken (◘ Abb. 6.3).

Auf die intrinsischen Faktoren, wie z. B. Neugierde oder Spaß an neuen Technologien oder Entdeckergeist, haben die Vorgesetzten nur wenig Einfluss. Sie können aber versuchen, diese positiven intrinsischen Faktoren zu fördern und den Mitarbeitenden positive Erlebnisse aufgrund dieser Faktoren zu ermöglichen. Intrinsische Faktoren, die Veränderun-

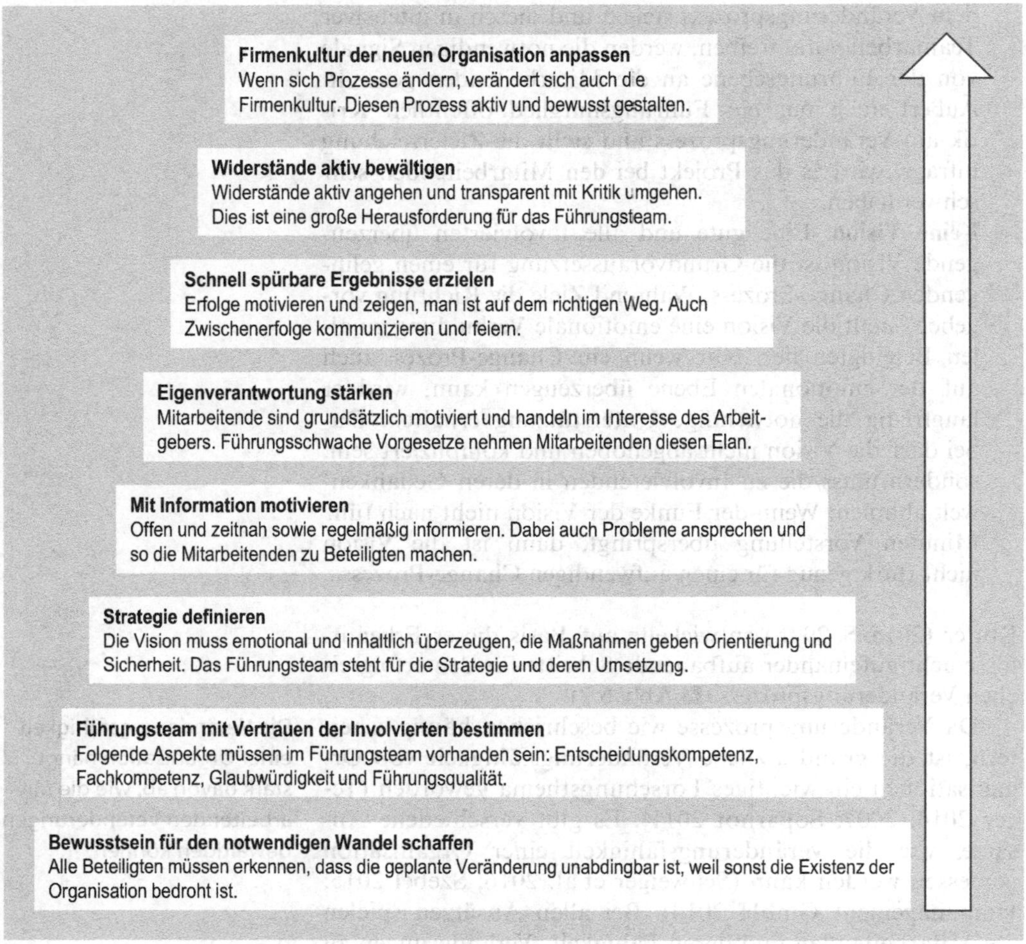

Kapitel 6 · Umsetzung konkret angehen

Firmenkultur der neuen Organisation anpassen
Wenn sich Prozesse ändern, verändert sich auch die Firmenkultur. Diesen Prozess aktiv und bewusst gestalten.

Widerstände aktiv bewältigen
Widerstände aktiv angehen und transparent mit Kritik umgehen. Dies ist eine große Herausforderung für das Führungsteam.

Schnell spürbare Ergebnisse erzielen
Erfolge motivieren und zeigen, man ist auf dem richtigen Weg. Auch Zwischenerfolge kommunizieren und feiern.

Eigenverantwortung stärken
Mitarbeitende sind grundsätzlich motiviert und handeln im Interesse des Arbeitgebers. Führungsschwache Vorgesetze nehmen Mitarbeitenden diesen Elan.

Mit Information motivieren
Offen und zeitnah sowie regelmäßig informieren. Dabei auch Probleme ansprechen und so die Mitarbeitenden zu Beteiligten machen.

Strategie definieren
Die Vision muss emotional und inhaltlich überzeugen, die Maßnahmen geben Orientierung und Sicherheit. Das Führungsteam steht für die Strategie und deren Umsetzung.

Führungsteam mit Vertrauen der Involvierten bestimmen
Folgende Aspekte müssen im Führungsteam vorhanden sein: Entscheidungskompetenz, Fachkompetenz, Glaubwürdigkeit und Führungsqualität.

Bewusstsein für den notwendigen Wandel schaffen
Alle Beteiligten müssen erkennen, dass die geplante Veränderung unabdingbar ist, weil sonst die Existenz der Organisation bedroht ist.

Abb. 6.2 Acht Schritte des Veränderungsmanagements nach Kotter (Eigene Darstellung, basierend auf Kotter 2015, S. 29 ff.)

gen eher behindern, wie z. B. verschiedene Formen von Ängsten, können durch gezielte Maßnahmen reduziert, aber durch ungeschicktes Handeln auch verstärkt werden.

Generell kann zudem gesagt werden, dass Menschen, die sich in ihrer Lebenssituation relativ sicher fühlen, offener für Veränderungen sind, als Menschen, die bereits in einer instabilen Lebenssituation sind. Dabei bilden Wohnen, Arbeiten und das soziale Umfeld bzw. die Partnerschaft die drei wichtigsten Anker für eine stabile Lebenssituation. Wenn sich nun der Anker Arbeiten stark verändert und deshalb unsicher wird, können die betroffenen Mitarbeitenden diese Veränderung besser bewältigen, wenn die beiden anderen Anker stark sind und so die Lebenssituation der Betroffenen insgesamt

6.2 · Die Mitarbeitenden gestalten den digitalen Wandel

Druck von Seiten Leitung

Hohe Erwartungshaltung bei ständig wechselnden Botschaften

Klar vorgegebene Aktivitäten ohne Mitsprache-/ Mitwirkungsmöglichkeit

Ständige Änderungen in der Planung resp. der Maßnahmen

Offene und klare Information

Belohnungen

Anerkennung

Erfolgserlebnisse

Vision, die Entfaltung der Mitarbeitenden zulässt

◘ **Abb. 6.3** Externe Einflussmöglichkeiten auf die Mitarbeitendenmotivation bezüglich der Veränderungsprozesse. (Eigene Darstellung)

stabilisieren können. Umgekehrt benötigen Mitarbeitende, bei denen die beiden privaten Anker nicht zu einer stabilen Lebenssituation beitragen können, verstärkte Unterstützung aus dem Arbeitsumfeld – auch oder besonders in einer betrieblichen Umbruchsituation.

6.2.1 Die Veränderung aktiv mit den Mitarbeitenden zusammen gestalten

Wenn der strukturelle und infrastrukturelle Rahmen für einen Veränderungsprozess gewährleistet ist, hängt das Gelingen eines Veränderungsprozesses in hohem Maß davon ab, ob die Mitarbeitenden diesen Prozess aktiv mitgestalten. Dabei gibt es zwei unterschiedliche Dimensionen, die zu beachten sind: Können die Mitarbeitenden den Wandel mitgestalten und wollen sie diesen mitgestalten?

Das Können hängt von der inhaltlichen Ausgestaltung des Wandels ab. Wird dieser so geplant, dass die Mitarbeitenden die inhaltliche Kompetenz und das Anwendungswissen der neuen Instrumente haben respektive sich aneignen können? Eine Umstellung auf Homeoffice gelingt bei Büroangestellten nur, wenn die Mitarbeitenden die Kommunikationsinstrumente wie MS Teams, zoom.us, Skype usw. auch anwenden können. Ein Wandel einer herkömmlichen Automobilwerkstatt auf Elektrofahrzeuge kann nur gelingen, wenn die Mitarbeitenden auf die neue Antriebstechnologie geschult werden.

> Wenn der Wandel von Betroffenen zu Beteiligten bei den Mitarbeitenden gelingt, hat ein Veränderungsprojekt eine große Hürde genommen.

Das Wollen hängt dagegen sehr stark vom Sicherheitsempfinden der betroffenen Mitarbeitenden ab. Dabei gibt es berufliche Aspekte, wie z. B. Sicherheit bezüglich des eigenen Arbeitsplatzes, oder die eigene berufliche Perspektive; aber auch die Organisationsleitung und deren Visionen und Ziele fließen ein. Bei den privaten Sicherheitsaspekten spielt die oben erwähnte individuelle Lebenssituation eine wichtige Rolle.

Dabei darf nicht übersehen werden, dass die hier unter Wollen beschriebenen Aspekte nicht so stark dem freien Willen unterworfen sind, wie es der Begriff Wollen möglicherweise erscheinen lässt: Wenn die berufliche oder private Sicherheit nicht gegeben ist, dann kann ein weiterer Veränderungsdruck zu Blockaden führen, die nicht mit reiner Willensanstrengung gelöst werden können.

Bei der Planung von Veränderungsprozessen müssen deshalb bewusst die Aspekte des Könnens und des Wollens berücksichtigt werden. Denn die innere Haltung der betroffenen Mitarbeitenden wird durch sie beeinflusst. Im Rahmen der Vorbereitung des Change-Prozesses sollte nun bewusst eine Veränderung sowohl des Aspekts des Könnens als auch des Wollens geplant werden. Die proaktive Förderung der Veränderungsfähigkeit der Mitarbeitenden sollte theoriebasiert erfolgen. Die nachstehend erläuterten drei Theorien haben sich in der Praxis vielfach bewährt.

6.2.2 Die Veränderungskurve auf Basis der Theorie-U nach Scharmer

Bevor etwas Neues aufgebaut werden kann, muss man sich zuerst vom Alten verabschieden.

Scharmer entwickelte in seiner Theorie-U einen Prozess, der den Beteiligten aufzeigen soll, weshalb sie etwas tun. Dieses Bewusstsein für das eigene Handeln ist gemäß Scharmer häufig nicht vorhanden und muss in einem Change-Prozess als Basis für die erfolgreiche Veränderung erarbeitet werden. Dabei bezieht sich dieses <Warum> nicht nur auf operative Aspekte, sondern auch auf Haltungsfragen (Scharmer 2009, S. 45).

Dieser U-Prozess findet gemäß Scharmer in sieben Stufen statt, wobei jede Stufe eine eigene klar definierte Funktion hat. Der Form des <U> folgend verläuft der Prozess zuerst abwärts. In dieser Phase wird das Bestehende bewusst verabschiedet. Danach erfolgt die Aufwärtsbewegung, in der die Zukunft gestaltet wird. Scharmer nannte diese Prozessschritte auch „Öffnung des Denkens", „Öffnung des Herzens" und „Öffnung des Willens" (Scharmer 2009, S. 68 ff.).

6.2 · Die Mitarbeitenden gestalten den digitalen Wandel

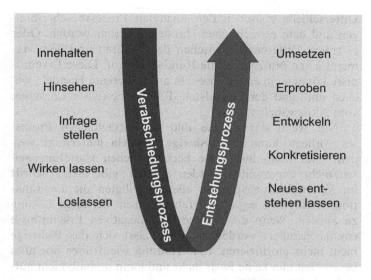

Abb. 6.4 Die Veränderungskurve auf Basis der Theorie-U von Scharmer. (Eigene Darstellung basierend auf Scharmer 2009, S. 68)

Mit dieser bewusst gestalteten Struktur der eigenen Aufmerksamkeit will Scharmer verhindern, dass direkt von der Herausforderung zur Handlung gesprungen und dadurch den emotionalen Aspekten einer Veränderung zu wenig Raum zugestanden wird. Er ist überzeugt, dass es notwendig ist, im Tagesgeschäft innezuhalten, um anschließend das Alte bewusst wahrzunehmen und es dann zu verabschieden. Erst dann sind die Involvierten frei, etwas Neues entstehen zu lassen, es konkret zu gestalten und sich dann damit auch zu identifizieren (Scharmer 2009, S. 68 ff.).

Dieses Vorgehen kann in zwei Prozessen mit jeweils fünf Schritten dargestellt werden (◘ Abb. 6.4).

Im Verabschiedungsprozess sollen sich die Involvierten bewusst von der bisherigen Situation lösen. Die fünf Schritte mit jeweils unterschiedlichen Zielsetzungen sollen sicherstellen, dass dieser Vorbereitungsvorgang auf das Neue konsequent verfolgt wird.

Mit dem **Innehalten** wird bewusst eine veränderte Situation erzeugt. Wenn die Beteiligten in ihren angestammten Aktivitäten verhaftet bleiben, fällt es schwer, die aktuelle Situation genau zu betrachten. Deshalb sollen die Involvierten gedanklich bewusst „aus dem Bild heraustreten, um die Szenerie anschließend von außen betrachten" zu können.

Beim genauen **Hinsehen** findet automatisch ein Abgleich statt zwischen dem, was die Beteiligten meinen, das gemacht wird, und dem, was wirklich gemacht wird. So können z. B.

Bestehendes loszulassen gelingt leichter, wenn die Vorteile des Neuen überzeugen.

Unterschiede zwischen den formalen Prozessbeschreibungen und dem tatsächlichen Handeln sichtbar werden. Oder es treten Differenzen zwischen dem wahren und dem vermeintlichen Nutzen für die Kundschaft auf. Diese Erkenntnisse können ein erstes Zweifeln am bisherigen Handeln wecken und sind der Grundstein für das bewusste Loslassen vom Altbewährten.

Nur wenn das genaue Bild des tatsächlichen Prozesses vorliegt, kann **das bisherige Handeln hinterfragt** werden. Und wenn bisher die herkömmlichen Handlungsweisen nicht angezweifelt werden durften, gibt dieser Schritt im Verabschiedungsprozess allen Beteiligten die Legitimation, Kritik und negative Erfahrungen an der alten Lösung zu äußern. Wenn die Summe aller negativen Erkenntnisse einmal geäußert worden ist, dann lässt sich das Bisherige nicht mehr glorifizieren. Eine Haltung wie „früher war alles besser" hat nun keine Basis mehr und kann deshalb nicht aufrechterhalten werden.

Diese Erkenntnis lässt man nun im nächsten Schritt **wirken**. Manche Mitarbeitende benötigen länger, andere kommen schneller zu dem Schluss, dass sich etwas verändern muss. Bei Mitarbeitenden, die sich schwer tun, sich einzugestehen, dass die bestehende Situation verbessert werden muss, hilft Druck nicht weiter. Dagegen kann in Gesprächen und im Austausch versucht werden, herauszufinden, weshalb sie noch an der alten, schlechteren Lösung hängen: Welche Ängste verhindern, dass sie sich auf eine Veränderung einlassen können?

Als letzter Schritt im Verabschiedungsprozess kann nun das **Loslassen** zelebriert werden. Dieser Schritt kann als gemeinsamer oder individueller Akt vorgenommen werden, z. B. indem die Gruppe auf einen Hügel steigt und oben wird dann das Neue in Angriff genommen.

Je nachdem, um welche Veränderung es sich handelt und wie weit die Mitarbeitenden sich schon damit beschäftigt haben, kann der Verabschiedungsprozess unterschiedlich lang dauern. Allerdings sollte man ihn nicht allzu sehr in die Länge ziehen, da es keinen Sinn macht, den Verabschiedungsprozess künstlich in die Länge zu ziehen: Wenn die Leitungspersonen die Entscheidung getroffen haben, geht es beim Verabschiedungsprozess noch darum, dass alle anderen Beteiligten diese Entscheidung auch mittragen können. In der Praxis haben sich für den Verabschiedungsprozess Workshops von einem halben bis maximal zwei Tagen als sinnvoll erwiesen.

Den Verabschiedungsprozess erleben alle Beteiligten unterschiedlich. Für alle Beteiligten gilt jedoch, dass sie sich vom Bisherigen lösen müssen. Allerdings gelingt dies einigen Beteiligten leichter, andere benötigen länger dafür.

6.2 · Die Mitarbeitenden gestalten den digitalen Wandel

Es ist jedoch wichtig, dass alle diesen Prozess durchmachen, denn ohne diesen Abschied gewinnt man keinen Raum für Neues. Der Unterstützungsbedarf der Beteiligten ist in dieser Phase auch sehr unterschiedlich; dieser kann von „keine Unterstützung notwendig" bis hin zu „Bedarf für ein intensives individuelles Coaching" gehen.

Nachdem alle Beteiligten die bisherige Lösung im Verabschiedungsprozess hinter sich gelassen haben, geht es nun darum, nach vorn zu schauen und sich auf die neue Lösung zu konzentrieren. Dies kann in einem klassischen Innovations- oder Lösungsentwicklungsprozess geschehen.

Zuerst wird die neue Lösung skizziert. Dabei helfen natürlich die Erkenntnisse aus dem zweiten und dritten Schritt des Verabschiedungsprozesses. **Neues entstehen lassen** weist auf die planbaren, aber auch auf die unplanbaren Elemente dieses Schritts hin. Aus Sicht des Projektmanagements entsteht in diesem Schritt die Skizze des Projekts, das zur neuen Lösung führen soll.

Die Projektskizze wird im nächsten Schritt zur Projektplanung weiterentwickelt. Die **Konkretisierung** in diesem Schritt ist erheblich und versetzt die verantwortlichen Leitungspersonen in die Lage, über die Zielsetzung und die konkreten Maßnahmen zur Realisierung der neuen Lösung zu entscheiden.

Im dritten Schritt wird die neue Lösung entwickelt. Dieser **Entwicklungsschritt** erfolgt nach der bewilligten Projektplanung und endet mit einer Lösung, die getestet werden kann.

In der **Erprobungsphase** werden Erfahrungen mit der neuen Lösung gesammelt und mithilfe dieser allfällige Korrekturen an der provisorischen Lösung vorgenommen.

Anschließend wird die neue Lösung definitiv **umgesetzt** und eingeführt.

Wird die Idealstruktur dieser Veränderungskurve nun mit dem tatsächlichen Vorgehen in vielen Veränderungsprozessen verglichen, kann festgestellt werden, dass häufig der Verabschiedungsprozess kaum oder gar nicht bewusst betrieben wird. Wenn die Leitungspersonen den Entscheid für die Veränderung getroffen haben, dann wird ohne weitere Reflexion gleich der Entstehungsprozess angeschoben. Dadurch entsteht jedoch nicht nur ein Gap hinsichtlich der emotionalen Verbundenheit mit der alten Lösung zwischen den Leitungspersonen und den Mitarbeitenden (erstere haben sich von der alten Lösung verabschiedet, die Mitarbeitenden sind noch voll mit dieser verbunden), es wird auch die Chance vertan, bewusst und gezielt die alte Lösung zu reflektieren und diese Erkenntnisse für den Entwicklungsprozess zu nutzen.

> Organisationen sind im Allgemeinen geübt, einen Entwicklungsprozess zu gestalten: Für diesen gibt es etablierte Instrumente und Werkzeuge.

6.2.3 Die Veränderungsfähigkeit der Mitarbeitenden aktiv fördern

Die Veränderungsfähigkeit einer Organisation hängt stark von der Veränderungsfähigkeit ihrer Mitarbeitenden ab.

Alle Menschen durchlaufen bei einem Veränderungsprozess die beschriebene Veränderungskurve und vollziehen dabei eine Verhaltensveränderung. Die einen brauchen dafür länger, andere können sehr schnell die Veränderung vollziehen. Dabei ist auch der Unterstützungsbedarf, den die einzelnen Mitarbeitenden haben, sehr unterschiedlich.

Um die Verhaltensveränderung bei den Mitarbeitenden besser nachvollziehen zu können, gibt es aus dem Gesundheitsbereich ein Modell, das individuelle Verhaltensveränderungen beschreibt. Aufgrund dieses Stufenmodells der Verhaltensänderungen können Unterstützungsmaßnahmen, aber auch Informationsgehalt individuell abgestimmt und auf den jeweiligen Verhaltens- und Entwicklungsgrad des Mitarbeitenden abgestimmt werden. So kann die Veränderungsfähigkeit der Mitarbeitenden aktiv gefördert werden.

Das Stages-of-Change-Modell von Prochaska und DiClemente (DiClemente et al. 1986) wurde ursprünglich für die Behandlung Suchtkranker und deren Gesundungsprozess entwickelt (◘ Abb. 6.5). Heute wird es in vielen unterschiedlichen Bereichen eingesetzt, wenn Verhaltensänderungen beschrieben werden müssen (Keller 1999).

Das Modell von Prochaska und DiClemente geht von fünf nacheinander abfolgenden Stadien bei einer Verhaltensänderung, den sogenannten „Stages of Change", aus.

Zu Beginn des Kreises der Verhaltensänderung haben die Personen keine Absicht, ihr Verhalten zu verändern. Im Stadium der **Absichtslosigkeit** fehlt ihnen einerseits die Einsicht, dass das aktuelle Verhalten so nicht weitergeführt werden kann, andererseits drängt auch das Umfeld nicht stark

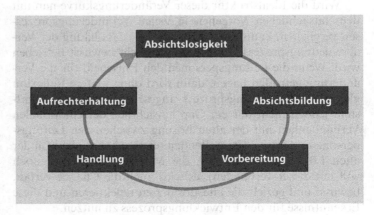

◘ Abb. 6.5 Fünf Stadien der Verhaltensänderung (Stages of Change; Eigene Darstellung basierend auf Prochaska und DiClemente 1986)

6.2 · Die Mitarbeitenden gestalten den digitalen Wandel

genug auf eine Verhaltensänderung. Deshalb ist eine Verhaltensveränderung in diesem Stadium (auch „precontemplation" genannt) aus Sicht der betroffenen Personen keine sinnvolle Option.

Um Mitarbeitende für einen Veränderungsprozess gewinnen zu können, benötigen diese in dieser Phase v. a. Informationen und einen klaren Rahmen: Warum steht eine Veränderung an, was hat sich verändert, welche Auswirkungen haben diese Veränderungen auf die Verwaltung und die Botschaft, dass die Veränderung unabdingbar ist? Mit diesen Informationen werden die Mitarbeitenden für die veränderten Bedingungen sensibilisiert und sie können beginnen, sich mit der Veränderung gedanklich zu beschäftigen.

Im zweiten Stadium findet die **Absichtsbildung** der involvierten Personen statt. Aufgrund der erhaltenen Informationen gelangen die Mitarbeitenden zur Einsicht, dass sie wohl irgendwann die Veränderung vollziehen müssen bzw. werden. Ältere Mitarbeitende hoffen in diesem Stadium vielleicht noch, dass sie die Veränderung nicht mehr vollziehen müssen, weil sie bald in Rente gehen werden. Alle anderen beschäftigen sich gedanklich mit der alten und neuen Situation und überlegen sich, welche Auswirkungen eine Veränderung für sie haben wird (Stellenverlust, anderes Team, anderer Arbeitsort, neue Instrumente usw.).

In dieser Phase muss die Verwaltungsleitung gezielt informieren: Einerseits hinsichtlich der neuen Situation (keine Spekulationen aufkommen lassen), andererseits hinsichtlich der Ängste und Befürchtungen. Eine Vision der Verwaltungsleitung, wie die Zukunft aussehen könnte, hilft den Mitarbeitenden, sich mit dem Veränderungsprozess identifizieren zu können. Hilfreich ist es zudem, in dieser Phase insbesondere die Vorteile für die Mitarbeitenden herausstreichen zu können. Wenn die Veränderung zu einer Verbesserung der eigenen Situation führt, dann ist die Bereitschaft für eine Veränderung deutlich höher. Dabei sollten die Vorgesetzten die möglichen Vorteile für die Mitarbeitenden individuell prüfen und entsprechend auch individuell besprechen. Das Ziel für die Vorgesetzten muss in dieser Phase sein, die Mitarbeitenden aus dem abwägenden Stadium der Absichtsbildung („contemplation") in eine aktive, handlungsorientierte Haltung zu bewegen.

Mit einer solchen werden im dritten Stadium die **Vorbereitungen** für die Veränderungen getroffen. Die Mitarbeitenden bereiten sich aktiv auf den Wandel vor, z. B. indem sie bei der Umsetzungsplanung oder der Gestaltung der neuen Software mitwirken. Aber auch der Besuch von Weiterbildungen oder das Beschreiben von neuen Prozessplänen kann in der Vorbereitungsphase geschehen. Für die

> Aus der Suchttherapie weiß man, dass eine bessere Perspektive zur jetzigen Situation ein sehr starker Motivator für Veränderungsprozesse ist.

> Menschen bewältigen Veränderungen sehr unterschiedlich: Ihr Unterstützungsbedarf ist dementsprechend auch sehr individuell, sowohl bezüglich des Zeitpunkts als auch der Intensität.

Mitarbeitenden ist der Veränderungsprozess nun eine konkrete Aufgabe, die sie angehen.

In dieser Phase sollten Vorgesetzte versuchen, die entwickelte, positive Energie der Mitarbeitenden durch geeignete Maßnahmen zu verstärken. Auch müssen Vorgesetzte in der Lage sein, auftretende Fragen, die Zweifel am eingeschlagenen Weg aufkommen lassen, frühzeitig aufzugreifen und abschließend zu klären.

Die konkrete **Umsetzungsphase** („action") findet normalerweise im Rahmen der gemeinsam erarbeiteten Projektplanung statt. Die Mitarbeitenden sind dann im konkreten, geplanten Handlungsstadium und vollziehen die vorgesehenen Maßnahmen. Dabei können natürlich unvorhergesehene Situationen oder nicht bedachte Probleme auftreten, die dann situativ bearbeitet werden müssen.

In dieser Phase können Vorgesetzte die Mitarbeitenden mit klassischen Führungsinstrumenten unterstützen. Dabei ist natürlich zu berücksichtigen, dass aufgrund des Veränderungsprozesses die alten Instrumente möglicherweise nicht mehr passen und neue Instrumente zum Einsatz kommen müssen, die sich erst bewähren müssen. In einem Veränderungsprozess ist es sehr unterstützend, wenn Erfolge bewusst wahrgenommen und auch kleine neue Errungenschaften gefeiert werden. Anerkennung und Lob ist in dieser Phase besonders wichtig – von der direkten Linienleitung aber auch von der obersten Verwaltungsführung.

Im letzten Stadium geht es um die Verankerung der Veränderungen und um die **Aufrechterhaltung** der erreichten Ziele. Die Mitarbeitenden gewinnen einerseits Routine in den neuen Strukturen und mit den neuen Instrumenten, andererseits wird das Tagesgeschäft auch weiteres Optimierungspotenzial der neuen Lösung aufzeigen. In dieser letzten Phase geht es deshalb auch um den Feinschliff der neuen Lösung.

In dieser Phase ist die Leitung v. a. im Bereich der Optimierung und Feinanpassung gefordert. Neben der Anerkennung für die mit der neuen Lösung erzielten Resultate muss bewusst auf noch notwendige Anpassungen hingewiesen und so vermieden werden, dass der Veränderungsprozess nicht optimal zu Ende geführt wird.

Wie mit dem Stages-of-Change-Modell gezeigt werden konnte, durchläuft jede Person bei einem Veränderungsprozess fünf unterschiedliche Stadien. Diese Stadien beschreiben, wie auch beim U-Modell von Scharner, die individuelle Entwicklung der Teilnehmenden bei einer Veränderung. Diese Entwicklung verläuft bei jedem Menschen anders und deshalb müssen Vorgesetzte und Projektverantwortliche auch bei der Kommunikation und der Unterstützung primär mit einem Individualansatz vorgehen. Mit den

In einem Veränderungsprozess die Resilienzstärkung bewusst einzuplanen, hilft allen Beteiligten.

6.2 · Die Mitarbeitenden gestalten den digitalen Wandel

unterschiedlichen Maßnahmen können verschiedene Ziele verfolgt werden, die auch zeitlich nicht bei allen Beteiligten gleich zur Anwendung kommen müssen. Diese Ziele können unter dem Oberbegriff der Resilienzsteigerung zusammengefasst werden. Resilienz ist ein Begriff aus der Gesundheitsförderung und umschreibt die individuelle Fähigkeit, mit speziellen Anforderungen oder kritischen Lebenssituationen ohne Beeinträchtigung der eigenen Psyche umzugehen (Wustmann 2016, S. 18 ff.). Dabei ist die Resilienz nicht eine feste Größe, sondern kann durch geeignete Maßnahmen gesteigert werden. Wenn eine leitende Person in einem Change-Prozess bei den Betroffenen ein gesteigertes Problembewusstsein erzeugen kann, dann hat sie die Resilienz der Betroffenen in Bezug auf den Veränderungsprozess gesteigert. Weitere solche positiv wirkenden Ziele sind:

- **Emotionales Erleben:** Zulassen, dass die Beteiligten ihre aktuellen Emotionen wahrnehmen und auch aussprechen können. Wenn Emotionen bewusst werden, kann man sie besser bearbeiten.
- **Neubewertung der Umwelt:** Wenn Beteiligte ihre Umwelt bewusst neu analysieren und anschließend bewerten, werden das Veränderungspotenzial, aber auch die Veränderungsnotwendigkeit sicht- und begreifbar.
- **Neubewertung der eigenen Position:** Durch die Neubewertung der eigenen Position können die Auswirkungen der anstehenden Veränderung besser eingeschätzt werden und so zu konkreten Handlungen (z. B. Haltung überdenken oder Hilfe suchen) führen.
- **Wahrnehmen unterstützender Angebote:** Die aktive Inanspruchnahme unterstützender Angebote ist ein wichtiger Faktor für die Resilienz. Dazu müssen solche Angebote jedoch von Leitungspersonen angeboten werden. Damit eine innerbetriebliche Kultur zur Nutzung solcher Angebote entstehen kann, wäre es sinnvoll, diese bereits vor der Ankündigung eines Wandels zu etablieren.
- **Kontrolle durch die Umwelt:** Ein Change-Prozess ist kein Jekami (Akronym für „jeder kann mitmachen"). Die Vorgesetzten müssen diesen Prozess steuern und kontrollieren. Nur durch klare Vorgaben und das konstante Einfordern der gewünschten Leistungen entsteht neben den verschiedenen Unterstützungsangeboten der notwendige Druck für Veränderungsprozesse: Niemand ändert sein Verhalten gern und deshalb muss die Unabdingbarkeit in der Situation klar vermittelt werden.
- **Nutzen hilfreicher Beziehungen:** Die Wissenschaft hat vielfach nachgewiesen, dass in psychisch belastenden Situationen der direkte Austausch mit Vertrauten entlastend wirkt. Deshalb sollten in Change-Prozessen dem

112 Kapitel 6 · Umsetzung konkret angehen

soziopsychologischen Austausch in den Teams, Arbeitsgruppen oder auch Linienorganisationen bewusst Aufmerksamkeit geschenkt werden und gegebenenfalls entsprechende Gefäße geschaffen werden (z. B. das regelmäßige Change-Kaffee, in dem es im Rahmen der Kaffeepause sowohl Informationen als auch Austausch gibt).

— **Selbststärkung:** Es gibt viele verschiedene Möglichkeiten, die eigene psychische Verfassung zu verbessern. Es ist wichtig, dass Vorgesetzte Mitarbeitende in einem Change-Prozess darauf hinweisen, dass die kommende Phase anstrengend sein kann und die Mitarbeitenden deshalb sinnvollerweise Maßnahmen unternehmen, die eine Selbststärkung bewirken. Manchmal kann ein solches Angebot sogar über den Arbeitgeber in der Verwaltung angeboten werden (z. B. entsprechende Kurse oder Massage) (◘ Abb. 6.6).

Quelle: Gesundheitsdirektion des Kanton Zug (2007).
Abdruck mit Einwilligung der Rechteinhaberin.

◘ **Abb. 6.6** Zehn Schritte für psychische Gesundheit, Gesundheitsamt des Kantons Zug (2007)

6.2.4 Die Veränderungsfähigkeit ganzheitlich steigern

Ein Change-Prozess sollte nicht isoliert betrachtet werden. Für eine ganzheitliche Betrachtungsweise bietet die themenzentrierte Interaktion (TZI) nach Ruth Cohn einen passenden Ansatz. Das gleichseitige Dreieck mit den Ecken „ich", „Gruppe" und „Thema" weist auf das notwendige Gleichgewicht in einem Gruppenprozess zwischen dem Individuum, der Gruppe und dem Auftrag der Gruppe hin. Rund um dieses Dreieck bildet der Kreis den „Globe", also das Umfeld, das das Dreieck umgibt und beeinflusst (Cohn 2016; ◘ Abb. 6.7).

Zu Beginn des Veränderungsprozesses sollten die Verantwortlichen einen zukunftsgerichteten, inspirierenden Titel für den Veränderungsprozess wählen, der auch auf die Vision hinweisen kann. Problemfokussierte Titel (z. B. schlechtes Kundenfeedback) verleiten die Beteiligten, sich auf negative Erlebnisse oder Gedanken zu konzentrieren. Dagegen eröffnen positive, zukunftsgerichtete Titel (z. B. Zu uns kommen Kunden gern) ganz andere Denk- und Haltungsmöglichkeiten. Diese unterschiedlichen Grundeinstellungen wirken sich stark auf das Gruppengeschehen und schlussendlich auf die Gruppenleistung aus (Cohn 2016, S. 113).

Die Einzelnen, die Gruppe und die zu bearbeitende Herausforderung müssen für eine erfolgreiche Aufgabenbewältigung gleichgewichtig berücksichtigt werden.

Das Umfeld eines Veränderungsprozesses ist sehr vielfältig. Es wirkt mit Erwartungen, Werten und Normen auf den Prozess ein und kann auch konkrete Ansprüche oder Aufträge formulieren.

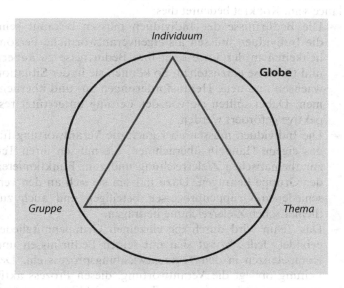

◘ **Abb. 6.7** Das Dreieck der themenzentrierten Interaktion. (Eigene Darstellung basierend auf Cohn 2016)

Angelehnt an die Ausführungen von Cohn (2016, S. 111 ff.) müssen sich die Verantwortlichen eines Change-Prozesses zuerst mit dem Umfeld beschäftigen: Wie könnte das Umfeld den Change-Prozess stören; welche Einflüsse werden auf die Gruppe und die Einzelnen einwirken; ist es möglich, dass Umfeld eine Veränderung des Themas bewirkt; usw.? Dabei ist das Umfeld sehr vielfältig, je nach Situation können dies die Bevölkerung, der Gemeinderat, Kommissionen, andere Abteilungen oder Teams usw. sein. Die Umfeldanalyse sollte die Verantwortlichen für den Veränderungsprozess insbesondere befähigen, allfällige negative Einflüsse aus dem Globe frühzeitig zu erkennen und mögliche Abwehr- oder Anpassungsszenarien zu entwickeln, aber auch Unterstützende für den Prozess zu identifizieren, damit sie später bewusst eingeplant Aufgaben übernehmen können. Es ist in der Verantwortung der Leitungspersonen, die Interaktionen zwischen dem Globe und dem Dreieck möglichst gut zu managen.

Im Veränderungsprozess selbst müssen die Verantwortlichen darauf achten, dass das Gleichgewicht zwischen den drei Ecken möglichst gewahrt bleibt. Erhält eine Ecke zu viel Gewicht, dann leiden die beiden anderen Ecken darunter und das Erreichen des Ziels des Veränderungsprozesses ist infrage gestellt. Dabei ist das Austarieren der einzelnen Ecken ein dynamischer Prozess: Die Ecken werden nie in absoluter Balance sein. Konkret bedeutet dies:

— Die Bedürfnisse der Individuen müssen bekannt sein, die Individuen müssen als eigenverantwortliche Persönlichkeiten in der Lage sein, ihre Bedürfnisse zu äußern und für diese einzustehen. So können sie in der Situation wachsen und neue Herausforderungen an- und übernehmen. Dabei sollten sie von der Leitung unterstützt respektive gefördert werden.
— Die Individuen müssen aber auch die Verantwortung für das eigene Handeln übernehmen. Sie müssen ihren Teil zur thematischen Zielerreichung und zum Funktionieren der Gruppe beitragen. Dazu müssen sie sich an den verschiedenen Gruppenprozessen beteiligen und auch zur thematischen Zielerreichung beitragen.
— Das Team wird durch die einzelnen Gruppenmitglieder gebildet. Jedes bringt sich mit seinen Bedürfnissen und Kompetenzen in den Teamentwicklungsprozess ein. Der Leitung obliegt die Verantwortung, diesen Prozess aktiv zu steuern und so eine gute Teamentwicklung zu ermöglichen. Die einzelnen Teammitglieder müssen auch inhaltlich zusammen an der thematischen Zielsetzung arbeiten. Dafür stellt die Leitung die notwendigen Instrumente und Ressourcen zur Verfügung.

Die Individuen bilden gemeinsam mit ihren Stärken und Schwächen das Team. Sie haben eine Verantwortung für sich selbst, aber auch für die Gruppe und die zu lösende Aufgabe. Sie müssen alle drei Verantwortlichkeiten parallel wahrnehmen.

6.2 · Die Mitarbeitenden gestalten den digitalen Wandel

- Da die Gruppe als Ganzes für das Erreichen des thematischen Ziels verantwortlich ist, muss sie auch gegenüber der Zieldefinition (Ziel muss erreichbar und sinnvoll sein) und gegenüber den Individuen Erwartungen formulieren können. Regeln bezüglich des Umgangs der Individuen untereinander oder der Arbeitsmethodik bilden die alte und die neue Gruppenkultur. Diese Kulturentwicklung in einem Change-Prozess aktiv zu begleiten und gegebenenfalls auch anzustoßen, ist eine wichtige Aufgabe der Leitung. Dabei sollten auch versteckte oder inoffizielle Themen der Gruppe sichtbar gemacht werden.
- Das Thema ist der Ursprung der Gruppenbildung: Ohne Thema benötigt es auch keine Gruppe. Deshalb ist das Thema das gemeinsame Band, das die Individuen als Gruppe zusammenhält. Dabei kann das Thema von der Leitung vorgegeben und unverrückbar fixiert sein, es kann aber auch sein, dass die Gruppe und die Individuen großen Gestaltungsfreiraum bezüglich des Themas haben. Je nach Situation ist die Gruppenleitung gefordert, dem Thema mehr oder weniger Gewicht in den Gruppenprozessen zu verschaffen.
- Damit das Thema von der Gruppe und den Gruppenmitgliedern bearbeitet werden kann, muss es inhaltlich so eingeführt werden, dass alle Beteiligten einen persönlichen Bezug zur Aufgabe herstellen und sich zur Zielvorgabe bekennen können. Bei der Lösungsfindung ist darauf zu achten, dass die inhaltlichen Diskussionen nicht theoretisch-abstrakt geführt werden, sondern sich konkret und lösungsgerichtet an den Zielvorgaben und den Bedürfnissen der Mitarbeitenden ausrichten.
- Die für den Gruppenprozess verantwortliche Leitungsperson muss hohe Erwartungen erfüllen können: So muss sie sich mit dem Umfeld vertraut machen und die Rahmenbedingungen des Prozesses genau kennen, um möglichst schnell Lösungsfindungsansätze außerhalb der Vorgaben erkennen und die Diskussion wieder zurück in den vorgegebenen Rahmen führen zu können.
- Zudem muss sie das Gleichgewicht zwischen den einzelnen individuellen Bedürfnissen, den Gruppenthemen und dem Arbeitsauftrag aufrechterhalten. Ebenso wird in einer völlig anderen Dimension an sie die Erwartung gestellt, individuelle Störungen wahrzunehmen, anzusprechen und zielführend in der Gruppe zu besprechen. Somit braucht diese Führungsperson sowohl die methodisch-fachliche Kompetenz, einen Change-Prozess zu leiten, als auch die notwendige Empathie, um die gruppendynamischen Vorkommnisse zu meistern.

> Das Dreieck der TZI verdeutlicht einerseits, dass es nicht zielführend ist, wenn der Change-Prozess zu sehr auf das Thema ausgerichtet ist, andererseits aber auch, dass eine Gruppen- oder Individuenzentrierung ebenfalls keinen Erfolg verspricht.

6.2.5 Empfehlungen für Verantwortliche eines Change-Prozesses

Verantwortliche eines Change-Prozesses müssen sich bewusst sein, dass die anstehenden Veränderungen in der Arbeitsweise die Beteiligten auf ganz unterschiedlichen Ebenen fordern und eventuell auch verändern werden. Ein derart einschneidender Vorgang muss deshalb sorgfältig, bewusst und ganzheitlich geplant und gesteuert werden. Die Themen, die die Mitarbeitenden bewältigen müssen, sollten auf das individuelle Stadium ihrer Veränderungsbereitschaft abgestimmt sein. Die Verantwortlichen müssen mit einer klaren und einheitlichen Kommunikation Sicherheit und Vertrauen vermitteln. Dabei gilt für die meisten Veränderungsprozesse als fixer Rahmen, dass das Ziel vorgegeben ist und nicht verändert werden kann. Deshalb ist eine Diskussion über das Ziel als solches nicht hilfreich. Somit können sich die Beteiligten freiwillig für die Teilnahme an einem Veränderungsprozess entscheiden. Niemand kann Mitarbeitende dazu zwingen, einen Veränderungsprozess mitzugestalten und mitzuwirken. Allerdings führt eine Nichtmitwirkung in den meisten Fällen zu einer anderen Veränderung (Versetzung, Kündigung usw.).

Da ein derart hoher Druck für die Teilnahme an einem Veränderungsprozess besteht, ist es wichtig, dass die mitwirkenden Mitarbeitenden die notwendige Unterstützung im Prozess erhalten: Das Ziel soll erreicht werden und die Beteiligten erhalten die erforderlichen Hilfen, um das Ziel zu erreichen. Dies können Instrumente oder Tools sein, aber auch ein Coaching und Supervision. Damit ein Change-Prozess gelingen kann, müssen die Beteiligten im operativen Bereich wahrnehmen können, dass die verantwortlichen Führungspersonen ihrer Verantwortung und Fürsorgepflicht auch gerecht werden. Dies vermittelt die notwendige Sicherheit und auch Akzeptanz für die anstehenden unruhigen Phasen.

Zum guten Gelingen eines Veränderungsprozesses gehört auch eine profunde Planung. Dabei lohnt es sich, den Verabschiedungs- und den Entstehungsprozess bewusst in den zehn Etappen zu planen und auch entsprechend inhaltlich zu gestalten. Wichtig ist zudem, nicht nur die inhaltliche Entwicklung des Change-Prozesses, sondern auch die Veränderung, die bei allen Beteiligten (Mitarbeitenden, aber auch der Leitung) geschieht, bewusst und geplant vorzunehmen. Dabei kann auch mit Symbolik und emotionalen Erlebnissen gearbeitet werden (◘ Abb. 6.8).

Sowohl die inhaltlich-organisatorischen wie auch die emotionalen Aspekte des Change-Prozesses müssen bewusst geplant werden.

6.3 · Gelingensfaktoren für die Umsetzung

◘ **Abb. 6.8** Veränderungen können gelingen, wenn… (Eigene Darstellung)

6.3 Gelingensfaktoren für die Umsetzung

Die Teilnehmenden der bereits mehrfach erwähnten Führungskräfteschulung der kantonalen Verwaltung Aargau im Rahmen der digitalen Strategie Smart Aargau sehen drei primäre Faktoren, weshalb der digitale Wandel eine besondere Herausforderung für ihren jeweiligen Verantwortungsbereich ist: das fehlende interne Know-how (rund 65 % der Teilnehmenden), zu wenig Personalressourcen (rund 60 % der Teilnehmenden) sowie der ungenügende rechtliche Rahmen (knapp 45 %; Meyer 2020a, b). Entsprechend können die Gelingensfaktoren auf drei unterschiedlichen Ebenen definiert werden.

6.3.1 Politische und fachliche Führung

Nur mit einer überzeugenden Vision und einer klaren Strategie können für die anstehenden Herausforderungen passende Lösungen erarbeitet werden. Es ist Aufgabe der Politik, diese Vision im parlamentarischen Diskurs zu entwickeln und mit strategischen Leitsätzen zu konkretisieren. Diese müssen in einen sicheren rechtlichen Rahmen für die Digitalisierung der Gesellschaft münden. Dadurch erhalten sowohl die Bewohnenden und die privatrechtlichen Organisationen, aber auch die öffentliche Verwaltung Handlungssicherheit.

> Digitale Veränderungsprojekte können nur gelingen, wenn die Führung den notwendigen Rahmen dafür schafft.

Die fachliche Leitung der öffentlichen Verwaltung wiederum muss dann im nächsten Schritt diesen politischen Rahmen in operativ umsetzbare Ziele transformieren und so den jeweiligen Mitarbeitenden einen konkreten Handlungsauftrag geben.

Neben der klaren strategischen Vorgabe muss die politische und fachliche Führung jedoch auch genügend Freiraum zulassen, dass innovativ denkende Mitarbeiter eigene Ideen im Rahmen ihrer Kompetenz für den eigenen Zuständigkeitsbereich entwickeln und umsetzen können. Es ist notwendig, dass die Leitenden ein Innovationsklima in der Verwaltung schaffen, sodass die Mitarbeitenden ermuntert werden, alle Kompetenzen, über die sie verfügen, auch einzusetzen. Gerade jüngere Mitarbeitende werden über sehr viel mehr digitale Kompetenzen verfügen, als die, welche sie aktuell in der öffentlichen Verwaltung auch zur Anwendung bringen können. Deshalb ist die bewusste Nutzung dieser häufig brachliegenden Ressourcen auch eine wichtige Führungsaufgabe. Dies kann z. B. geschehen, indem Soundingboards mit Praktikantinnen und Praktikanten oder mit Lernenden gebildet werden.

6.3.2 Digitale Kompetenz der Verantwortlichen und der öffentlichen Verwaltungen

Die Altersstruktur in den meisten öffentlichen Verwaltungen ist ungleichmäßig verteilt. Es gibt häufig eine klare Mehrheit von älteren Mitarbeitenden. Diese wurden in der analogen Welt sozialisiert. Ihre Werte, aber auch ihre Gewohnheiten basieren häufig auf der Welt des letzten Jahrtausends. Diese älteren Mitarbeitenden dominieren natürlich auch die Kultur einer öffentlichen Verwaltung, was auch dazu führen kann, dass die öffentliche Verwaltung als Arbeitgeber für jüngere Menschen nicht besonders attraktiv wirkt.

Verwaltungsfachexperten müssen keine Nerds sein oder werden. Um die Auswirkungen des digitalen Wandels auf den eigenen Verantwortungsbereich proaktiv gestalten zu können, brauchen sie jedoch grundlegende digitale Fachkenntnisse.

Um den digitalen Wandel wirklich umsetzen zu können, benötigt eine öffentliche Verwaltung deshalb häufig einen Kulturwandel. Werte, Verhaltensnormen und Wünsche der digital geprägten Generationen müssen einen adäquaten Platz in der Kultur der öffentlichen Verwaltung finden. Daneben müssen alle Mitarbeitenden über genügend technisches Know-how verfügen, damit sie abschätzen können, wie sich ihr Verantwortungsbereich durch den digitalen Wandel verändern kann und wie sie diese Veränderung nutzbringend vorantreiben können. Dabei ist es nicht nötig, dass sich alle Mitarbeitenden zu sogenannten Nerds entwickeln 😊. Aber schon das Wissen, wo die Kompetenz dieser Fachexperten zu finden ist, bringt eine öffentliche Verwaltung weiter. Hochschulen und auch große IT-Entwicklungsfirmen sind permanent auf der Suche nach Ideen aus der Praxis, die dann gemeinsam umgesetzt werden können. Häufig haben solche Partner auch Kenntnisse über zusätzliche Finanzierungsquellen, sodass sich der Beitrag der öffentlichen Verwaltung für die Realisierung der Lösung im besten Fall auf die internen Ressourcen beschränkt. So sind innovative und gleichzeitig kostengünstige Entwicklungen möglich.

6.3.3 Ressourcen (finanzielle und personelle) für die Umsetzung

Jede Veränderung ist mit Aufwand verbunden. Dabei müssen sowohl die finanziellen wie auch die personellen Belastungen im Blick gehalten werden.

Aufgrund der aktuellen Corona-Krise werden viele öffentliche Haushalte deutlich stärker belastet, als noch vor wenigen Monaten absehbar war. Umso mehr müssen Entscheidungen für Investitionen in Maßnahmen des digitalen Wandels unter dem Gesichtspunkt priorisiert werden, was den Bürgerinnen und Bürgern langfristig am meisten nützt. Und da kann die Corona-Krise, in der viele Menschen vertiefte Erfahrungen mit digitalen Arbeitsweisen (Bestellungen über das Internet, Kommunikation über Videokonferenzsysteme, Homeoffice usw.) sammeln konnten, ein zusätzlicher Treiber werden.

Die meisten Mitarbeitenden in öffentlichen Verwaltungen sind auch ohne digitalen Wandel und ohne Corona-Krise stark ausgelastet. Beide Herausforderungen müssen zusätzlich zu den bisherigen Aufgaben bewältigt werden. Dies gelingt mit internen Ressourcen nur durch eine bewusste Prioritätensetzung. Hier sind Politik und Verwaltungsleitung gefordert, festzulegen, welche staatlichen Dienstleistungen zukünftig nicht mehr oder in geringerem Umfang erbracht werden sollen. Wenn ein solcher Verzicht nicht möglich ist, müssen die internen Ressourcen entweder ausgebaut oder externe Ressourcen zugekauft werden. Gerade Letzteres kann im Stadium einer ersten Projektidee ökonomisch am sinnvollsten sein, weil mit den externen Ressourcen gleichzeitig auch Fachwissen eingekauft werden kann, das so intern (noch) nicht vorhanden ist. Zudem werden die internen Ressourcen erst dann belastet, wenn tatsächlich klar ist, dass eine Projektidee auch zur Umsetzung kommt.

> Der Corona-Lockdown hat bewiesen: Viele digitale Lösungen funktionieren.
> Viele Menschen konnten viele positive Erfahrungen sammeln, die sie zukünftig kaum mehr missen möchten.
> Arbeitgeber, aber auch die öffentliche Verwaltung sind deshalb umso stärker gefordert, den digitalen Wandel bewusst in den strategischen Überlegungen zu berücksichtigen.

Literatur

Cohn, R. C. (2016). *Von der Psychoanalyse zur themenzentrierten Interaktion: Von der Behandlung einzelner zu einer Pädagogik für alle. Konzepte der Humanwissenschaften* (18. Aufl.). Stuttgart: Klett-Cotta.

Gesundheitsamt des Kanton Zug (2007). *10 Schritte für Psychische Gesundheit*. Zug: Gesundheitsdirektion des Kanton Zug.

Humanagement GmbH. (2014). Abschlussbericht Change-o-Meter-Studie 2013/2014 zur Veränderungsfähigkeit deutscher Unternehmen. ► https://www.humanagement.de/sites/files/abschlussbericht_change-o-meter-studie.pdf. Zugegriffen: 2. Apr. 2020.

Keller, S. (Hrsg.). (1999). *Motivation zur Verhaltensänderung. Das Transtheoretische Modell in Forschung und Praxis*. Freiburg: Lambertus.

Kotter, J. P. (2015). *Leading change: Wie Sie Ihr Unternehmen in acht Schritten erfolgreich verändern*. München: Vahlen

Leaders Academy (ohne Datum). *Selbstcheck Digitale Transformation*. Köln: Gedankentanken.

Meyer, M. (2020a). Die digitale Maturitätsprüfung. ► www.smarteverwaltung.ch/maturitaetspruefung/.

Meyer, M. (2020b). SmartAargau Basismodul – Digitale Transformation und Verwaltung 4.0: Résumé 2019. Interner Bericht z.Hd. Steuergruppe des Projekts Smart Aargau.

Meyer, M., & Palamoottil, N. (2020). Reifegrad des Prozessmanagements. *Organisator, 4–5,* 12/13.

Pescher, J. (2010). *Change Management: Taxonomie und Erfolgsauswirkungen. Neue Perspektiven der marktorientierten Unternehmensführung* (1. Aufl.). Wiesbaden: Gabler.

Prochaska, J. O., & DiClemente, C. C. (1986). Toward a comprehensive model of change. In W. R. Miller & N. Heather (Hrsg.), *Treating addictive disorders: Processes of change* (S. 3–27). New York: Press.

Prochaska, J. O., & DiClemente, C. C. (1992). Stages of change in the modification of problem behaviors. *Progress in Behavior Modification, 28,* 183–218.

Scharmer, C. O. (2009). *Theorie U – von der Zukunft her führen: Öffnung des Denkens, Öffnung des Fühlens, Öffnung des Willens; Presencing als soziale Technik. Management* (1. Aufl.). Heidelberg: Carl-Auer-Systeme.

Schweiger, Ch., Kump, B., & Hoormann, L. (2016). A concept for diagnosing and developing organizational change capabilities. *Journal of Management and Change, 34*(35), 12–28.

Soparnot, R. (2011). The concept of organizational change capacity. *Journal of Organizational Change Management, 24*(5), 640–661.

Szebel, A. (2015). Veränderungskompetenz von Mitarbeitern. Dissertation an der Universität Köln. ► https://d-nb.info/1073247260/34. Zugegriffen: 2. Apr. 2020.

Teece, D. J. (2007). Explicating dynamic capabilities: The nature and microfoundations of (sustainable) enterprise performance. *Strategic Management Journal, 28*(13), 1319–1350.

Teece, D. J. (2014). The foundation of enterprise performance: Dynamic and ordinary capabilities in an (economic) theory of firms. *Academy of Management Perspectives, 28*(4), 328–352.

Wustmann, C. (2016). *Resilienz: Widerstand von Kindern in Tageseinrichtungen fördern*. Berlin: Cornelsen.

Ausblick

> Der digitale Wandel kann traditionelle staatliche Aufgaben überflüssig machen. Fahrzeug- oder Führerscheinprüfungen könnten heute schon für eine Vielzahl von Verkehrsteilnehmenden abgeschafft werden. Neben den entsprechenden Ämtern hat eine solche Entscheidung natürlich auch Auswirkungen auf die weiteren Dienstleister in diesem Bereich (KFZ-Werkstätten oder Fahrlehrende). Deshalb braucht es mutige, politische Entscheidungen, um den digitalen Wandel in der öffentlichen Verwaltung zu vollziehen.

Der digitale Wandel kommt. Um ihn gut zu bewältigen, bedarf es neben fundierten Konzepten und Theorien, die das Fundament einer Veränderung bilden können, auch kompetente Akteure, die neben dem theoretischen Wissen und der praktischen Fachkompetenz auch die notwendigen Ressourcen und stimmige Rahmenbedingungen haben. Wie aufgezeigt wurde, gibt es in allen diesen vier Bereichen noch Entwicklungspotenzial, das z. T. erheblich ist.

Die Basis für jegliche Veränderung der öffentlichen Verwaltung bildet der notwendige politische Wille. Solange der politische Wille (und damit verbunden der öffentliche Wunsch nach Veränderung), die geschaffenen gesetzlichen Grundlagen sowie die notwendigen Ressourcen nicht vorhanden sind, wird eine flächendeckende Umsetzung des digitalen Wandels in all seinen Facetten nicht gelingen. Zwei große Themen, die zuerst politisch und später operativ geklärt werden müssen, sind der Datenschutz und die Identität im Internet.

Private Anbieter haben für beide Thematiken unterschiedliche Lösungen entwickelt, die aber häufig den hohen Anforderungen an den Umgang des Staates mit diesen Themen nicht genügen. Auch hat die Bevölkerung sehr unterschiedliche Umgangsweisen mit, aber auch Erwartungen an diese Lösungen (Fortiss 2019, S. 21ff.; Meyer 2017).

Wie ausgeführt (▶ Abschn. 3.3), müssen neue technologische Lösungen von der Bevölkerung und den Mitarbeitenden angenommen werden. Im Moment ist die kritische Haltung gegenüber dem Sammeln von Daten durch den Staat in den deutschsprachigen Ländern noch groß. In anderen Ländern werden Videoüberwachung (England) oder verknüpfte Datensammlungen mit einer Personennummer (Schweden) von der Bevölkerung breit akzeptiert. Gegen das Sammeln von persönlichen Daten durch die Privatwirtschaft (Internetverhalten, Gesundheitsdaten durch smarte Armbänder oder Uhren usw.) regt sich in der Bevölkerung jedoch kaum Widerstand. Es ist deshalb gut möglich, dass auch in Deutschland, Österreich und der Schweiz in naher Zukunft Big-Data-Lösungen durch die öffentliche Verwaltung auf Akzeptanz stoßen. Dabei muss wahrscheinlich der Nutzen für die Bevölkerung in einem guten Verhältnis zur erhobenen und verknüpften Datenmenge stehen.

Literatur

Fortiss. (2019). eGovernment MONITOR 2019: Nutzung und Akzeptanz digitaler Verwaltungsangebote – Deutschland, Österreich und Schweiz im Vergleich. Berlin: Initiative D21.

Meyer, M. (2017, October 19). Elektronische ID sind Staatsaufgabe: Gastkommentar. Neue Zürcher Zeitung. ► https://www.nzz.ch/meinung/elektronische-id-sind-staatsaufgabe-ld.1322701. Zugegriffen: 04. Mai 2020.

Good-Practice-Beispiele öffentlicher Verwaltungen

Inhaltsverzeichnis

8.1 Cardossier – 129
8.1.1   Gesellschaftliche Herausforderung – 129
8.1.2   Gesetzlicher und/oder politischer Handlungsauftrag – 130
8.1.3   Lösungsfindungsprozess – 130
8.1.4   Lösungsbeschreibung – 131
8.1.5   Fördernde und behindernde Faktoren bei der Realisierung – 132
8.1.6   Fazit und Empfehlungen – 133

8.2 Digitaler Dorfplatz – 134
8.2.1   Gesellschaftliche Herausforderung – 134
8.2.2   Gesetzlicher und/oder politischer Handlungsauftrag – 136
8.2.3   Lösungsfindungsprozess – 136
8.2.4   Lösungsbeschreibung – 137
8.2.5   Fördernde und behindernde Faktoren bei der Realisierung – 139

8.3 Umweltdatenportal-EnVIS des Kanton Aargau – 140
8.3.1   Gesellschaftliche Herausforderung – 140
8.3.2   Gesetzlicher und/oder politischer Handlungsauftrag – 140
8.3.3   Lösungsfindungsprozess – 141
8.3.4   Lösungsbeschreibung – 142
8.3.5   Fördernde und behindernde Faktoren bei der Realisierung – 144
8.3.6   Fazit und Empfehlungen – 145

8.4 Blockchain und Bitcoin in der Stadt Zug – 146
8.4.1   Gesellschaftliche Herausforderung – 146
8.4.2   Gesetzlicher und/oder politischer Handlungsauftrag – 147
8.4.3   Lösungsfindungsprozess – 147
8.4.4   Lösungsbeschreibung – 148

© Springer Fachmedien Wiesbaden GmbH, ein Teil von Springer Nature 2020
M. Meyer, *Die smarte Verwaltung aktiv gestalten*, Edition Innovative Verwaltung,
https://doi.org/10.1007/978-3-658-30686-1_8

8.4.5	Erschwerende und behindernde Faktoren bei der Realisierung	– 149
8.4.6	Fazit und Empfehlungen – 150	

8.5 Digitale Wasserzähler der Dorfgenossenschaft Menzingen – 151

8.5.1	Gesellschaftliche Herausforderung – 151
8.5.2	Gesetzlicher und/oder politischer Handlungsauftrag – 152
8.5.3	Lösungsfindungsprozess – 152
8.5.4	Lösungsbeschreibung – 153
8.5.5	Fördernde und behindernde Faktoren bei der Realisierung – 154
8.5.6	Fazit und Empfehlungen – 154

8.6 Zugriff auf die eigenen Daten mit Zuglogin des Kanton Zug – 154

8.6.1	Gesellschaftliche Herausforderung – 154
8.6.2	Gesetzlicher und/oder politischer Handlungsauftrag – 155
8.6.3	Lösungsfindungsprozess – 156
8.6.4	Lösungsbeschreibung – 158
8.6.5	Erschwerende und behindernde Faktoren bei der Realisierung – 159
8.6.6	Fazit und Empfehlungen – 160

8.7 Der Einsatz künstlicher Intelligenz bei der Kantonspolizei Zürich – 161

8.7.1	Gesellschaftliche Herausforderung – 161
8.7.2	Gesetzlicher und/oder politischer Handlungsauftrag – 162
8.7.3	Lösungsfindungsprozess – 163
8.7.4	Lösungsbeschreibung – 165
8.7.5	Fördernde und behindernde Faktoren bei der Realisierung – 166
8.7.6	Fazit und Empfehlungen – 167

8.8 Kinderleicht zum Kindergeld in der Hansestadt Hamburg – 168

8.8.1	Gesellschaftliche Herausforderung – 168
8.8.2	Gesetzlicher und/oder politischer Handlungsauftrag – 169
8.8.3	Lösungsfindungsprozess – 169
8.8.4	Lösungsbeschreibung – 173
8.8.5	Fördernde und behindernde Faktoren bei der Realisierung – 174
8.8.6	Fazit und Empfehlungen – 175

8 Good-Practice-Beispiele öffentlicher Verwaltungen

Da Theorie schön und gut ist, in der Praxis jedoch schlussendlich nur Praxiserfahrungen zählen, sah das Konzept dieses Buchs von Beginn an vor, dass die Theorie von den praktischen Erfahrungen aus unterschiedlichen öffentlichen Verwaltungen ergänzt werden sollte. Diese wurden in Form von Interviews dokumentiert. So konnte eine gewisse Vergleichbarkeit der unterschiedlichen Projekte erzielt werden. Alle potentielle Interviewpartnerinnen und -partner wurden mit der gleichen E-Mail angeschrieben:

Betreff: Innovative Praxisbeispiele für das Buchprojekt *Digitaler Wandel in der öffentlichen Verwaltung bewältigen*
Sehr geehrte Frau xxx, sehr geehrter Herr yyy
Der digitale Wandel fordert die öffentlichen Verwaltungen – insbesondere in den föderalen Strukturen der deutschsprachigen Länder Mitteleuropas. Im Buchprojekt *Digitaler Wandel in der öffentlichen Verwaltung bewältigen* werden einerseits der digitale Wandel und die besonderen Herausforderungen für die öffentlichen Verwaltungen beschrieben und auch theoretische Handlungsempfehlungen abgeleitet, andererseits sollen auch konkrete Praxisbeispiele beschrieben werden, die anderen Akteuren als Beispiel dienen können. Diese Praxisbeispiele werden alle mit der gleichen Struktur (diese dient im Sinn eines Interviewleitfadens auch als Basis für die Informationserhebung) beschrieben:
- Gesellschaftliche Herausforderung bzw. Problembeschreibung
- Gesetzlicher Auftrag
- Lösungsfindungsprozess
- Lösungsbeschreibung
- Erschwerende und förderliche Faktoren bei der Realisierung
- Fazit und Empfehlungen

Sie haben mit XXX eine solche innovative Lösung, die ich gern in meinem Buch beschreiben möchte. Wären Sie bereit, mir für ein halbstündiges Gespräch zur Verfügung zu stehen, damit wir über die verschiedenen Aspekte der Realisierung Ihrer Lösung sprechen könnten? Für meine Lesenden wäre es sicherlich äußerst interessant.
Im Buch werde ich Ihre Aussagen weder kommentieren noch sonstwie eine weitere Aussage dazu machen. Selbstverständlich können Sie auch den Text vor der Drucklegung gegenlesen und Änderungswünsche nennen. Gern würde ich Sie auch als Person für weiterführende Fragen (der Lesenden) im Buch nennen (und damit natürlich auch deutlich machen, dass Sie der Experte für diese Fragestellung sind).
Für weitere Informationen stehe ich Ihnen gern jederzeit zur Verfügung.

Matthias Meyer
Dozent
FHNW-Hochschule für Wirtschaft
Institut für Nonprofit und Public Management
CH-4052 Basel ◄

Um eine große Ausgewogenheit zu erhalten, waren je fünf Praxisbeispiele aus Deutschland, Österreich und der Schweiz vorgesehen. Durch den Besuch des Zukunftskongresses Staat & Verwaltung 2019 in Berlin und die persönlichen Kontakte zu Preisgewinnern des eGovernment-Wettbewerbs 2019 war der Autor sehr zuversichtlich, nicht nur inhaltlich vielfältige Good-Practice-Beispiele zu finden, sondern auch eine regionale Ausgewogenheit zu erreichen. Leider wurde er eines Besseren belehrt:

Die Good-Practice-Beispiele aus der Schweiz waren sehr schnell zusammen. Es war beeindruckend, wie offen und bereitwillig die Angeschriebenen der Teilnahme zustimmten. Innerhalb weniger Tage nach der Anfrage konnten die Interviews jeweils geführt werden. Aus Deutschland und Österreich kamen leider kaum Antworten auf die Anfrage. Trotz verschiedener Anläufe (zuerst über die Projektleitenden, dann über die Medienstellen und zum Schluss über die Kanzlei) konnte der Autor nur zu drei Projekten in Deutschland und zu einem Projekt in Österreich einen Kontakt aufbauen:

— Zum ersten Projekt in Deutschland konnte ein Interview mit der zuständigen Fachabteilung (Projektleitenden) geführt werden. Allerdings wurde die Publikation des in erster Instanz (Fachabteilung) genehmigten Interviews dann vom Bundeskanzleramt mit der Begründung untersagt, sie gäben nie Interviews für wissenschaftliche Arbeiten.
— Beim zweiten Projekt in Deutschland konnte der Autor den vereinbarten Termin zweimal nicht einhalten (Verzögerungen von 15 Min.), danach war das genehmigte Zeitfenster für das Interview jeweils zu und kein weiterer Kontakt mehr möglich.
— Das dritte Projekt „Kinderleicht zum Kindergeld" können Sie in diesem Buch nachlesen (► Abschn. 8.8).
— Für das Projekt aus Österreich gab der zuständige Landesamtsdirektor seine Zustimmung. Allerdings war danach weder per E-Mail noch per Telefon eine Kontaktaufnahme zu dem mit der Terminvereinbarung beauftragten Mitarbeitenden möglich.

So wurden noch zwei weitere Projekte aus der Schweiz in diese Publikation aufgenommen.

8.1 · Cardossier

Dieser sehr unterschiedliche Umgang mit externen Anfragen zwischen den drei Ländern ist äußerst spannend und der Autor wagt die These, dass ein stark zentralistisch ausgerichteter föderaler Staat wie Österreich schneller und umsetzungsstärker auf Neuerungen reagieren kann (▶ Kap. 4), dass jedoch bei einem starken Wettbewerb innerhalb der föderalen Ebenen, wie er in der Schweiz stattfindet, offener auf Wünsche von außen reagiert wird. Diese kulturellen Unterschiede vertiefter zu analysieren, wäre sicherlich spannend und auch lehrreich.

8.1 Cardossier

Interviewpartner
Dr. Martin Sprenger, Präsident des Vereins cardossier, Stabsbereichleiter Fachservices und Personal Strassenverkehrsamt des Kantons Aargau
Länzert 2, 5503 Schafisheim
Kontakt: +41 62 886 22 95, martin.sprenger@ag.ch
▶ www.cardossier.ch

8.1.1 Gesellschaftliche Herausforderung

Der Occasionshandel zählt zu den intransparentesten Märkten überhaupt. Dies ist durch die wissenschaftliche Literatur gut belegt. Deshalb hat die Universität Zürich nach Wegen gesucht, wie die Historien gebrauchter Fahrzeuge sicher dokumentiert werden können. Zuerst wurde ein Tool gesucht, mit dem man die Merkmale und die Historie eines Fahrzeugs transparent darlegen kann. Daraus entstand dann die Idee, mit einem sog. Cardossier den Lebenslauf eines Fahrzeugs lückenlos in einer Blockchain festzuhalten und diese Informationen spezifischen Kunden zur Verfügung zu stellen. Diese Idee führte dann zu weiteren Aspekten, die den Einbezug staatlicher Stellen bewirkten: Mit einer einzigen Datenbank aller Fahrzeuggrundinformationen können sehr viele Prozesse zwischen Amtsstellen auf kantonaler und Bundesebene, aber auch zwischen den Ämtern und den privaten Dienstleistungsanbietern automatisiert werden. Zudem würde die Qualität der Fahrzeugdaten deutlich verbessert, was auch zu einer Qualitätssteigerung der verschiedenen Dienstleistungen führt. So wurde aus der ursprünglichen Idee einer App für den Gebrauchtwagenkäufer ein Projekt mit klarem Business-to-Business-Ansatz.

8.1.2 Gesetzlicher und/oder politischer Handlungsauftrag

Die kantonalen Stellen haben zwar den Auftrag, die entsprechenden Daten zu verarbeiten und Dienstleistungen (wie die Fahrzeugzulassungen) anzubieten, die auf den Fahrzeugdaten basieren, der gesetzliche Auftrag, diese Daten zur Verfügung zu stellen, liegt jedoch beim Bund. Dieser muss eine Datenbank mit den entsprechenden Angaben zu Fahrzeugen und Lenkern zur Verfügung stellen. Diese Datenbank wird dann von den Kantonen bewirtschaftet. Diese Datenbank heißt IVZ – Informationssystem Verkehrszulassung. Sie hat aber viel weniger Informationen zu den Fahrzeugen als das Cardossier.

8.1.3 Lösungsfindungsprozess

Die Universität Zürich ist mit der Projektidee auf unterschiedliche Partnerorganisationen zugegangen und hat so die Basis für ein KTI-Projekt (heute InnoSuisse, Anm. des Autors) gelegt. Mit den Vertretern der Partnerorganisationen wurde dann die Idee so weiterentwickelt, dass dann die Innovationsförderung des Bundes die Umsetzung mitfinanzierte. Ein KTI-Projekt bringt einen Umsetzungspartner (Firma AdNovum), die wissenschaftlichen Partner (Universität Zürich und Hochschule Luzern) sowie verschiedene Praxispartner (Straßenverkehrsamt Kt. AG, AXA Versicherung, Mobility Genossenschaft und die AMAG) zusammen, um gemeinsam die angestrebte Lösung zu erarbeiten. Dabei bringt jede Partnerorganisation ihr Know-how, aber auch ihre Bedürfnisse an das neue Produkt mit ein.

Die Hauptakteure im KTI-Projekt waren die AdNovum Informatik AG, die v. a. die technische Seite entwickelte, und die Universität Zürich, die die Geschäftsmodelle beschrieb und die administrativen Aufgaben übernahm. Dabei konnten sich die anderen Praxispartner mehr oder weniger einbringen und steuerten v. a. ihre Fachkenntnisse bei.

Da ein KTI-Projekt eine zeitliche Befristung hat, wurde parallel ein Verein gegründet, der das Know-how des Projekts bewahren und weiterentwickeln soll. Dieser Verein versteht sich auch als Start-up-Unternehmen, das das Projekt weiterführt und voranbringt. Dem Verein sind weitere Partner beigetreten, sodass das ursprüngliche Projekt nun von rund 25 staatlichen und privaten Organisationen getragen wird.

8.1 · Cardossier

Der Verein hat das Ziel, die mit der Blockchain-Technologie gespeicherten Daten den Partnerorganisationen zur Verfügung zu stellen. Die Partnerorganisationen sind dann frei, an den entsprechenden Schnittstellen eigene Softwarelösungen zu entwickeln und so die Fahrzeugdaten zu nutzen. Es wird angestrebt, dass alle Organisationen, die die Fahrzeugdaten nutzen wollen, auch Mitglied im Verein werden. So wird eine breite Trägerschaft erzielt und alle Partnerorganisationen können ihre Interessen vertreten.

Die Entwicklungsfirma AdNovum stellt immer noch die technische Seite sicher.

8.1.4 Lösungsbeschreibung

Gestartet wurde mit der Entwicklung eines sog. Basic Records. Dieser Basisdatensatz hat 19 unterschiedliche Felder. Nun wurden in einem ersten Schritt die Daten von 11,8 Mio. Fahrzeugen in diesem Basisdatensatz erfasst. Im April 2020 wurde dieser Datensatz dann den Partnerorganisationen zugänglich gemacht und diese können ihrerseits ihre Anwendungen mit den Daten des Basisdatensatzes betreiben. Die Strategie des Cardossiers ist jedoch, dass alle Daten des Certificate of Confirmity (CoC) eines Fahrzeugs als Felder des Basisdatensatzes definiert sind. Dieses CoC ist fahrzeugabhängig und enthält sämtliche Angaben zu einem produzierten Fahrzeug. Dies würde z. B. den Straßenverkehrsämtern ermöglichen, die Immatrikulationsprozesse der Fahrzeuge zu automatisieren.

Aber auch die anderen Partnerorganisationen benötigen die Angaben aus dem CoC: Wenn ein Fahrzeug versichert werden soll, werden eine Auswahl der CoC-Daten benötigt, der Importeur muss bei der Verzollung eine andere Auswahl der CoC-Daten für das Fahrzeug angeben, die Straßenverkehrsämter verwenden wiederum eine andere Auswahl der CoC-Daten usw. Deshalb bilden die Daten des CoC die kleinste Schnittmenge eines gemeinsamen Datenpools. Darauf basiert der strategische Entscheid, dass das CoC die Basis für die Datenstruktur des Cardossiers bilden soll (◘ Abb. 8.1).

Die verschiedenen Partnerorganisationen haben bereits eigene Lösungen, die die Daten aus dem Cardossier verwenden. Diese Applikationen entwickeln sie jedoch unabhängig von den anderen Mitgliedsorganisationen und in eigener Verantwortung. Sie stellen natürlich einen Wettbewerbsvorteil gegenüber anderen Organisationen der gleichen Branche

☐ **Abb. 8.1** Vehicle Ecosystem in einer Blockchain-Mobilität (Cardossier.ch)

dar und deshalb sind diese Entwicklungen im Moment noch wichtige Geschäftsgeheimnisse.

Gleichzeitig treibt der Verein Cardossier in Zusammenarbeit mit den Mitgliedsorganisationen die Weiterentwicklung der Basisdatensatzstruktur voran, damit möglichst schnell die Daten des CoC komplett erfasst werden können.

8.1.5 Fördernde und behindernde Faktoren bei der Realisierung

Eine große Herausforderung für den Verein als Start-up ist sicherlich die Finanzierung der umfangreichen Entwicklungsarbeit und der notwendigen Infrastruktur. Die erste Etappe konnte über das KTI-Projekt teilfinanziert werden, aber bereits da haben die Mitgliedsorganisationen einen großen Beitrag in Form von Eigenleistungen erbracht.

Wie bei vielen IT-Projekten stellt der Entwicklungszeitplan eine weitere, große Herausforderung dar. Schlussendlich wird deutlich mehr Zeit benötigt, die verschiedenen Entwicklungsstufen so zu erreichen, wie es ursprünglich geplant war.

Die Vereinsstruktur ist eine weitere Herausforderung: Die Mitglieder müssen sich aktiv beteiligen, damit sich im Verein etwas bewegt. Ohne das Engagement der Mitglieder findet auch keine weitere Entwicklung statt. Selbstverständlich gibt es aktivere und passivere Mitglieder. Aber der Vorstand muss immer alle Mitglieder motivieren und Anreize schaffen, sich an der Weiterentwicklung zu beteiligen – sei dies finanziell, aber auch mit Know-how und persönlicher Zeit.

Die Regierung des Kantons Aargau ist an neuen Technologien und daher auch an diesem Thema interessiert. Deshalb ist eine grundsätzliche Unterstützung für das Projekt vorhanden. Gleichzeitig sind das Projekt und die verwendete Blockchain-Technologie sehr komplex und schwierig zu verstehen.

8.1.6 Fazit und Empfehlungen

Eine wichtige Empfehlung aus dem bisherigen Projektverlauf betrifft die sinnvolle Zusammenarbeit öffentlicher Ämter mit privaten Organisationen. Denn es gibt Probleme, die kann eine Organisation, egal ob privat oder staatlich, nicht allein lösen. Man muss diese Probleme auch nicht allein lösen und deshalb ist ein gemeinsames Vorgehen sehr sinnvoll und hilfreich. Die öffentliche Verwaltung profitiert durch das gemeinsame Vorgehen zudem von der höheren Dynamik, die private Organisationen aufweisen.

Als weitere Erkenntnisse aus dem Projekt können die Notwendigkeit einer gewissen Furchtlosigkeit gegenüber neuen Technologien und der Mut zu Innovationen genannt werden. Auch staatliche Organisationen müssen etwas Neues wagen und das Risiko des Scheiterns eingehen. Innovationen voranzutreiben ist wahrscheinlich nicht die Kernkompetenz staatlicher Organisationen, es wäre aber durchaus denkbar, dass es eine Kernaufgabe des Staates ist.

Bei der Entwicklung dieser innovativen Idee hat sich die Partnerschaft zwischen der Wissenschaft (Universität Zürich und Hochschule Luzern) und der Praxis bewährt. Die Praxispartner konnten mit ihrer Kompetenz die Lösungen vorantreiben und dem Projekt viel Energie geben. Ohne die Praxispartner wäre das Projekt voraussichtlich wissenschaftlich fundiert entwickelt, aber nie realisiert worden.

» Interview geführt durch Matthias Meyer am 05. März 2020
  Bericht fertig verfasst durch Matthias Meyer am 26. März 2020
  Bericht genehmigt durch Martin Sprenger am 01. April 2020

8.2 Digitaler Dorfplatz

> **Interviewpartner**
> Joel Singh, CEO
> Crossiety, CH- 8800 Thalwil
> Kontakt: +41 43 255 92 92, hallo@crossiety.ch

8.2.1 Gesellschaftliche Herausforderung

Der digitale Dorfplatz basiert auf der Idee, dass mit der zunehmenden Digitalisierung aus Sicht der Bewohnerinnen und Bewohner einer Gemeinde in Bezug auf das soziale Dorfleben in vier Hauptfeldern Bedürfnisse entstanden sind:
1. Wie kann ich bezüglich meiner Anliegen mit der Gemeinde digital kommunizieren und erhalte in Echtzeit auch eine Antwort oder zumindest Unterstützung hinsichtlich meines Anliegens?
2. Wie kann ich mich ehrenamtlich – vorzugsweise in Projekten oder in der Nachbarschaftshilfe – engagieren, ohne eine langfristige Verpflichtung eingehen zu müssen?
3. Wie finde ich bestehende Angebote (Vereine, Veranstaltungen usw.) im Dorf?
4. Wie kann ich mich generell im Dorf besser (digital) vernetzen, aber auch Gegenstände ausleihen oder verleihen, Kontakte und Gleichgesinnte treffen, Meinungen bilden usw.?

Schlussendlich stellen diese vier Themenfelder die klassischen Grundbedürfnisse des sozialen Austauschs in einem Dorf dar. Da die Strukturierung des Alltags und die terminliche Tagesplanung immer individueller und deshalb unterschiedlicher werden, soll die Deckung dieser Bedürfnisse nun in die digitale Welt transferiert (oder gerettet) werden.

Dabei soll das Dorfleben nicht neu strukturiert werden, sondern die Strukturen, die schon vorhanden sind, sollen eine Stärkung erfahren. Die Lösung soll auch die lokalen Vereine unterstützen, jüngere Menschen und deren Engagementbereitschaft einzubinden. Denn jüngere Menschen lehnen ein Engagement nicht per se ab, sie möchten sich tendenziell einfach nicht mehr in festen (Vereins-)Strukturen engagieren. Mit der Plattform sollen deshalb auch die vielen lokalen Projekte und Initiativen, die es gibt, besser sichtbar gemacht werden.

Aufbauend auf diesen Bedürfnissen kristallisierte sich dann die Idee eines digitalen Dorfplatzes heraus; die Idee

8.2 · Digitaler Dorfplatz

einer bestehenden und funktionierenden Gesellschaft, in der man sich gegenseitig hilft und in der die Gemeindeverwaltung ein Player von vielen ist. Das Zentrum bilden jedoch die Einwohnerinnen und Einwohner; die Behörden und Institutionen, wie die Schule, gehören natürlich genauso dazu wie die vielen Vereine, Gewerbebetriebe und alle anderen Interessensgemeinschaften.

Da die Bewohnerinnen und Bewohner im Zentrum der neuen digitalen Plattform stehen, wird der Schutz der persönlichen Daten sehr groß geschrieben. Bewusst wurde deshalb auch auf Werbung als Finanzierungsquelle verzichtet. In der Folge ist dann die Gemeinde als Finanzierende der Lösung in den Fokus gerückt. Somit musste die Software eine Lösung für die Bedürfnisse der Gemeinde insgesamt bieten, z. B. aktivierend auf das Gemeindeleben wirken und eine Plattform für attraktive Angebote für junge Familien offerieren. Die Software muss das Zuhause-in-der-Gemeinde-sich-wohl-fühlen-Gefühl der Bewohnerinnen und Bewohner fördern. Und da es ein Angebot der Gemeinde, also vom Staat ist, haben alle Beteiligten einen besonders hohen Anspruch an den Datenschutz und den verantwortungsvollen Umgang mit den Daten der Bewohnerinnen und Bewohner.

Und genauso wie die Gemeinde das Wohlbefinden der Bewohnerinnen und Bewohner fördern möchte, wird sie auch die Geschäftstätigkeit des lokalen Gewerbes unterstützen wollen. Deshalb wurde in die Plattform auch die Möglichkeit eingebaut, dass sich das lokale Gewerbe präsentieren kann. So wurde die Plattform zu einem Instrument, das die lokale Vernetzung zwischen der Gemeinde (Staat) und den Bewohnerinnen und Bewohnern, den Vereinen und dem lokalen Gewerbe fördert – sozusagen ein virtueller Dorfplatz, wo man sich trifft.

Die Initianten haben dann schnell gemerkt, dass sie mit ihrer Idee auf ein großes Bedürfnis bei den Gemeinden stoßen. Allerdings war vonseiten der Gemeinden dann häufig die Herausforderung, dass kein passender Budgetposten für eine solche neue Lösung (es gab ja nichts Vergleichbares und deshalb auch keine Kostenstelle, unter der Ausgaben für die Plattform hätten verbucht werden können) vorhanden war. Häufig musste deshalb die nächste Budgetrunde abgewartet werden, bis entsprechende Gelder gesprochen werden konnten.

Eine weitere Herausforderung war für die Initianten, dass sie natürlich die Kosten möglichst tief halten und gleichzeitig ein Preiskonzept entwickeln mussten, das alle Gemeinden gleich behandelt. Dies war mit den vielen kleinen Gemeinden in der Schweiz gar nicht so einfach. Zusammen mit den

Gemeinden konnten sie sich dann auf ein Modell mit einem fixen Grundsockel und einem variablen Anteil, der sich nach der Gemeindegröße richtet, verständigen. So kommt schlussendlich ein Betrag zustande, der für jede Gemeinde tragbar ist.

Natürlich hängt der Erfolg der Plattform davon ab, was bereits an Aktivitäten in der Gemeinde vorhanden ist. Wenn in den letzten 20 Jahren nichts gelaufen ist, wird dies auch die Plattform nicht wirklich ändern können: Auch mit einer neuen digitalen Lösung ist es schwierig, etwas das nicht vorhanden ist, zu aktivieren. Aber wenn bereits Aktivitäten in der Gemeinde vorhanden sind, dann kann die Plattform diese sehr stark und nachhaltig unterstützen: So, dass Angebote und Aktivitäten effizienter gestaltet und auch viel schneller den Bewohnerinnen und Bewohnern kommuniziert werden können.

8.2.2 Gesetzlicher und/oder politischer Handlungsauftrag

Mit den konkreten gesetzlichen Grundlagen mussten sich die Initianten nicht beschäftigen. Vonseiten der Gemeinden war jedoch deutlich das Bedürfnis spürbar, ein Instrument zu erhalten, das die transparente und einfache Kommunikation zu Bürgerinnen und Bürgern ermöglicht. Die Transparenz der Behörde in Bezug auf die eigene Tätigkeit ist vonseiten der Bevölkerung ein wachsendes Bedürfnis und natürlich müssen die Milizpolitikerinnen und -politiker gegenüber ihrer Wählerschaft auch berichten. Zudem ist spürbar, dass sich die Bevölkerung deutlich stärker für das Gemeindeleben engagiert, wenn von offizieller Seite Transparenz herrscht.

8.2.3 Lösungsfindungsprozess

Die Initianten haben sich als Start-up organisiert. Bei Start-ups gibt es ein klassisches, anerkanntes Vorgehen: Zuerst wird ein Minimum Viable Product (MVP) erstellt. Mit diesem minimal funktionsfähigen Prototyp versucht man, Interessenten zu gewinnen, die eine Pilotphase unterstützen. Beim digitalen Dorfplatz hat sich eine größere Gemeinde im Kanton Zürich bereit erklärt, die Entwicklung zu begleiten. Anschließend wurde die Plattform nach den Vorstellungen der Initianten entwickelt. Dabei wurden immer wieder Rückmeldungen von verschiedenen Gemeindevertretern eingeholt und bei der Entwicklung berücksichtigt. Parallel wurden weitere Gemeinden gewonnen, die Pilotphase zu begleiten.

Als die Grundbasisplattform stand, wurde sie den Gemeinden zur Verfügung gestellt. Als die Bevölkerung erste Versuche auf der Plattform unternahm, konnten die Entwickler Erfahrungen sammeln und Teile der Plattform wurden neu programmiert. In mehreren solchen Durchläufen wurde die Plattform aufgrund der Rückmeldungen im praktischen Gebrauch weiterentwickelt, bis sie den heutigen Stand hatte. Im Laufe dieses Prozesses wurden die Gemeinden dann auch zu Kunden des Start-ups und steuerten weitere Ideen bei: So konnten der Abfallkalender oder ein Umfragetool integriert werden, mit dem die jeweilige Gemeinde konkret die Ansichten der Bevölkerung erheben kann. Auf diese Weise konnten die Kunden sehr stark die Funktionalität der Plattform mitgestalten und eigene Bedürfnisse einbringen. Schlussendlich ist die heutige Plattform in einem sehr engen Zusammenspiel zwischen dem Start-up und den Gemeinden entwickelt worden. Dennoch: Der eigentliche Treiber blieb immer das Start-up als Technologiehersteller.

Als Partner aufseiten der Gemeinden ist v. a. die Gemeindeschreiberin oder der Gemeindeschreiber eine Schlüsselperson für Innovationen. Ohne deren Unterstützung geht gar nichts. Auch die Gemeindepräsidentin respektive der Gemeindepräsident muss hinter dem Projekt stehen und es politisch in der Öffentlichkeit vertreten. Daneben gibt es ganz viele Multiplikatoren, die ein solches Projekt in ihre Netzwerke hineintragen müssen und so etwas wie Botschafterinnen und Botschafter für die neue Lösung sind. Allerdings ist die formelle Zuständigkeit von Gemeinde zu Gemeinde verschieden und bei jeder neuen Kundin müssen die verschiedenen Kommunikationskanäle zwischen Gemeinde und Herstellerfirma neu definiert werden. Gerade in größeren Gemeinden mit eigenen Kommunikationsverantwortlichen liegt die Kommunikation von Gemeinde zur Bevölkerung in der Hand dieser Fachpersonen und diese nutzen dann die Plattform intensiv für ihre Aufgaben.

8.2.4 Lösungsbeschreibung

Das Start-up heißt Crossiety, der Name ist aus den Begriffen „cross" und „society", abgeleitet worden. Die entwickelte Plattform hat den Namen Digitaler Dorfplatz erhalten. Und auf dieser Plattform gibt es zwei Bereiche: zum einen den Dorfplatz und andererseits die Gruppen für Vereine, Institutionen, Siedlungen usw.

Der Dorfplatz ist der Datenstream der eigenen Wohngemeinde. Diesen kann man auf allen gängigen Geräten, also PC, Desktop und auf dem Laptop z. B., auf dem Tablett, aber auch als App auf dem Smartphone haben. Gerade auf dem Smartphone ist der Datenfluss interessant, weil man zusätzlich auch Push-Nachrichten von der Gemeinde erhalten kann. So kann schnell kommuniziert werden. Die App und die mobilen Geräte werden die Zukunft des digitalen Marktplatzes sein. Bereits heute läuft ein Großteil des Verkehrs der Plattform über die App. Am Anfang war dies anders, aber heute will die Bevölkerung eindeutig eine einfache Kommunikation über eine App. Und die Plattform ist eigentlich nichts anderes als eine lokale und vertrauenswürdige Vernetzungsplattform.

Die Gruppen sind für Vereine und andere Gemeinschaften angelegt. Diese können innerhalb des von ihnen definierten Kreises (Mitglieder, Bewohnende einer Siedlung usw.) kommunizieren. So haben die Nutzenden der Plattform einen doppelten Nutzen: Zum einen erhalten sie die offiziellen und öffentlichen Informationen des Dorfplatzes und haben in der App zugleich Zugriff auf die Kommunikation in ihren lokalen Gruppen.

Dabei ist die Plattform Digitaler Dorfplatz nicht auf eine Gemeinde beschränkt. Sie ist gleichzeitig eine Regionenlösung. Da alle Gemeinden, die den Digitalen Dorfplatz einsetzen, mit der gleichen Plattform arbeiten, gibt es viele Synergieeffekte für die Gemeinden. Und die Bevölkerung kann sich auch anzeigen lassen, was in der Nachbargemeinde gerade geschieht.

Damit dies funktioniert, kontrollieren Mitarbeitende von Crossiety (die Community Manager), ob die Einträge wirklich eine lokale Relevanz haben. Beiträge ohne lokalen Bezug werden gelöscht. So können der lokale Bezug und das Gemeinschaftsgefühl in der Region gestärkt werden.

Eine weitere Besonderheit der Plattform ist die hohe Bedeutung, die der Vertrauenswürdigkeit geschenkt wird. Dabei wird einerseits auf die Vertrauenswürdigkeit der Plattform hoher Wert gelegt; andererseits ist aber auch die Vertrauenswürdigkeit der Nutzenden der Plattform sehr wichtig. Um ersteres zu erreichen, werden die Daten in der Schweiz gespeichert. Das ist zwar für Crossiety etwas aufwendiger und teurer, aber es ist ein wichtiger Mehrwert, der den Gemeinden

8.3 · Umweltdatenportal-EnVIS des Kanton Aargau

und ihrer Bevölkerung geboten wird. Um die Vertrauenswürdigkeit der Nutzenden zu erhöhen, wurde eine doppelte Identifikation eingeführt. Alle an der Plattform Teilnehmenden müssen sich mittels E-Mail und Mobiltelefonnummer identifizieren. Dadurch kann nicht anonym gepostet werden – alle registrierten Teilnehmenden sind identifizierbar.

Dabei ist die verwendete Technologie für die Plattform relativ verbreitet und auch sehr stabil. Technologisch ist der digitale Dorfplatz eine Social Media-Plattform, wie viele andere auch. Dabei wurde bewusst darauf verzichtet, eine eID mit dem Digitalen Dorfplatz zu verknüpfen: Es ist bis heute noch sehr unklar, in welche Richtung die eID in der Schweiz geht.

8.2.5 Fördernde und behindernde Faktoren bei der Realisierung

Für das Projekt in der jeweiligen Gemeinde war es immer sehr gut, wenn eine Gemeinde sehr aktiv bei der Verbreitung der Plattform mitgewirkt hat und sie einen guten Draht zu den Vereinen hatte und diese von Anfang an mit dabei sein konnten. Dann konnte schon nach wenigen Wochen eine sehr gute lokale Verbreitung der Plattform beobachtet werden. Zudem braucht es innerhalb der Gemeinde Personen, die eine Offenheit gegenüber neuen Ansätzen haben und fortschrittlich denken. Bei den Gemeinden, die heute auf Crossiety zugehen und den Digitalen Dorfplatz einführen möchten, ist dies meist gegeben.

Hinderlich sind sicherlich die fixen Abläufe innerhalb des Entscheidungsprozesses einer Gemeinde. Da vergeht schon einmal ein halbes oder gar ganzes Jahr, bis dann über eine Mitwirkung beim Digitalen Dorfplatz abgestimmt werden kann.

> Interview geführt durch Matthias Meyer am 03. April 2019
> Bericht fertig verfasst durch Matthias Meyer am 26. Juli 2019
> Bericht genehmigt durch Joel Singh am 03.12.2019

8.3 Umweltdatenportal-EnVIS des Kanton Aargau

Interviewpartner
Christophe Lienert, Dr., Fachbereichsleiter
Kanton Aargau, Dep. Bau, Verkehr und Umwelt
Abteilung Landschaft und Gewässer, Fachbereich Hydrometrie
seit 17. Februar 2020
Geschäftsleiter des Lenkungsausschuss Intervention Naturgefahren
Bundesamt für Umwelt Bern
Kontakt: +41 58 469 88 42, christophe.lienert@bafu.admin.ch

8.3.1 Gesellschaftliche Herausforderung

Der Bund, die Kantone und auch die Gemeinden erheben im Umweltbereich viele unterschiedliche Daten. Allerdings ist für die Bevölkerung viel zu wenig sichtbar und somit zu wenig klar, welche Informationen im Umweltbereich überhaupt gemessen werden und somit vorhanden sind. Diese Intransparenz war aus Sicht des Projektverantwortlichen eine gesellschaftliche Herausforderung: Die Bevölkerung sollte Kenntnis davon haben, was überhaupt gemessen wird und wovon Daten vorliegen. Zu Beginn des Projekts wussten auch die Projektleitenden nicht, welche Daten überhaupt verfügbar sind und haben bei den verschiedensten Stellen die Erhebung von Umweltdaten identifiziert. Diese Daten wurden in einem zweiten Schritt in Echtzeit über das Internet öffentlich zugänglich gemacht.

8.3.2 Gesetzlicher und/oder politischer Handlungsauftrag

Als Leiter des Fachbereichs der Hydrometrie und des Hochwasserpikettdiensts hat der Projektleiter klare gesetzliche Aufträge von unterschiedlichen, die Gewässer regelnden Gesetzen. Diese verpflichten ihn u. a., Daten in hoher Qualität in einem Messnetz zu erheben. Die Daten müssen in einem Informationssystem geführt und auch mit anderen Behörden auf unterschiedlichen föderalen Ebenen ausgetauscht werden können. Ein expliziter gesetzlicher Auftrag, diese Daten der Öffentlichkeit zur Verfügung zu stellen, liegt hingegen nicht vor.

8.3.3 Lösungsfindungsprozess

Die Gewässerdaten werden über ein verzweigtes Messnetz erhoben und anschließend in einer zentralen Datenbank gespeichert. Auf diese Datenbank greift ein Informationssystem zu und stellt ausgewählte Daten auf eine Visualisierungsplattform. So kann sich die Öffentlichkeit über Temperatur, Fließgeschwindigkeiten oder Pegelstände einzelner Gewässer informieren. Diese Infrastruktur sollte nun für andere Umweltdaten (z. B. Luftqualität) aus anderen Messnetzen genutzt und so alle Umweltdaten zusammengeführt und über die gleiche Visualisierungsplattform öffentlich zugänglich gemacht werden.

Zu Beginn wurde relativ viel Zeit investiert, um zu definieren, welche Daten integriert werden sollen. Technisch gibt es keine Grenzen, deshalb müssen die Systemgrenzen aufgrund von inhaltlichen Überlegungen definiert werden. Technisch möglich wären z. B. auch statistische Daten oder Mobilitätsdaten. Weil dann die inhaltliche Konsistenz nicht mehr gegeben gewesen wäre, wurde das System auf Umweltdaten begrenzt: Boden, Wasser, Luft. Durch diese Fokussierung wurden sechs Partnerorganisationen identifiziert, die zur Teilnahme am Projekt überzeugt werden sollten.

Mit dieser Ausgangslage wurde gestartet und der Kontakt zu den Verantwortlichen der anderen Messnetzwerke gesucht. Je mehr von diesen verantwortlichen Personen für die Idee gewonnen werden konnten, desto deutlicher wurde die Notwendigkeit eines Vorgehens innerhalb einer Projektstruktur. Schlussendlich entstand ein IT-Projekt mit einem Vor- und anschließenden Umsetzungsprojekt auf Basis von HERMES. Der ganze Prozess wurde jeweils Schritt für Schritt über die Linie genehmigt, sodass die notwendigen Ressourcen besprochen wurden.

Die Gewinnung der potenziellen Datenlieferanten lief sehr stark über die persönlichen Kontakte und Beziehungen zwischen den Fachpersonen in den beteiligten Ämtern. Die persönliche Kontaktaufnahme und das individuelle Vorstellen der Projektidee war zwar zeitintensiv, brachte aber auch den gewünschten Erfolg, da so die anderen Verantwortlichen für Umweltmessreihen für eine Teilnahme gewonnen werden konnten und zustimmten, Daten auf eine gemeinsame Plattform zu liefern.

Da die Verantwortlichen der unterschiedlichen Datenreihen verschiedenen Departementen angehören, half die beschriebene pragmatische innerverwaltliche Vorgehensweise sehr. Die einzelnen Verantwortlichen der verschiedenen Messnetze wurden direkt, sozusagen von Fachperson zu Fachperson, kontaktiert und die Idee einer gemeinsamen Veröffentlichung der Messwerte wurde vorgestellt. Wichtig bei der Überzeugungsarbeit war die Zusicherung, dass neu einzubindende Messnetze ihre Arbeitsweisen nicht verändern müssen und dass diese durch die gemeinsame Plattform eine größere Sichtbarkeit erhalten.

Ein weiterer Erfolgsfaktor waren die kleinen Erfolge, die schnell erzielt werden konnten: Die Verantwortlichen der einzelnen Messnetze konnten ihre Daten ohne großen Aufwand in die gemeinsame Plattform einpflegen und dann den Erfolg des Überblicks über alle Messdaten erleben.

Dabei haben die ersten Kontakte schon 2013 stattgefunden. Eine erste Version der gemeinsamen Datenplattform konnte dann 2015 aufgeschaltet werden. Diese Datenplattform wurde mit einem Innovationspreis der Verwaltung des Kantons Aargau ausgezeichnet. Diese Anerkennung war für die Initianten eine wichtige Bestätigung, dass ihre Idee richtig war und sie diese weiter vorantreiben sollten. Diese erste Version der Plattform war allerdings noch nicht für mobile Geräte ausgelegt. Für die Initianten war aber von Anfang an klar, dass die Plattform auch von mobilen Geräten genutzt werden können musste. Die mobile Lösung verzögerte sich dann aufgrund verwaltungsinterner Abstimmungen bezüglich mobiler Auftritte des Kantons um über ein Jahr.

Parallel zu diesen inhaltlichen Arbeiten wurden auch die notwendigen internen Anträge verfasst, die die notwendigen Ressourcen für dieses Projekt sicherstellten. Da das gesamte Volumen des Projekts überschaubar blieb, konnten sämtliche Entscheidungen innerhalb des eigenen Departements gefällt werden: Das Projekt wurde bewusst im Rahmen der Budgetkompetenz des Departementsvorstehers (gewählter Regierungsrat) gehalten. Für die technische Umsetzung konnte mittels Ausschreibung nach Einladungsverfahren im Vorprojekt eine passende Partnerfirma gefunden werden. Zusätzlich war aber auch sehr viel Eigenleistung und auch relativ viel eigenes Umsetzungswissen des Initiators notwendig.

8.3.4 Lösungsbeschreibung

Als Endprodukt ist genau das entstanden, was die Initianten sich erhofft haben: Es gibt ein Datenportal (▶ www.ag.ch/envis), auf dem alle Umweltdaten (Wasser, Luft, Boden, Agronomie usw.) interaktiv auf einer Karte in Echtzeit angezeigt werden (◌ Abb. 8.2). So kann der Bevölkerung gezeigt werden, welche Umweltdaten der Staat erhebt. Gleichzeitig erhält diese auch den Zugriff auf die aktuellen Daten: Über das Internet kann z. B. nach einem Gewitter nachvollzogen werden, wie sich der Pegelstand und die Fließgeschwindigkeit

8.3 · Umweltdatenportal-EnVIS des Kanton Aargau

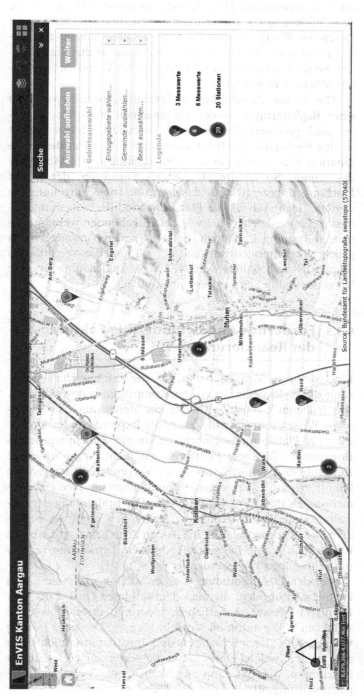

Abb. 8.2 Karte der Plattform ENVIS mit unterschiedlichen Messstationen (ENVIS.CH)

eines Bachs verändert haben oder wie sich die Bodentemperatur während einer Hitzeperiode verändert. Da aktuell die Sensibilisierung für Umweltthemen sehr hoch ist, werden die Daten der Plattform von der breiten Öffentlichkeit rege genutzt und auch die Politik interessiert sich für die Umweltdaten. Somit konnte mit diesem Projekt die Vision der Initianten verwirklicht werden.

Das in der Projektphase aufgebaute Angebot wird von einer Begleitgruppe, in der die einzelnen Messnetze vertreten sind, gesteuert. Es wird auch diskutiert, ob das Projekt in eine Fachstelle überführt werden soll, die dann die Koordination aller – auch zukünftig einzubindenden – Messnetze übernimmt. So könnte als weiterer Parameter, der in der Plattform angezeigt wird, das Lärmmessnetz aufgenommen werden. Technisch ist die Plattform modular aufgebaut, sodass neue Parameter relativ leicht eingebunden werden können. Aufwendig ist jedoch, dass bei neuen Parametern das gleiche Datenmodell verwendet wird und die vereinbarten Standards beibehalten werden. Diese Angleichung braucht bei neuen Parametern extrem viel Zeit.

8.3.5 Fördernde und behindernde Faktoren bei der Realisierung

Eine wichtige Voraussetzung für die erfolgreiche Umsetzung dieses Projekts waren die Kompetenzen des Initiators. Aus früheren Tätigkeiten hat er ein breites, auch IT-technisches Wissen mitgebracht, das er als Experte bei der Umsetzung der Plattformidee einbringen konnte. Zudem wurde das Engagement für diese Plattform, das nicht direkt zu seinen Kernaufgaben gehörte, von seinen Vorgesetzten getragen. So konnte er parallel zu seinen Kernaufgaben die Idee einer gemeinsamen Plattform vorantreiben. Die Einbindung der verwaltungsinternen IT-Abteilung stellte sich dann als besondere Herausforderung dar, die jedoch auch gemeistert werden konnte. So konnte die ganze technische Umsetzung verwaltungsintern bewältigt werden.

Bei der Lösungsfindung war es wichtig, dass die neuen Partnerinstitutionen, die auch Umweltdaten (z. B. Luft oder Lärm) in Messnetzen erheben, innerhalb ihres Messnetzes weiterhin völlig autonom handeln können. Die neue Lösung verändert an deren Prozessen und Infrastruktur nichts. Sie entscheiden, welche Daten sie in die gemeinsame Datenbank überführen, auf die dann anschließend die Visualisierungsplattform zugreift.

Die offene und direkte Kommunikationskultur zwischen den Fachexperten der unterschiedlichen Organisationseinheiten war sicherlich auch ein förderlicher Faktor. So konnte gemeinsam eine Lösung erarbeitet werden, ohne dass formale, organisationale Hemmschwellen überwunden werden mussten.

Eine besondere Herausforderung waren sicherlich auch die Ressourcenfragen: Zu Beginn des Projekts gab es keine Ressourcen, die für das Projekt formell gesprochen worden sind. Das Projekt basierte deshalb vollständig auf Eigeninitiative der involvierten Verantwortlichen für die unterschiedlichen Messnetze. Erst mit der Zeit und der gestiegenen externen und internen Anerkennung erhielt die Plattform auch einen offiziellen Status.

8.3.6 Fazit und Empfehlungen

Für den Initiator von ENVIS ist ein wichtiges Fazit, dass man die Digitalisierung in der öffentlichen Verwaltung v. a. selbst mitgestalten soll. Es ist aus seiner Sicht wichtig, sich die Freiräume für die eigenen Ideen zu suchen oder auch zu schaffen und nicht darauf zu warten, bis etwas von oben angestoßen wird. Als verantwortlicher Fachexperte hätte er die Idee von ENVIS nie angehen müssen, er wusste aber, dass eine solche Plattform ein gesellschaftliches Bedürfnis sein wird und er hatte die Fachexpertise, eine Lösung für dieses Bedürfnis zu entwickeln.

Der digitale Wandel wird nicht nur top-down gelingen; die Inhalte des digitalen Wandels müssen auch von den Fachexperten mit Visionen kommen und dann von diesen auch vorangetrieben werden. Häufig bedeutet dies allerdings auch, dass sehr viele eigene Ressourcen und sehr grosses individuelles Engagement notwendig sind. Der Lohn stellt sich jedoch in der Befriedigung für ein erfolgreiches Produkt ein, das man als Fachexperte verantwortet.

> Interview geführt durch Matthias Meyer am 11. März 2019
> Bericht fertig verfasst durch Matthias Meyer am 19. Februar 2020
> Bericht genehmigt durch Christophe Dr. Lienert am 21.02.2020

8.4 Blockchain und Bitcoin in der Stadt Zug

Interviewpartner
Martin Würmli, Stadtschreiber
Stadtkanzlei Stadt Zug
Kontakt: +41 41 728 21 04, martin.wuermli@stadtzug.ch

8.4.1 Gesellschaftliche Herausforderung

Vor einiger Zeit stellte der Stadtrat der Stadt Zug fest, dass sich in den vergangenen Monaten verschiedene Firmen in der Stadt Zug niedergelassen oder auch gegründet hatten, die auf die Blockchain-Technologie spezialisiert sind. Zu diesem Zeitpunkt gab es die aktuelle öffentliche Aufmerksamkeit für das Thema Blockchain oder Bitcoin noch nicht und auch der Stadtrat hatte kaum Erfahrungen damit. Deshalb stellte sich für den Stadtrat die Frage, wie geht er mit dieser Situation um: Es entstand in der Stadt Zug anscheinend eine Spezialisierung für eine neue Technologie, über die er noch wenig wusste und auch nicht abschätzen konnte, was durch diese Entwicklung auf die Stadt Zug zukommen wird. Daraufhin hatte der Stadtrat einen Studenten eingeladen, der ihm die Technologie und verschiedene Anwendungsmöglichkeiten vorstellte. Als Folge der Beschäftigung mit dem Thema Blockchain realisierte der Stadtrat, dass sich dieses Thema zu einer Unique Selling Proposition (USP) der Stadt Zug entwickelte. Er überlegte deshalb, welche Blockchain-Themen auf die Verwaltungen zukommen werden. Dabei wurde bewusst ein agiler Ansatz gewählt: mit der Anwendung von Blockchain-Lösungen wollte der Stadtrat Erfahrungen und Wissen sammeln.

Relativ spontan wurde der Entschluss gefasst, ab Juli 2016 die damals am weitesten verbreitete Kryptowährung Bitcoin für Zahlungen in der Höhe von max. 100,00 CHF für Dienstleistungen in der Einwohnerkontrolle zu akzeptieren. Die Umsetzung war dank der Unterstützung einer lokalen Firma sehr einfach. Mit diesem neuen Angebot wurde ein sehr großes, internationales Medieninteresse ausgelöst: Plötzlich war die Stadt Zug die erste Gemeinde auf der Welt, die eine Kryptowährung als Zahlungsmittel akzeptierte. Durch die positiven Erfahrungen mit dieser Blockchain-Anwendung in der öffentlichen Verwaltung hat sich dann das nächste Projekt ergeben. Die politische Executive, aber auch die Verwaltungsangestellten der Stadt Zug konnten sich Wissen über die Technologie aneignen und sich so weitere Anwendungsfelder vorstellen: Die Verwaltung ist in ihrer Funktion vielfach nichts anderes als ein Intermediär, die Blockchain-Technologie macht Intermediäre in vielen Fällen jedoch überflüssig.

8.4 · Blockchain und Bitcoin in der Stadt Zug

Deshalb kam man in der Stadt Zug dann schnell zur Frage: Wo noch könnte eine Blockchain-Lösung die Verwaltung entlasten oder sogar ersetzen?

Aufgrund des hohen medialen Interesses am Bitcoin-Projekt sind sehr viele Anbieter und Investoren auf die Stadt Zug zugegangen, um Lösungen zu verkaufen oder mit der Stadt Zug zu entwickeln. Diese Anfragen erschienen inhaltlich nicht passend oder verlangten ein zu großes Engagement der Stadt Zug. Die Hochschule Luzern hatte dann mit dem Thema digitale Identitäten eine spannende Idee: Bisher hatte die Stadt Zug für diese Schnittstelle zwischen der realen und der digitalen Welt noch keine Lösung.

Für die Verantwortlichen der Stadt Zug war jedoch klar, dass sie eine solche Lösung nicht selbst entwickeln können. Sie können jedoch Anwendungspartner für private Firmen, aber auch für die Hochschule sein. Deshalb hat die Stadt Zug dann entschieden, sich an dem Projekt zu beteiligen, indem sie den kleinen Teil der Zertifizierung der e-ID verantwortet. Und mit der vertieften Auseinandersetzung mit diesem Thema wurde schnell deutlich, dass weitere für die Stadt Zug interessante Themen folgen, z. B. dass man Fahrräder mit seiner e-ID ausleihen oder Blockchain-basierte Befragungen durchführen kann. Der große Vorteil der Blockchain-Technologie ist für die Verantwortlichen der Stadt Zug, dass die Bürgerinnen und Bürger immer die Hoheit über die eigenen Daten behalten. Und natürlich kann die Stadt mit diesen weiteren Aktivitäten auch zeigen, dass sie sich als Gemeinde mit diesen Themen beschäftigt und so ihre USP als Gemeinde des Krypto-Valleys weiterentwickelt.

8.4.2 Gesetzlicher und/oder politischer Handlungsauftrag

Die Verantwortlichen der Stadt Zug benötigten für ihre Aktivitäten keine zusätzliche gesetzliche Basis. Die Aktivitäten und auch die Projektbudgets sind in einem Rahmen geblieben, der vom Stadtrat entschieden werden darf. Ganz bewusst haben sie den operativen, innovativen Spielraum genutzt, der der Verwaltung gegeben ist. Natürlich hat es im Parlament Anfragen zu den Blockchain-Aktivitäten der Stadt Zug gegeben. Diese politischen Diskussionen im Parlament wurden von den Verantwortlichen der Stadt Zug jedoch begrüßt, da sie so die Gelegenheit erhielten, aufzuzeigen, was in Angriff genommen wurde und warum.

8.4.3 Lösungsfindungsprozess

Bei allen Projekten der Stadt Zug ist klar, dass sie nicht die Entwicklerin ist. Die Stadt Zug kann höchstens Entwicklungspartnerin oder Unterstützerin einer Anwendung sein. Deshalb sind die Verantwortlichen der Stadt Zug nicht von einem zu lösenden Problem ausgegangen und haben eine Lösung dafür entwickelt, sondern es war eher der umgekehrte Weg. Initiative Firmen oder die Hochschule sind auf die Stadt Zug zugegangen und haben ihr auf der Suche nach einem Praxispartner die jeweilige Lösung vorgestellt. Diese Lösungen hatten immer Pilotprojektcharakter und bei einer Teilnahme am Projekt ging es immer auch darum, etwas Neues auszuprobieren und damit Erfahrungen zu sammeln. Dabei stand nicht die Absicht im Vordergrund, interne Abläufe zu optimieren oder Prozesse stark zu verändern. Stattdessen sollte ein Diskussions- und Lösungsbeitrag zu der jeweiligen Fragestellung geleistet werden. So vertritt die Stadt Zug in der Herangehensweise an die eID eine dezidiert andere Haltung als die Eidgenossenschaft mit ihrer aktuell vom nationalen Parlament verabschiedeten Swiss-Id-Lösung. Die Verantwortlichen der Stadt Zug vertreten die klare Haltung, dass der Staat bei der Vergabe von eID deutlich erkennbar sein müsse und der Bürgerin oder dem Bürger die Möglichkeit gegeben werden muss, individuell die eigenen Daten zu verwalten. Diese Haltung wird im Sinn von Teilhabe an der politischen Diskussion und gesellschaftlichen Gestaltung auch bei Medienanfragen vertreten. Denn die eID hat auch viel mit Identität zu tun: Der physische rote Schweizerpass wird in Zukunft an Bedeutung deutlich verlieren und die digitale Identität an Bedeutung gewinnen.

8.4.4 Lösungsbeschreibung

Die Lösung der digitalen Identität basiert auf der Freeware-Software von uPort (▶ www.uPort.me). uPort ist ein Identitätsdienstleister und hat seinen Sitz in Zug. Es gibt eine App für iOS und für Android. In dieser können verschiedene Identitätsattribute (z. B. Adresse und Geburtsdatum) festgehalten werden. Welche Identitätsattribute verwendet werden sollen, ist vom Benutzer frei wählbar. Diese Identitätsattribute werden anschließend in einem QR-Code verschlüsselt. Die Gemeinde nutzt beim persönlichen Vorsprechen auf dem Amt diesen QR-Code zur Überprüfung der Angaben in den Identitätsattributen. Wenn die Gemeinde die Angaben bestätigt, wird diese Bestätigung in der Blockchain hinterlegt. Und solange es keine Veränderung in den Identitätsattributen gibt, gilt die Bestätigung und der Benutzer kann sich mit der von der Gemeinde bestätigten Identität ausweisen – analog wie auch digital. Wenn dagegen in den Attributen etwas geändert wird, dann fällt die Bestätigung weg. Die Identitätsattribute selbst sind nicht in der Blockchain gespeichert, diese

8.4 · Blockchain und Bitcoin in der Stadt Zug

Daten verbleiben auf dem Mobiltelefon der oder des Nutzenden. Als weiteres Merkmal dieser Lösung werden von den Benutzenden immer nur gerade diejenigen Daten freigegeben, die für die jeweilige Transaktion benötigt werden. Wenn man z. B. die eigene Schuhgröße für den Schuhkauf im Internet hinterlegt hat, dann wird diese bei einem Einkauf in einer Weinhandlung nicht gebraucht und auch nicht kommuniziert.

Obwohl die Stadt Zug viele Anfragen von Personen hat, die nicht in der Stadt Zug wohnen, können an dieser Lösung nur in der Stadt Zug Wohnende partizipieren. Für weitere Aktivitäten mit der Zuger eId, wie das Ausleihen von Fahrrädern, spielt der QR-Code eine zentrale Rolle. Der Code wird gescannt und so erfährt die Stadt, wer ein Fahrrad ausleihen möchte. Und auch bei den Befragungen im Internet melden sich die Benutzenden mittels QR-Code an und einem biometrischen Merkmal (z. B. Fingerprint) an. Bei solchen Befragungen können relativ schnell Meinungen der Bevölkerung abgeholt werden. Dabei gibt es sehr viel mehr Frage-Antwort-Möglichkeiten als bei analogen Abstimmungen: In der Befragung können Sprünge eingebaut (z. B. wenn die Frage a mit Ja beantwortet wird, springt das System gleich zur Frage d und überspringt die Fragen b und c), auch kann nach Prozentzahlen oder Gewichtungen gefragt werden. Zudem sind solche Befragungen relativ kostengünstig und so kann das Instrument der Bevölkerungsbefragung häufig eingesetzt werden. Die Antworten werden in der Blockchain gespeichert, wobei die Stadt Zug nicht nachvollziehen kann, wer wie abgestimmt hat. Die Nutzenden können jedoch immer wieder ihre Meinungsäußerung, aber auch deren Verwendung im Abstimmungsergebnis, nachvollziehen.

8.4.5 Erschwerende und behindernde Faktoren bei der Realisierung

Für die Verantwortlichen der Stadt Zug war es eher erschwerend, dass sie bei sämtlichen Projekten die Pionierrolle hatten. Deshalb mussten sie immer wieder erläutern und sich rechtfertigen, weshalb sie sich überhaupt in diesem Bereich engagieren. Noch 2016 waren Bitcoin, Blockchain oder die eId Themen, mit denen sich nur ganz wenige auskannten. Und die Akzeptanz für diese Neuerungen war nicht weit verbreitet. Heute können die Verantwortlichen der Stadt Zug feststellen, dass sich eine breite Akzeptanz und auch verbreitet ein Verständnis für die Anwendungen der neuen Technologien entwickelt hat.

Die größte Herausforderung stellt sich heute darin, dass die Pionierphase langsam zu Ende geht und sich die Frage nach dem Wie-weiter stellt: Soll man die eigene eId auf alle Dienstleistungen der Stadt Zug anwenden oder erhält das kritisierte Konkurrenzprodukt SwissID dank der Marktmacht schnell eine große Verbreitung. Damit ist natürlich auch die Frage verbunden, ob nun nach der Pionierphase weiter in eigene Produkte investiert oder die Pionierphase als Lern- und Erfahrungsphase gewertet werden soll, die weitere Digitalisierung jedoch mit Standardprodukten von der Stange geschieht?

8.4.6 Fazit und Empfehlungen

Die Stadt Zug würde rückblickend die gleichen Entscheidungen wieder treffen und als Pionier vorausgehen. Denn auch die Verwaltung hat in den letzten drei bis vier Jahren einen Prozess durchgemacht und hat heute ein anderes Wissen über und eine andere Haltung zu digitalen Lösungen. Aus Sicht der Stadt Zug ist es wichtig, dass eine Verwaltung auch lernen kann, dass sie etwas Ausprobieren und Fehler machen darf. Obwohl diese Ansicht nicht besonders verbreitet ist und unter Verwaltungsmitarbeitenden v. a. das Credo herrscht, keine Fehler machen zu dürfen. Natürlich wird bei großen Projekten viel geplant, damit dann sicherlich alles gut verläuft. Dies birgt aber die Gefahr, dass die Lösung dann bei der Realisation technologisch schon wieder veraltet ist. Um dieser Gefahr vorzubeugen, soll die Verwaltung – nicht in allen Bereichen – aber gerade in unkritischen Bereichen mit Kundenkontakt pionierhaft handeln können, und dabei sowohl mit der Privatwirtschaft zusammenarbeiten, als auch diese bei der Entwicklung von Lösungen als Anwendungspartner begleiten.

Dabei ist es aus Sicht der Stadt Zug sehr wichtig, dass man sich inhaltlich nicht verzettelt. Im Rahmen von Smart-City-Entwicklungen sind ganz viele Anwendungen denkbar. Hier kann nicht eine Stadt Pionier für alle Anwendungen sein, sondern sollte sich auf die Bereiche konzentrieren, die für die eigenen Bürgerinnen und Bürger besonders viele Vorteile bringen. Bei der Stadt Zug entwickelte sich eine Kompetenz im Bereich Blockchain und diese soll auch in Zukunft weiterentwickelt werden.

Im bisherigen Prozess rund um die eID konnte aber auch gelernt werden, dass die eigene (bessere) Lösung aufgrund von Marktmacht oder politischen Entscheidungen von anderen Lösungen abgelöst wird. Dies zeigt, dass man als Verwaltung zwar offen und innovativ sein kann, am Schluss aber andere Faktoren als die Qualität der eigenen Lösung darüber entscheiden, welche Lösung sich schlussendlich durchsetzt.

» Interview geführt durch Matthias Meyer am 23. März 2019
Bericht fertig verfasst durch Matthias Meyer am 09. Juni 2019
Bericht genehmigt durch Martin Würmli am 11. Juni 2019

8.5 Digitale Wasserzähler der Dorfgenossenschaft Menzingen

Interviewpartner
Othmar Trinkler, Präsident der Dorfgenossenschaft Menzingen
Neudorfstrasse 16, 6313 Menzingen
Kontakt: +41 41 755 25 92, praesident@dgm-menzingen.ch

8.5.1 Gesellschaftliche Herausforderung

Die Dorfgenossenschaft Menzingen ist seit 1894 für die Wasserversorgung eines großen Teils der Gemeinde Menzingen zuständig. Die Verwaltung arbeitet ehrenamtlich, wobei die Arbeit entschädigt wird. Eine Genossenschaft bewegt sich immer im Spannungsfeld zwischen ehrenamtlichem Engagement und den verfügbaren Ressourcen der Genossenschafterinnen respektive Genossenschafter und den ökonomisch tragbaren, finanzierbaren Strukturen. Dabei dürfen der Werterhalt respektive die Erneuerung der gesamten Anlagen nicht vernachlässigt werden.

Vor 30 oder 40 Jahren konnten die verschiedenen Zähler in den Häusern noch viel einfacher abgelesen werden: Mehrfamilienhäuser standen immer offen und bei den Einfamilienhäusern war meistens jemand zu Hause. Bereits seit einiger Zeit sind die Mehrfamilienhäuser geschlossen und selbst wenn man klingelt, erhält man keinen Zutritt. Bei den Einfamilienhäusern sind häufig die Bewohnenden tagsüber außer Haus. Deshalb wurde nach einem anderen Weg des Zählerstandablesens gesucht: Vor rund zehn Jahren hat man die Möglichkeit geschaffen, dass die Hauseigentümer im Internet den Zählerstand selbst eintragen. Dies wurde dann für 60–70 % der Zähler auch genutzt. Diese Lösung brachte eine gewisse Entlastung. Da jedoch alle Hauseigentümer angeschrieben werden mussten und die säumigen Zählerbesitzenden gar ein zweites Mal, war der administrative Aufwand doch immer noch sehr erheblich. Zudem konnten die Daten nicht medienbruchfrei weiterverarbeitet werden. Sie wurden mehrfach von Hand von einem System in das nächste (z. B. Buchhaltungs- und Verrechnungssystem) übertragen.

Weiterhin wurde zudem reihum rund ein Drittel der Zähler von Hand abgelesen. Dazu musste der Mitarbeiter z. T. bis zu viermal bei dem jeweiligen Haus klingeln, bis er endlich jemanden antraf. Dies ist natürlich ein enormer Aufwand, um schlussendlich eine Rechnung für den Wasserverbrauch im Wert von vielleicht 150,00 CHF zu schreiben. Deshalb wurde der Wunsch nach einem anderen Erfassungssystem stärker.

Zudem hat der schweizerische Konsumentenschützer vor rund zehn Jahren bemängelt, dass die Genauigkeit der älteren Wasseruhren nicht befriedigend ist. Allerdings haben dann Tests bei diesen älteren Wasserzählern gezeigt, dass sie eher zu wenig als zu viel anzeigen, also zuungunsten der Wasserwerke arbeiten. Schlussendlich wurde der Branche die Empfehlung gegeben, Wasserzähler alle 10–20 Jahre auszuwechseln. Die Gemeinde Menzingen erlebte vor rund 40 Jahren ihren ersten Bauboom. Und in den damals gebauten Gebäuden sind vielfach noch die ersten Wasserzähler in Betrieb. Deshalb musste sich die Genossenschaft damit beschäftigen, sehr viele Wasserzähler in den nächsten Jahren auszuwechseln. Dies bedeutet Investitionskosten von rund 220.000,00 CHF, was für die Genossenschaft, die jährlich für die Wassergebühren rund 375.000,00 CHF einnimmt, ein erheblicher Betrag ist.

8.5.2 Gesetzlicher und/oder politischer Handlungsauftrag

Die Dorfgenossenschaft ist von der Gemeinde Menzingen beauftragt worden, die Wasserversorgung im Dorf sicherzustellen und bei den Verbrauchenden die entsprechenden Gebühren zu erheben. Dabei hat sie möglichst effektiv und effizient vorzugehen.

8.5.3 Lösungsfindungsprozess

Nachdem die Entscheidung getroffen wurde, die alten Zähler auszuwechseln, wurde auf dem Markt evaluiert, welche Zähler heute angeboten werden und wie die Erfahrungen mit diesen sind. Der Lieferant der alten Zähler bietet magnetisch-induktive Hauswasserzähler an, die bezüglich des Einbaus und des Verschleißes sehr viel unproblematischer als die alten Flügelradzähler sind. Zudem funkt dieser Zähler alle paar Sekunden kodierte und verschlüsselte Werte, die auf der Straße mit einem geeigneten Empfänger erfasst werden können. Deshalb kann der Ableser langsam auf einer Straße entlangfahren und erhält die Zählerstände der jeweiligen Wasseruhren automatisch in sein mobiles System eingelesen. Das Auslesesystem ordnet dann die empfangenen Werte automatisch den jeweiligen Gebäuden zu und meldet auch die Gebäude, deren Werte nicht empfangen werden konnten.

Mit diesem neuen System haben bereits einige Gemeinden gute Erfahrungen gemacht. Deshalb konnte die Genossenschaftsversammlung dann überzeugt werden, einen Wechsel der Wasserzähler in Angriff zu nehmen.

8.5.4 Lösungsbeschreibung

Es wurde beschlossen, die neuen Wasserzähler über drei Jahre verteilt zu installieren. Durch diese Wasserzähler, die die Daten mittels Funkverbindung übertragen, kann der Ableseaufwand deutlich reduziert werden. Allerdings werden die Daten im System des Zählerherstellers gespeichert und von dort auch weiterverarbeitet. Man gibt sozusagen die Daten aus der Hand und macht sich von Dritten abhängig. Allerdings überwiegt der Vorteil, dass nun keine Medienbrüche mehr auftreten und die Verbrauchswerte automatisiert in den Rechnungsstellungsprozess übernommen werden können. Dies entlastet die Verwaltung deutlich. Gleichzeitig wird der Prozess zeitlich sehr verkürzt. Bisher wurde mit Akontorechnungen und Schlusszahlung gearbeitet. Voraussichtlich wird mit den neuen Prozessen auf Rechnungen mit dem tatsächlichen Verbrauch umgestellt werden können, was natürlich für die Verwaltung wiederum eine Entlastung bedeutet und den Kunden den Vorteil bringt, dass sie den tatsächlichen Verbrauch gleich bezahlen.

Zudem konnte die Fehlerquote deutlich gesenkt werden. Die alten Wasseruhren waren z. T. sehr verwinkelt eingebaut und sehr schlecht abzulesen. Da wurde leicht eine Sechs mit einer Neun verwechselt. Solche Fehler konnten aufgrund der Abweichung des Wasserverbrauchs zu den früheren Jahren z. T. aufgedeckt werden (Abweichungen von plus/minus 20 % wurde nachgegangen) und haben dann aufwendige Nachfragen erfordert. Dies fällt jetzt weg.

Bewusst und proaktiv wurde mit dem Thema Strahlenbelastung durch die Funkwellen umgegangen: Die Haushalte wurden über die geringe Funkstärke der Wasseruhren informiert und die Installateure speziell hinsichtlich dieses Themas geschult.

8.5.5 Fördernde und behindernde Faktoren bei der Realisierung

Bisher haben alle Hauseigentümer dem neuen Wasserzähler zugestimmt. Niemand hat wegen der Funkstrahlen darauf bestanden, dass ein Wasserzähler mit der alten Technologie eingebaut wird.

Der ökonomische Vorteil und die genaueren Ergebnisse haben sehr für diese Lösung gesprochen.

8.5.6 Fazit und Empfehlungen

Es lohnt sich auch für eine kleine Organisation, dass man sich nach neuen Wegen umschaut. Gerade auch Versorgungsorganisationen, die nur ein Medium (Wasser, Gas usw.) haben, können davon profitieren. Jedoch ist es umso interessanter, je mehr Verbrauchszähler man miteinander kombinieren kann und die Daten aller Zähler dann auf die gleiche Art und Weise verarbeitet.

> Interview geführt durch Matthias Meyer am 05. März 2020
> Bericht fertig verfasst durch Matthias Meyer am 19. März 2020
> Bericht genehmigt durch Othmar Trinkler am 20. März 2020

8.6 Zugriff auf die eigenen Daten mit Zuglogin des Kanton Zug

Interviewpartner
Rudolf Gisler, IT-Sicherheitsbeauftragter/IT-Architekt
Amt für Informatik und Organisation (AIO) des Kanton Zug
Kontakt: +41 41 728 51 04, rudolf.gisler@zg.ch

8.6.1 Gesellschaftliche Herausforderung

Die Verwaltung des Kantons Zug hat eine lange Tradition im kundennahen Bearbeiten von Verwaltungsgeschäften. Diese Kundennähe und die Offenheit für Kundenbedürfnisse sind wichtige Faktoren im Standortwettbewerb und werden in jeder Strategie des Regierungsrats des Kantons Zug betont. Im Zuge der ständigen Verbesserung des Kundendiensts wollte das Amt für Informatik und Organisation (AIO) den externen Kunden den Zugriff auf die eigenen Geschäftsfälle genauso ermöglichen wie den internen Kunden (z. B. Steuerverwaltung). Privat- und Geschäftskunden sollten auf eine sichere Art und Weise ihre Geschäftsfälle online bearbeiten können (ein Steuerkonto wird analog wie ein Bankkonto betrachtet) und Zahlungen, eingereichte Unterlagen oder Steuererklärungen verwalten, aber auch den Stand der Bearbeitung durch die Verwaltung einsehen können. Die Steuerverwaltung hatte dieses Angebot soweit schon vorbereitet, es fehlte ihr jedoch eine sichere Lösung für die Anmeldung bzw. Identifikation der Kunden.

Nun hätte man speziell für die Steuerverwaltung ein solches Anmelde- bzw. Identifikationsverfahren im Sinn einer Einzellösung entwickeln können. Da aber das gleiche Bedürfnis (sichere Identifikation und Anmeldung) auch bei anderen staatlichen Dienstleistungen vorhanden ist, wurde dann eine Lösung entwickelt, die für die gesamte kantonale Verwaltung und auch für die Verwaltungen der elf Zuger Gemeinden zum Einsatz kommen kann. So ist aus technologischer Sicht eine Identifikationslösung entstanden, der einzelne digitale Dienstleistungen (z. B. Einwohnerkontrolle, Steuerverwaltung, Straßenverkehrsamt usw.) nachgeschaltet werden können.

8.6.2 Gesetzlicher und/oder politischer Handlungsauftrag

Bis zu diesem Zeitpunkt gab es keine gesetzlichen Bestimmungen, die den individuellen Zugriff auf die eigenen Daten, die Möglichkeit einer elektronischen Unterschrift oder auch Datenschutz- respektive Datensicherheitsaspekte geregelt hätten. Die entsprechenden Gesetze waren 60 Jahre alt oder älter und stammten somit aus einer Zeit, als die öffentliche Verwaltung analog und manuell/mechanisch gearbeitet hat. Deshalb musste der entsprechende gesetzliche Rahmen erst geschaffen werden. Dies hätte für jeden Tätigkeitsbereich der Verwaltung einzeln gemacht werden können (z. B. im Steuergesetz oder in der Straßenverkehrsverordnung). Sinnvoller erschien jedoch, diese Grundlagen grundsätzlich und für alle kantonalen und gemeindlichen Verwaltungsgeschäfte einheitlich und zentral zu regeln. Deshalb wurde das Verwaltungspflegegesetz, also das Gesetz über den Rechtsschutz in Verwaltungsgeschäften, BGS 162.1, entsprechend angepasst. Um sicherzugehen, dass alle Geschäftsfälle durch das neue Gesetz abgedeckt werden, wurden zuerst die Schnittstellen zwischen Kunden und der Verwaltung analysiert: Wie wird kommuniziert? Welche Geschäfte gibt es?

Die Kunden haben im Prinzip drei unterschiedliche Geschäftsarten, die vorkommen können:

- Sie möchten eine Eingabe oder Anfrage machen, für die es keine gesetzlich gesicherte Unterschrift braucht;
- dann gibt es die Eingaben, für die es eine gesetzlich verbindliche Unterschrift braucht und
- schlussendlich möchten sie auf ihre eigenen Daten zugreifen.

Umgekehrt hat auch die Verwaltung unterschiedliche Klassifikationen von Dokumenten, die den Kunden zur Verfügung gestellt werden können:
- Auskünfte oder Informationen zu Anfragen (ohne rechtliche Konsequenzen)
- Entscheidungen (mit rechtlichen Konsequenzen und dem Anbieten des rechtlichen Gehörs)

Im neuen Gesetz mussten nun diese Kommunikationskanäle neu geregelt werden, sodass in Zukunft auch die elektronische Kommunikation möglich ist.

8.6.3 Lösungsfindungsprozess

In den verwaltungsinternen Diskussionen herrschte schnell Einigkeit, dass eine zukünftige Lösung in der Öffentlichkeit nur dann Akzeptanz findet und politisch nur dann eine Chance hat, wenn weiterhin glaubhaft dargelegt werden kann, dass die für ein Geschäft zuständigen Mitarbeitenden nur Zugriff auf diejenigen Daten haben, die für die direkte Erfüllung der Aufgaben notwendig sind. Die Akzeptanz der Zuger Bevölkerung für einen „gläsernen Bürger" wurde als sehr gering eingestuft (trotz der großen Vorteile, die eine solche Lösung aus technischer und praktischer Sicht hätte).

Zudem wurde im Vorfeld abgeklärt, wie die Verwaltung mit einer solchen Lösung am meisten Geld sparen könnte. Dabei wurde relativ bald deutlich, dass digitale Eröffnungen zuhanden von Bürgerinnen und Bürgern wie auch von Unternehmen den Aufwand der Behörde, aber auch die externen Kosten (Porto, Papier, Druck usw.) stark reduzieren würden. Das Einsparungspotenzial der Behörde bei eingehenden Schriftstücken ist dagegen weniger groß. Einzig bei einer automatisierten Weiterverarbeitung und einer Erfassung von Daten durch Bürgerinnen und Bürger sind ökonomische, aber auch qualitative Vorteile absehbar: Bei der Kommunikation von extern zur Behörde überwiegen jedoch die Vorteile für die Kundinnen und Kunden durch den 7/24-h-Betrieb.

Aus technischer Sicht war ziemlich früh klar, dass die Lösung auf einer Identity- und Access-Management-Lösung

8.6 · Zugriff auf die eigenen Daten mit Zuglogin des Kanton Zug

basieren muss. Denn die Kundinnen und Kunden, die sich beim System anmelden, müssen eindeutig identifiziert werden können, damit sie nach dem Anmelden in der Fachanwendung (z. B. Straßenverkehrsamt, Sozialamt) mit den richtigen Daten (z. B. Autoverkehrsschildnummer, Sozialversicherungsnummer) verknüpft werden können. Zudem wurde die Lösung von Beginn an so geplant, dass für natürliche Personen die gleichen Strukturen verwendet werden können wie für juristische Personen. Somit hat das Portal nur die Funktion, die Personen zu identifizieren und ihnen zusätzlich das rechtsverbindliche Unterschreiben zu ermöglichen. Zudem wurde der Ansatz der Life Cycles gewählt, d. h. die Berührungsprozesse der natürlichen und juristischen Personen (z. B. Geburt, Gründung, Wegzug usw.) mit der kantonalen Verwaltung wurden analysiert. Auf Basis dieser Analyse wurde dann das Pflichtenheft für die neue Lösung geschrieben und anschließend wurden gezielt über zehn Lieferanten angefragt, die bereits Identity- und Access-Management-Lösungen umgesetzt hatten, und um eine Offerte für die Realisation mit einer Standard-Identity-und-Access-Management-Lösung gebeten. Mit dem Fokussieren auf bestehende Lösungen und dem gleichzeitigen Ausschluss der Möglichkeit, eine eigene Pilotlösung zu entwickeln, sollte das Risiko von größeren Umsetzungsproblemen reduziert werden. Bewusst wurde das Projekt nicht öffentlich ausgeschrieben: Aus Sicherheitsgründen sollte verhindert werden, dass weltweit vertiefte Kenntnisse über die interne IT-Struktur und Schnittstellen zirkulieren. Das anschließende Auswahlverfahren wurde mit dem gleichen Prozess wie bei einer öffentlichen Vergabe durchgeführt.

Zwar wurde von Anfang an eine Lösung angestrebt, die von unterschiedlichen kantonalen und gemeindlichen Verwaltungseinheiten (also über die föderalen Strukturen hinweg) genutzt werden kann. Diese Lösung wurde jedoch konsequent aus Sicht der Benutzenden analysiert (und nicht aus Sicht der Verwaltungseinheiten). So kam auch nicht die Situation auf, dass die einzelnen Verwaltungseinheiten spezifische Wünsche an die Softwaregestaltung anbringen konnten (selbstverständlich konnten sie dies bezüglich der individuellen Schnittstellen zwischen der Identifizierung und der Fachanwendung, siehe auch ◘ Abb. 8.3). Bei einem anderen IT-Projekt der kantonalen Verwaltung hat der Wunsch, es allen Verwaltungsstellen recht machen zu wollen, zum Fiasko geführt.

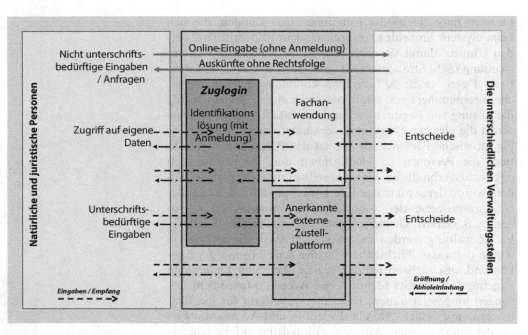

☐ Abb. 8.3 Einbettung der Identifikationslösung Zuglogin in den digitalen Zugriff auf Verwaltungsanwendungen. (Eigene Darstellung auf Basis von © Gisler, 2018. All Rights Reserved)

8.6.4 Lösungsbeschreibung

Zuglogin ist eine Benutzeridentifikationslösung, die den Zugriff auf kantons- und gemeindeeigene Fachanwendungen freigibt. Benutzende melden sich bei Zuglogin an und erhalten über dieses Portal Zugriff auf verschiedene, sie betreffende Daten und Anwendungen (eKonto der Steuerverwaltung, elektronische Einsprachen per Onlineformular, Versand von elektronischen Bescheinigungen, z. B. Wohnsitzbestätigungen der Gemeinden). Durch die bei der Anmeldung erfolgte eindeutige Benutzeridentifikation ist in den einzelnen Fachanwendungen auch das elektronische Unterschreiben möglich (vollständige Einreichung der elektronischen Steuererklärung, in der Fachanwendung LAWIS des Landwirtschaftsamts); zudem kann das System sowohl von verwaltungsinternen wie auch -externen Anwendern genutzt werden.

Aufgrund der reinen Identifizierungslösung können in Zukunft die Verwaltungsstellen des Kantons, aber auch der Gemeinden die Benutzendenidentifikation für ihre Softwarelösungen mittels Zuglogin lösen. Das System ist unendlich erweiterbar (☐ Abb. 8.3).

8.6 · Zugriff auf die eigenen Daten mit Zuglogin des Kanton Zug

Aufgrund der hohen Anforderungen an die Benutzendenidentifikation stellte das Log-Management, aber auch die Schnittstelle zu den Benutzenden eine besondere aber bereits in früheren Softwareanwendungen gelöste Herausforderung dar. Da man als Benutzende bei einer Lösung eines Problems (z. B. vergessenes Passwort) nicht einfach den Helpdesk anrufen kann, ist einsichtig, dass die Benutzendenbetreuung (Helpdesk) eine besondere Aufmerksamkeit erfordert. Deshalb ist eine solche Lösung gerade in den Bereichen Sicherheit und Überprüfbarkeit der Nutzendenaktivitäten deutlich aufwendiger und auch im Betrieb kostenintensiver. Gelöst wurde diese Herausforderung auch mit dem Ansatz einer hohen Usability aus Sicht der natürlichen und juristischen Personen: Um die Anforderungen der zukünftigen Nutzenden zu ergründen, wurde extra eine externe Studie in Auftrag gegeben.

Die vorliegende Identifikationslösung bietet nun allen Verwaltungsstellen auf kantonaler und gemeindlicher Ebene die Möglichkeit, die eigenen Fachanwendungen oder Plattformen einzubinden und so die Möglichkeiten des digitalen Zugriffs auf die eigenen Daten, die Möglichkeit, unterschriftsbedürftige Eingaben zu tätigen oder Eröffnungen oder Entscheide digital abzuholen, zu nutzen. Ob, wann und in welchem Umfang die besagten Verwaltungsstellen von dieser Möglichkeit Gebrauch machen, ist ihnen überlassen.

8.6.5 Erschwerende und behindernde Faktoren bei der Realisierung

Zusammen mit den Vorschlägen zu den gesetzlichen Anpassungen wurde auch das Budget für die EDV-Lösung im Kantonsrat behandelt. In den Diskussionen und Beratungen der Legislativen waren die Befürchtungen rund um den „gläsernen Bürger", wie von den Projektverantwortlichen im Vorfeld richtig antizipiert, ein wichtiger Aspekt. Durch die Portallösung mit dem zentralen Zugang zu allen Verwaltungslösungen herrschte bei vielen Mitgliedern der vorberatenden Kommission des kantonalen Parlaments die Vorstellung vor, die kantonale Verwaltung könne nun auch in Datenbanken Einsicht nehmen, die nicht das eigene Kerngeschäft betreffen (z. B. die Steuerverwaltung kontrolliert, welche Fahrzeuge die steuerpflichtige Person auf ihren Namen zugelassen hat). Die Lösung hatte in dieser Kommission und später im Parlament nur deshalb eine Chance, weil glaubhaft dargelegt werden konnte, dass die vorliegende Lösung keine Veränderung bezüglich der Verknüpfung oder Zugriffskompetenzen einzelner Datenbanken mit sich brachte. Als zweiter Diskussionspunkt wurde aufgegriffen, ob die Verwaltung respektive der Staat Bürgerinnen und Bürger dazu bringen darf, vermehrt digitale Lösungen zu nutzen (und damit die Digitalisierung voranzutreiben). In diesem Diskussionsstrang wurde deutlich, dass das Parlament erwartet, dass auch in Zukunft die Möglichkeit, analog mit der Verwaltung zu kommunizieren, dem digitalen Kommunikationskanal gleichwertig sein muss. Dies schließt in Zukunft auch Lösungen aus, die – begründet mit der Kosteneinsparung – die digitalen Dienstleistungen für die Bürgerinnen und Bürger günstiger als die analogen Dienstleistungen anbieten. Und in der Folge ist natürlich die Kosteneinsparung durch die neue, zusätzliche digitale Lösung kaum gegeben, was im Kantonsrat natürlich auch zu kritischen Aussagen führte.

8.6.6 Fazit und Empfehlungen

Aufgrund der Erfahrungen war es den Verantwortlichen wichtig, dass sie eine zukunftsfähige Lösung erhalten: Sie wollten auf eine Standardlösung setzen, die einerseits kontinuierlich gepflegt und weiterentwickelt wird (weil sie bei unterschiedlichen Kundinnen und Kunden im Einsatz ist), andererseits aber auch Akkreditierungsprozesse besteht. Im Moment der Entscheidung für die Identifikationslösung war nicht klar, wie es mit der damaligen Suisse-ID weitergeht. Ihre Nachfolgelösung Swiss-ID konnte von den Verantwortlichen von Zuglogin technologisch in das Login-Verfahren eingebunden werden, sodass sämtliche Entwicklungen in Richtung Swiss-ID mit ihrer Lösung kompatibel sind (vorbehaltlich des Inkrafttretens des E-ID-Gesetzes). Dadurch können auch Nicht-Zuger von dieser Identifikationslösung profitieren und in Kontakt mit den zugerischen Behörden treten.

Als richtiges Vorgehen für einen zügigen Entwicklungsprozess hat sich herausgestellt, zuerst die gesetzliche Grundlage zu schaffen und so die politischen Diskussionen bewusst zu führen. Durch das neue Gesetz wurden alle notwendigen gesetzlichen Grundlagen geschaffen, die heute und auch in naher Zukunft gebraucht werden.

Wichtig für die gesellschaftliche respektive politische Diskussion war, dass ausdrücklich auf ein Verbinden der verschiedenen Datenbanken verzichtet wurde. Ein solches wird zwar in der wissenschaftlichen Auseinandersetzung diskutiert (Stichwort Big Data), hat aber politisch einen so schweren Stand, dass bei einem Verknüpfen der einzelnen Datenbanken das ganze Projekt gestorben wäre. Deshalb lag der

Fokus immer auf einer Identifikationslösung und nicht in der Realisierung eines umfassenden Bürgerportals. Letzteres wird in den föderalen Strukturen der Schweiz aus Sicht der Projektleitenden kaum eine Chance haben. Obwohl, wenn jemand die politische Macht hätte, ein solches Portal per Dekret umzusetzen, wäre es für die Bürgerinnen und Bürger sicherlich eine äußerst elegante Lösung: Wenn diese beim Einloggen gleich sehen: „Ah, ich sollte noch die Steuererklärung abgeben, vom Straßenverkehrsamt habe ich noch ein Aufgebot zur Prüfung meines Fahrzeuges, für die Scheidung habe ich den nächsten Gerichtstermin erhalten, die Kinder sollte ich auch noch anmelden und das Grundbuchamt braucht auch noch Informationen wegen des Hausverkaufs von mir".

» Interview geführt durch Matthias Meyer am 11. März 2019
Bericht fertig verfasst durch Matthias Meyer am 12. Mai 2019
Bericht genehmigt durch Rudolf Gisler am 24. Mai 2019

8.7 Der Einsatz künstlicher Intelligenz bei der Kantonspolizei Zürich

Interviewpartnerin
Andrea Jug-Höhener, Oblt Dr. iur., LL.M.,
Chefin Ermittlungsabteilung Wirtschaftskriminalität
Kanton Zürich, Kantonspolizei Zürich
Kontakt: +41 44 247 22 02, hoh@kapo.zh.ch

8.7.1 Gesellschaftliche Herausforderung

Bei der Kriminalpolizei generell und bei der Abteilung Wirtschaftskriminalität im Besonderen sind die ermittelnden Personen zunehmend mit Datenfluten konfrontiert. Dabei kommt die Polizei aus einem sehr analogen Bereich: So sind beispielsweise Hausdurchsuchungen eine sehr physische Angelegenheit und die ermittelnde Person sichtete bis vor Kurzem sichergestellte Ordner von Hand oder scrollte sich am Bildschirm durch gespeicherte Dokumente. Allerdings ist dieses händische Vorgehen bei den heute anfallenden Datenmengen (es gibt Fälle, da werden 20 Terabytes und mehr Daten sichergestellt) schlicht nicht mehr möglich. Wenn man früher Ordner aus einem Büro sichergestellt hat, dann konnte man vor Ort eine erste Auswahl treffen und z. B. nur die Ordner eines bestimmten Zeitraums mitnehmen. Ein solcher Selektionsentscheid ist bei Datenträger meistens nicht möglich. Deshalb muss dann eine exponentiell zunehmende Datenmenge in den Fällen bearbeitet werden. In der Abteilung Wirtschaftskriminalität kommen die Daten aus sehr unterschiedlichen Anwendungen wie Buchhaltung, Bankverkehr, Korrespondenz oder E-Mails. In anderen Kripo-Abteilungen, zum Beispiel bei den Sexualdelikten, liegen die Daten in Form von Videos oder Fotos vor. Und heute enthält schon ein Handy so viele Daten, dass diese nicht mehr von Hand gesichtet werden können.

Aufgrund dieser Ausgangslage wurde entschieden, systematisch an das Problem heranzugehen. Dabei hat die Kantonspolizei Zürich parallel zwei Wege beschritten: zum einen, die Mitarbeitenden zu befähigen, Daten elektronisch auszuwerten, aber auch die entsprechenden Tools für eine automatisierte Datenauswertung anzuschaffen.

8.7.2 Gesetzlicher und/oder politischer Handlungsauftrag

Die Kriminalpolizei hat den Auftrag zur zielorientierten Beweisführung. Das heißt u. a. auch, dass sie möglichst schnell arbeiten sowie effizient sein muss und dabei auch gute Ergebnisse erzielen soll. Dauern Ermittlungen in einem Strafverfahren zu lange, wird das Beschleunigungsgebot verletzt. Diese strafprozessuale Ausgangslage gilt gleichermaßen für Ermittlungen, die auf analogen oder auf digitalen Beweismitteln basieren. Generell kann man sagen, dass sich an der (prozess-)rechtlichen Ausgangslage nichts verändert hat und diese gleichbleibt, ob man nun mit analogen oder digitalen Beweismitteln arbeitet, und auch unabhängig davon ist, welche Hilfsmittel man dabei einsetzt.

Als weitere rechtliche Rahmenbedingungen sind die Bestimmungen im Submissionsverfahren bei Beschaffungen zu nennen. Diese gelten auch, wenn Softwaretools beschafft werden.

Zudem gibt der Datenschutz einen weiteren, wichtigen Rahmen vor. Die Kantonspolizei Zürich darf und will keine Datenbanken mit Daten von Ermittlungen anlegen. Sie nutzt die Datenbank Polis, die von verschiedenen Polizeikorps in der Schweiz benutzt wird. Diese Datenbank dient der Fallbearbeitung, die erfassten Daten unterliegen jedoch einer Löschfrist. Zudem hat der Datenschützer dieses Vorgehen absegnen müssen. Deshalb kann die Kantonspolizei Zürich nun mit dem Einsatz von künstlicher Intelligenz nicht einfach neue Datenbanken angelegen. Aufgrund der engen Datenschutzbestimmungen müssen auch die Tools sehr sorgfältig auf ihre Gesetzeskonformität hin überprüft werden. Generell hält sich die Kantonspolizei Zürich an die gesetzlichen Vorgaben, so auch bei der Evaluation und Einführung neuer Ermittlungsmethoden, Tools oder Vorgehensweisen.

Eine weitere Herausforderung stellt sich aufgrund der gängigen strafprozessualen Prinzipien: So hat beispielsweise eine beschuldigte Person im Prinzip ein Einsichtsrecht. Dieses Recht hat sie auch, wenn künstliche Intelligenz (KI) eingesetzt wird. Nur wie weit geht dieses Recht – müssen auch die Algorithmen der KI offengelegt werden? Sind diese Algorithmen überhaupt für Laien (oder auch Experten) verständlich? Zudem ist das Vertrauen in die Daten und Tools schon bei simplen digitalen Suchvorgängen noch nicht da. Eine Möglichkeit besteht darin, dass man bei einem Suchvorgang oder auch bei einer einfachen Stichwortsuche am Verfahren beteiligte Parteien informiert und am Vorgang oder an der Definition der Stichworte für die Suche teilhaben lässt und dass dann auch das rechtliche Gehör gewahrt bleibt und sowohl die Staatsanwaltschaft wie auch die Polizei und die anderen Parteien, wie die Beschuldigten, Zugang zu den Daten haben und ihre eigene Recherche machen können.

Ziel dieses transparenten Vorgehens muss sein, dass alle Parteien die Ergebnisse einer Suche nachvollziehen können. Um dies zu erreichen, gibt es verschiedene Wege: Man kann Absprachen bezüglich der Suchverfahren treffen unter den Parteien; das wird z. T. bei internationalen oder ganz großen Verfahren bei der Bundesanwaltschaft so gemacht. Später sind die Suchvorgänge mittels Logfiles in den Akten zu dokumentieren. Relevant ist, dass Suchvorgänge nachvollziehbar bleiben.

Politisch werden die genannten Aktivitäten durch die laufende Legislaturplanung der Regierung des Kantons Zürich gestützt. In dieser wird das digitale Strafverfahren als Schwerpunkt genannt.

8.7.3 Lösungsfindungsprozess

Die Polizei des Kantons Zürich hat verschiedene Hauptabteilungen, die ganz bestimmte, spezifische Bedürfnisse haben. Ein Ansatz für den Einsatz von KI für die Front draußen war das sog. Predictive Policing. An diesem Projekt haben auch Mitarbeitende der Kriminalpolizei mitgearbeitet. Mehrere Kantone arbeiten damit; die Kantonspolizei Zürich hat diesbezüglich lediglich ein Pilotprojekt durchgeführt. Bei Predictive Policing geht es darum, mithilfe von Algorithmen eine Einbruchshäufigkeit in einer gewissen Region vorherzusehen und dann vonseiten der Polizei präventive Maßnahmen zur Verhinderung von Einbrüchen zu ergreifen.

Konkret gibt es jedoch bei der Kantonspolizei Zürich nicht ein Team, das sich für die gesamte Polizei mit KI beschäftigt. Die unterschiedlichen Projekte entstanden aus der praktischen Notwendigkeit im Tagesgeschäft und wurden dann von der zuständigen Abteilung oder Hauptabteilung umgesetzt. Die Kriminalpolizei verwendet zum einen Relativity, das ist vereinfacht gesagt, ein Textanalysetool. Ein größeres Projekt war die Anschaffung von IBM Watson. Diese Applikation kann u. a. thematisch clustern und z. B. alle E-Mails, die mit „ich mache zum Abendessen ab" von bankrelevanten oder finanzrelevanten Sachen trennen. Man kann aber auch nach Stichworten suchen und Beziehungen sowie deren Intensität zwischen korrespondierenden Personen aufzeigen.

In der Abteilung Wirtschaftskriminalität gibt es wiederum kleinere Projekte, die aus der Notwendigkeit heraus geboren werden. Die automatisierte Scanlösung ist ein solches Projekt. Mit diesem soll der elektronische Aktenfluss von der Kriminalpolizei bis hin zur Staatsanwaltschaft realisiert werden. Abteilungsintern wird in der Kriminalpolizei teilweise mit agilen Projektmethoden gearbeitet. Mit dieser Methode werden nicht mehr Riesenprojekte gestartet, sondern es wird Schritt für Schritt vorgegangen: Zuerst wird versucht, das erste, kleine Problem zu lösen. Wenn es nicht geklappt hat, werden die Parameter verändert und dann wieder getestet. Mit diesem iterativen Vorgehen können sich stellende Herausforderungen vorzüglich und praxisnah angegangen werden. Mit den agilen Projektmethoden hat die Ermittlungsabteilung Wirtschaftskriminalität sehr gute Erfahrungen gemacht. In den früheren, riesigen Struktur-, Organisations- oder auch Beschaffungsprojekten haben sich häufig während der langen Realisierungsphase die Ausgangsrahmenbedingungen derart verändert, dass dann bei Projektabschluss die erarbeitete Lösung schon nicht mehr passte.

Aber nicht nur bei der Projekterarbeitung werden neue Methoden eingesetzt. So wird bei großen Ermittlungen Scrum (Sprint und Kanban) als Arbeitsform verwendet. Und dieses Vorgehen funktioniert auch hervorragend für die Arbeit der Kriminalpolizei. Der Einsatz solcher neuen Ansätze wird von der Leitung der Kriminalpolizei ausdrücklich unterstützt.

Durch die Wahrnehmung der Veränderungen in der Kriminalität ist die Polizei sehr nahe an den gesellschaftlichen Entwicklungen. Die Digitalisierung ist zurzeit ein extremer Faktor einer solchen Veränderung. Es bestehen Ansätze, wie digital ermittelt werden kann, jedoch steht die Polizei beim Einsatz von Algorithmen und Analysetools erst am Anfang einer möglicherweise langen Entwicklung.

Einen anderen Ansatz stellt der Einbezug von zivilen Experten dar. Es konnte eine Person eingestellt werden, die einen Master in Betriebswirtschaft und einen in Data Science and Analytics hat. Diese Fachexpertin soll für Big-Data-Fälle Prozesse entwickeln, Ermittelnde unterstützen und beraten, um so in diesem Aufgabengebiet der Kriminalpolizei zu mehr Know-how zu verhelfen.

8.7.4 Lösungsbeschreibung

Wenn die Kriminalpolizei Daten beschlagnahmt, dann werden diese zuerst von der digitalen Forensik gesichert und aufbereitet. Anschließend werden sie in das IBM Watson eingelesen und geclustert. Dabei sortiert man zuerst alle doppelten E-Mails, alle Weiterleitungen oder alle E-Mails, die nur Werbeinhalt haben, aus. Dann kann man auch alles Private aussortieren. Auch relevante Zeiträume können ausgewählt werden oder die Personen, die mit der beschuldigten Person den häufigsten E-Mail-Verkehr hatten. So sind die ermittelnden Personen in der Lage, die Anzahl der zu überprüfenden Dokumente von beispielsweise vier Millionen auf 100.000 zu reduzieren. Diese 100.000 Dokumente können dann gezielt mit der Anwendung Relativity durchsucht werden, z. B. in dem alle E-Mails selektiert werden, in denen die Bank XY zur Sprache kommt. So kann man die relevanten vielleicht noch 5000 relevanten Dokumente herausfiltern. Diese dann händisch zu sichten und zu analysieren, bleibt aber weiterhin eine enorme Aufgabe, um die man jedoch nicht herumkommt. Denn die Einvernahme der beschuldigten Person bleibt ein analoges Gespräch, in dem die Anschuldigungen präsentiert werden und die beschuldigte Person dazu Stellung nehmen kann. Und im späteren Verlauf müssen eine Sachbearbeiterin bzw. ein Sachbearbeiter und/oder eine Staatsanwältin bzw. ein Staatsanwalt alle gefundenen, relevanten Dokumente auch noch begutachten, bevor es zur Anklage kommt. Selbstverständlich werden die in der ersten Selektion als nicht relevant angesehenen Dokumente nicht gelöscht, sondern während der erlaubten Löschfrist aufbewahrt; somit mindestens so lange, wie das Verfahren läuft. Dadurch können die Suchvorgänge immer wieder neu ausgerichtet und neuen Erkenntnissen angepasst werden.

8.7.5 Fördernde und behindernde Faktoren bei der Realisierung

Eine besondere Herausforderung ist sicherlich, dass man mit allen Lösungsansätzen den technologischen und entwicklungstechnischen Entwicklungen hinterherhinkt: Man sieht die Entwicklung voraus, hat aber oft noch nicht den Leidensdruck, schon jetzt reagieren zu müssen. Und bis nach einem entsprechenden Entscheid dann alle Mitarbeitenden mit der neuen Lösung arbeiten können, sind die Entwicklungen bereits wieder einen oder zwei Schritte voraus.

Gerade bei spezialisierter Software hat die Kriminalpolizei erlebt, dass die breite Funktionalität von neuen Tools auch eine Herausforderung sein kann. Wenn die Mitarbeitenden nicht regelmäßig mit einer Software arbeiten, dann ist es jedes Mal ein Wiederlernen der spezifischen Funktionalitäten und der externe Support muss zur Unterstützung angerufen werden. Deshalb wurde entschieden, im Dienst Kriminalpolizeiliches Datenmanagement Spezialisten für die entsprechenden Softwareanwendungen auszubilden, die dann die ermittelnden Personen auch unterstützen können. Dieser interne Support wird durch die Komplexität der Anwendungen so oft angefordert, dass diese spezialisierten Personen nun völlig überlastet sind. Bei dieser Form der internen Unterstützung ist es jedoch wichtig, klar zu definieren, welche Funktionalitäten alle können müssen und bei welchen die interne Unterstützung angefragt werden kann. Nur so werden auch Personen, die nicht Digital Natives sind, an die zunehmende digitale Arbeitsweise herangeführt (Lernerwartungen mit Unterstützung verbinden). Zudem müssen ermittelnde Personen nicht wissen, wie ein Algorithmus programmiert wird. Aber sie müssen verstehen, wie die Tools funktionieren, damit sie spezifische Suchen und Datenselektionen konzipieren und dann auch die Ergebnisse nachvollziehen können.

Eine weitere Herausforderung ist die Bewältigung der Schnittstelle zwischen der reinen Technik wie auch der technologischen Umsetzung auf der einen Seite und den praktisch orientierten ermittelnden Personen auf der anderen. Es hat sich gezeigt, dass für die Kommunikation zwischen diesen beiden Seiten eine Fachperson notwendig ist, die von einem Fachbereich in den anderen Fachbereich übersetzt. Deshalb wurde nun ein Forensikspezialist eingestellt, der als Datenspezialist die Schnittstelle zwischen den beiden Fachbereichen bilden soll. Diese Person wird zudem von einem interdisziplinären Projektteam unterstützt, dessen Mitglieder im Sinn von Multiplikatorinnen und Multiplikatoren die Erkenntnisse aus der Schnittstelle der beiden Bereiche in die anderen Abteilungen tragen sollen.

Eine nicht zu unterschätzende Herausforderung ist die Stellung, die die Kriminalpolizei in der gesamten Strafverfolgung einnimmt. Sie ist ein Glied in einer Kette, in der auch die Staatsanwaltschaft und das Gericht (ge-)wichtige Akteure sind. Die Kriminalpolizei ist bereits relativ weit in der Anwendung von digitalen Hilfsmitteln und im Umsetzen digitalisierter Prozesse. Aber die Ergebnisse der Kriminalpolizei müssen auch von der Staatsanwaltschaft und den Gerichten weiterverwendet werden können. Und dies möglichst ohne einen Medienbruch.

Heute kann die Staatsanwaltschaft bereits mit einigen der Tools (und somit auf die entsprechenden Daten zugreifen) der Kriminalpolizei arbeiten; das Gericht allerdings benötigt immer noch Originalakten, die auf Papier vorliegen müssen. Diese gesamte Kette des Strafverfolgungsverfahrens zu digitalisieren, wird noch eine große Herausforderung bilden und sicherlich nur unter Einbezug aller Beteiligten (von staatlicher Seite, aber auch vonseiten der Vertretungen der Beschuldigten) gelöst werden können.

8.7.6 Fazit und Empfehlungen

Obwohl Change Management als Begriff ein bisschen aus der Mode gekommen ist, erfordert der digitale Wandel genau dieses. Die erfolgreiche Einführung von Tools oder digital gestützten Arbeitsmethoden wird oft als Infragestellen bisheriger Vorgehens- und Arbeitsweisen verstanden. Dabei darf man sich nicht entmutigen lassen, wenn nicht gleich die ganze Abteilung oder eine ganze Behörde den digitalen Wandel vollzieht. Beginnen sollte man mit „der Allianz der Willigen". Mit diesen kann an einem konkreten Fall ein Pilotversuch gestartet werden und wenn dann die anderen merken, dass es gut funktioniert, machen sie das nächste Mal auch mit.

Als weitere Empfehlung kann genannt werden, dass auch der digitale Wandel ein Schritt-für-Schritt-Prozess ist. Die Welt kann man nicht mit einem Schlag verändern, sondern man muss mit kleinen Schritten, z. B. indem man ein Tool anschafft und die Beteiligten Erfahrungen damit machen lässt, die Mitarbeitenden überzeugen oder sogar begeistern. Wenn man die Mitarbeitenden überfordert, werden sie nur eine Abwehrhaltung entwickeln.

Und zum Schluss muss man wahrscheinlich auch etwas mutig sein: Es gibt viele ungelöste Fragen in Bezug auf gesetzliche Vorgaben, Rahmenbedingungen, Erwartungen usw.. Wahrscheinlich muss man auch einfach etwas probieren, weil man nicht daran vorbeikommt, die neuen Technologien einzuviesen braucht.

> Interview geführt durch Matthias Meyer am 22. August 2019
> Bericht fertig verfasst durch Matthias Meyer am 12. März 2020
> Bericht genehmigt durch Andrea Jug-Höhener, Oblt. Dr. iur., LL.M., Chefin EA Wirtschaftskriminalität am 09. April 2020.

8.8 Kinderleicht zum Kindergeld in der Hansestadt Hamburg

Interviewpartnerin
Dr. Brigitte Klamroth, Projektleitung Kinderleicht zum Kindergeld
Amt für IT und Digitalisierung,
Senat der Freien und Hansestadt Hamburg – Senatskanzlei
Rathausmarkt 1, D-20095 Hamburg
+49 (0) 40 428 23 2421, Brigitte.Klamroth@sk.hamburg.de
Mehr Informationen: ▶ www.hamburg.de/kinderleicht-zum-kindergeld

8.8.1 Gesellschaftliche Herausforderung

Eltern müssen bei der Geburt ihres Kindes sehr viele unterschiedliche Formulare für unterschiedliche Behörden mit häufig den gleichen Daten ausfüllen und dabei unterschiedliche Fristen einhalten und unterschiedliche Ämter von Bund, Land und Kommune kontaktieren, um die verschiedenen Verwaltungsvorgänge und Dienstleistungen rund um die Geburt, wie die Geburtsurkunde, den Kindergeldbescheid, das Kindergeld, die Steuer-ID und den Eintrag des Kindes im Personenstandsregister des Standesamts und im Einwohnerzentralregister in Gang zu setzen.

Dabei befinden sie sich in einer neuen Lebenssituation und sollten sich eigentlich vorrangig um ihr Kind kümmern können. Die heutigen Erwartungen der Behörden an die Eltern sollten grundlegend im Sinn eines Dienstleistungsgedankens der Behörden verändert und die Eltern von den bürokratischen Abläufen entlastet werden. Nicht mehr die Eltern sollten die unterschiedlichen Behördengänge machen, sondern die Daten sollten zu den richtigen Stellen fließen.

8.8.2 Gesetzlicher und/oder politischer Handlungsauftrag

Die Initiative für das Projekt „Kinderleicht zum Kindergeld" ist in der Zusammenarbeit der Bundesagentur für Arbeit mit der Senatskanzlei der Freien und Hansestadt Hamburg im September 2017 entstanden. Die Idee ist, Eltern zum Zeitpunkt der Geburt von Bürokratie zu entlasten und anstelle der unterschiedlichen Behördengänge und vielen Formularen einen gemeinsamen Service vor Ort direkt in der Geburtsklinik anzubieten.

Durch ein gemeinsames, kombiniertes Formular und einen institutions-, ämter- und föderale Strukturen übergreifenden Geschäftsprozess können die Eltern nun direkt in ihrer Geburtsklinik den Namen ihres Kindes angeben, ihre Angaben zur Geburt dem Standesamt übermitteln und in einem Zuge den Kindergeldantrag an die Familienkasse stellen. Damit eine solche bisher einmalige institutionsübergreifende Zusammenarbeit möglich wird, ist es notwendig, die unterschiedlichen Kooperationspartner Bund, Land, Bezirke (kommunale Ebene in Hamburg) und die Privatwirtschaft im Hinblick auf eine vielversprechende Idee zu begeistern, einzubeziehen und zu vernetzen. So entsteht ein Dialog über rechtliche, technische und organisatorische Lösungsansätze, die gemeinsam Akzeptanz finden.

Die Gesetzgebungen im Bereich der Geburtsbeurkundungen und dem Kindergeld sind Bundesgesetze. Deshalb sind die beteiligten Bundesministerien schon früh in die Idee und Lösungsansätze einbezogen worden, um eine Erlaubnis für die verwaltungsübergreifende Zusammenarbeit zu erhalten. In enger Abstimmung mit den beteiligten Bundesministerien wurde in neun Monaten das Konzept erstellt, geprüft und als rechtskonform bescheinigt. Mitte Juni 2018 konnte der Service in zwei Geburtskliniken in Hamburg als Pilotbetrieb starten.

8.8.3 Lösungsfindungsprozess

Ein solches Projekt „Kinderleicht zum Kindergeld" wäre sicherlich nicht möglich, wenn die Digitalisierung in der Freien und Hansestadt Hamburg und in der Familienkasse nicht gewünscht, unterstützt und von politischer Bedeutung wäre. Das Anliegen ist, die vorhandenen Geschäftsprozesse nicht eins zu eins zu digitalisieren, sondern sie vorab neu zu denken. Dabei stehen die Kundin und der Kunde im Vordergrund.

Das Projektteam und Vertreter aller Kooperationspartner hatten sich im Rathaus der Freien und Hansestadt Hamburg drei Tage intensiv mit der Thematik auseinandergesetzt. Eine Analyse der eingesetzten Formulare in den bisherigen Prozessen ergab, dass bis zu 90 % der Daten, wie z. B. Name, Adressdaten, Familienstand sowie die Unterschriften den Eltern mehrfach abverlangt wurden. Darüber hinaus sind Daten abgefragt worden, die in den Verwaltungen bereits vorlagen. Daraus wurde ein bisher einmaliger instutionsübergreifender Geschäftsprozess und ein bürgerfreundliches dreiseitiges Kombiformular entwickelt, bei dem nun die Daten an die zuständigen Ämter „laufen" – und nicht mehr die Eltern. Der Prozess beginnt in der Geburtsklinik, dort geben die Eltern den ausgefüllten Antrag und die notwendigen Unterlagen ab und die Kooperationspartner kümmern sich darum, dass diese an die unterschiedlichen Ämter weitergeleitet werden. Durch diese vernetze Zusammenarbeit erhalten die Eltern bequem die gewünschten Dienstleistungen per Post nach Hause und das Kindergeld direkt auf ihr angegebenes Konto. Das entlastet Eltern von Bürokratie und gibt ihnen mehr Zeit für ihr Neugeborenes.

Der Lösungsansatz und das entwickelte Kombiformular wurde den beteiligten Bundesministerien schon früh vorgestellt und gemeinsam ein stufenweises Vorgehen abgestimmt und dieses von der Bundesebene erlaubt, denn für die Gesetzgebungen ist nicht das Land, sondern der Bund zuständig. Die Vorgehensweise, zunächst die Prozesse zu überprüfen, übergreifend zu entwickeln und vor der Digitalisierung zu optimieren und auszuprobieren, ist empfehlenswert. Die Einführung des Kombiformulars und die Pilotierung des übergreifenden Geschäftsprozesses zunächst in Papierform sind notwenige Wegbereiter, um die Digitalisierung des Services zu ermöglichen und die Akzeptanz dafür zu gewinnen. Das garantiert die Machbarkeit sowie den Erfolg. Die Wirkung, ob Eltern tatsächlich von Bürokratie entlastet werden und welche Aufwände bei den Kooperationspartnern entstehen, können überprüft werden.

Eine weitere Herausforderung stellten die unterschiedlichen Aspekte des Datenschutzes dar. Dürfen persönliche Daten der Familien in einem ämter- und föderale Struktur übergreifenden Prozess überhaupt bearbeitet und weitergegeben werden? Welche Voraussetzungen müssen dafür geschaffen werden? Die Datenschutzaspekte waren ein besonderes Anliegen, da es sich um sensible Daten handelt. Im Projekt wurde besonders darauf geachtet, dass die Eltern jederzeit sehen können, welchen Weg ihre Daten zu welchem Zwecke, mit welcher Rechtsgrundlage in den jeweiligen Ämtern nehmen. Ein Dokument „Hinweise zum Service", übersetzt in acht Sprachen, ermöglicht den Eltern den Überblick und bietet gleichzeitig Hilfestellung und Erklärungen, warum diese Daten benötigt werden.

Das Kombiformular wurde anschließend Eltern, Bürgern, Familienkassensachbearbeitern und Standesbeamten sowie Hebammen vorgestellt und deren Feedbacks wurden mit in die Gestaltung aufgenommen. Die Ergebnisse dieser Entwicklungsphase wurden in einem Bericht zusammengefasst und den beteiligten Bundesministerien zur kritischen Prüfung auf Rechtskonformität und Datenschutz vorgelegt. Nach Beantwortung zusätzlicher Fragen wurde die Rechtskonformität beschieden und der Start des Pilotbetriebs für den 18. Juni 2018 in zwei Geburtskliniken in Hamburg freigegeben.

Gestartet wurde der Pilotbetrieb in zwei großen und unterschiedlichen Kliniken, dem Universitätsklinikum Hamburg Eppendorf und der Asklepios-Klinik Hamburg Altona, die zu einem Klinikkonzern gehört. Somit konnte das Projekt in Kliniken mit unterschiedlicher Trägerschaft, aber auch unterschiedlicher Klientel durchgeführt werden.

Die Eltern erhielten bereits zwei Monate vor der Geburt beim Vorbereitungstermin in der Geburtsklinik das Kombiformular und die Hinweise zum Service; dies hätte bedeutet, dass die ersten Umschläge des neuen Services erst zwei Monate später in den teilnehmenden Standesämtern eingetroffen wären. Die Teilnahme war absolut freiwillig; die alten Verfahren sind immer noch in Kraft. Durch die Mitwirkung am Kombiformular waren aber schon so viele Eltern vorinformiert und interessiert, den neuen Antrag auszufüllen, dass diese gleich beim Start nach dem neuen Formular verlangten. So gab es bereits in der ersten Woche einen regelrechten Ansturm auf den neuen Service, weil die Dienstleistungen den Eltern auch deutlich schneller zur Verfügung gestellt werden können. Das Feedback war so positiv, weil sich die Eltern wirklich von Bürokratie entlastet fühlten, dass es zu einer Mund-zu-Mund-Propaganda kam, die die Nachfrage noch weiter erhöhte. Selbstverständlich wurde dann auch in anderen Kliniken nach dem neuen Formular gefragt. Diese Nachfrage konnte zunächst nicht bedient werden, weil es sich um einen zeitlich und räumlich befristeten Pilotversuch handelte.

In den ersten Wochen des Pilotversuchs wurden die Prozesse überprüft und mit einem Berichtswesen zur Messung des Erfolgs versehen. So konnte bei Unstimmigkeiten schnell eingegriffen und kleinere Verbesserungen am Kombiformular vorgenommen werden.

Durch den Erfolg und die große Nachfrage der Eltern nach dem neuen Service stieg der Druck der am Pilotprojekt nicht beteiligten Kliniken, auch am Projekt teilhaben zu können. Deshalb wurde ein Evaluierungsbericht an die Bundesministerien geschrieben, mit dem Ziel, die Bewilligung des Pilotprojekts auf alle anderen Geburtskliniken in Hamburg ausweiten zu können. Im Mai 2019 wurde das Projekt dazu ermächtigt. Bis Mitte 2020 sollen alle elf Geburtskliniken in Hamburg den neuen Service anbieten können. An dem Kooperationsprojekt beteiligen sich bereits die Geburtskliniken des Asklepios-Konzerns Altona, Heidberg, Barmbek, das Universitätsklinikum Eppendorf, das Albertinen-Krankenhaus, Agaplesion Diakonieklinikum, das Marienkrankenhaus, das Bethesda Krankenhaus und das Geburtshaus Altona mit den Standesämter Hamburg-Altona, Nord, Eimsbüttel und Bergedorf sowie die Familienkasse der Bundesagentur für Arbeit und die des öffentlichen Diensts in Hamburg.

Zur Einführung des Services hat das Projekt ein kleines Team gegründet, das die Geburtskliniken und auch kleinere Einrichtungen wie Geburtshäuser sowie die weiteren Standesämter in Hamburg auf die Einführung vorbereitet. Hierbei zeigt sich ein wichtiger Aspekt dieses Projekts: Es geht nicht nur darum, das Pilotprojekt durchzuführen, sondern auch die neuen Kooperationspartner bei deren Umsetzung der neuen Prozesse intensiv zu begleiten und immer wieder neu entwickelte Ideen zur Verbesserung des Services gemeinsam zu besprechen und darin einfließen zu lassen. So wurde z. B. mit den beteiligten Standesämtern ein gemeinsamer standardisierter Best-Practice-Prozess für die Beurkundung entwickelt oder mit den Kliniken die Weitergabe und Weiterleitung der Unterlagen einheitlich eingeführt. Das dient als Basis für die zweite Stufe der Digitalisierung.

Dabei sucht die Projektverantwortliche die beteiligten Kliniken und Ämter nicht auf und sagt ihnen: „Hier müsst ihr etwas ändern". Die frühe Einbindung aller Institutionen und eine intensive und verlässliche Kommunikation seitens des Projekts sind entscheidend für den Aufbau eines Vertrauensverhältnisses, das die Zusammenarbeit dauerhaft trägt und die spätere Digitalisierung vereinfacht. Jederzeit sollte der Nutzen aller Beteiligten im Vordergrund stehen. Schwachstellen können so angesprochen und gemeinsam diskutiert und behoben werden. Mit diesen Prozessverbesserungen wird ein sehr viel höherer Prozessstandardisierungsgrad der einzelnen Einrichtungen erreicht.

Ein wichtiges Instrument für diese verlässliche Zusammenarbeit ist eine Kooperationsvereinbarung, die von allen Kooperationspartnern unterzeichnet wird. Über diese ist die Zusammenarbeit geregelt und sie bildet die Klammer über alle Beteiligten in diesem neuen Prozess.

Als nächster Schritt soll nun der gesamte Prozess digitalisiert werden. Dies führt zu neuen Herausforderungen:

Im Moment liegen noch nicht für alle Eltern die notwendigen Urkunden digital im Personenstandsregister Hamburgs vor. Aus den Erfahrungen des Pilotbetriebs mit über 17.000 Anträgen ist ersichtlich, dass etwa von einem Drittel der jährlich 25.600 Geburten die Urkunden digital im Personenstandsregister Hamburgs vorliegen. Mit dieser Zielgruppe starten wir den digitalen Antragsprozess. Er wird Eltern noch mehr entlasten, denn das Kombiformular und das Beibringen der Originalurkunden entfallen. Die Daten werden direkt in ein Terminal eingegeben und an die Fachverfahren der Standesämter und die Familienkasse gesendet. Die Weitergabe der Unterlagen durch die Klinik durch Botendienste und auch die Eingabe der Daten in den Ämtern ins Fachverfahren entfallen. Nach Pilotierung der digitalen Version, die Mitte des Jahres 2020 startet, und einer erfolgreichen Evaluierung werden die Rahmenbedingungen für weitere Zielgruppen erarbeitet, pilotiert und eingeführt.

8.8.4 Lösungsbeschreibung

Mit dem familienfreundlichen Service „Kinderleicht zum Kindergeld" brauchen Eltern nach der Geburt ihres Kindes keine Behördengänge mehr zu erledigen. Sie können stattdessen mit dem bürgerfreundlichen Kombiformular in einem Zuge ihrem Kind rechtskräftig einen Namen geben, es beim Standesamt beurkunden und im Melderegister eintragen lassen, Geburtsurkunden bestellen und Kindergeld beantragen. Heute ist es ein Formular mit drei Seiten. Insbesondere müssen die Eltern auch keine Daten mehr angeben, die in der Verwaltung schon vorliegen. Danach kümmert sich die Klinik darum, dass die Unterlagen zügig und sicher an das zuständige Standesamt gelangen. Dieses beurkundet damit die Geburt des Kindes und leitet die notwendigen Daten an die zuständige Familienkasse weiter. So können alle staatlichen Anforderungen schnell und ohne großen Aufwand für die Familien erfüllt werden. Die Eltern müssen nicht mehr wie früher 13 Seiten unterschiedlicher Formulare mit vielfach den gleichen Angaben ausfüllen. Nach durchschnittlich weniger als zehn Tagen erhalten die Eltern bequem per Post ihre bestellten Geburtsurkunden: die Steuer-ID ihres Kindes und den Kindergeldbescheid. Das Kindergeld wird direkt auf das angegebene Konto überwiesen. Die Zeit verkürzt sich um mehr als die Hälfte.

Ein intensiver Kommunikationsaustausch auf allen Arbeitsebenen schafft eine vertrauensvolle Zusammenarbeit und ermöglicht die zielgenaue Einführung des Services in ganz Hamburg. Durch diese vorbildliche Kooperation ergibt sich ein tatsächlich spürbarer Bürokratieabbau für Familien. Dieses Vorgehen hat mehrfach Anerkennung beim eGovernment-Wettbewerb 2019 gefunden. Gleich in drei Kategorien konnte „Kinderleicht zum Kindergeld" überzeugen: Das Projekt erhielt die Auszeichnung als bestes Kooperationsprojekt, den Sonderpreis des Kanzleramtschefs Helge Braun für seine Vorgehensweise und den Publikumspreis im Voting aus Deutschland, der Schweiz und Österreich. Das Projekt wird nun von vielen anderen Kommunen kontaktiert, die diese Lösung auch umsetzen möchten. Es soll aber zunächst die digitale Version pilotiert werden, damit beide anderen Kommunen als Lösung angeboten werden können.

8.8.5 Fördernde und behindernde Faktoren bei der Realisierung

Für ein solches Vorhaben ist es absolut notwendig, dass die Zusammenarbeit auf der obersten Ebene der föderalen Strukturen erfolgt und es politisch gewünscht und unterstützt wird. Die Herausforderung solch übergreifender Koordination liegt darin, die unterschiedlichen Kooperationspartner Bund, Land, Bezirke und Privatwirtschaft im Hinblick auf eine vielversprechende Idee zu vernetzen und zu begeistern. Für dieses Pilotvorhaben haben sich die Bundesagentur für Arbeit und die Hamburger Senatskanzlei eingesetzt und stetig motiviert.

Eine vertrauensvolle Zusammenarbeit zwischen allen Beteiligten ist unabdingbar. Der digitale Wandel und die dafür notwendigen Prozessanpassungen verändern die Arbeitsweise der beteiligten Menschen. Diese können für eine solche Veränderung nur gewonnen werden, wenn sie spüren, dass ihre Ängste und Vorbehalte ernst genommen werden. Deshalb ist die Projektleitung stetig im intensiven Austausch mit den Kooperationspartnern auf allen Ebenen.

Um die Akzeptanz der Beteiligten für solche visionäre und innovative Vorhaben zu gewinnen, war die Entscheidung richtig, nicht gleich mit einer digitalen Lösung zu beginnen, sondern ein stufenweises Vorgehen zu wählen. Häufig wurde das Projekt nicht als Digitalisierungsprojekt wahrgenommen, da vor der Entwicklung der Online-Version erst der Geschäftsprozess und das Kombiformular in Papierform entwickelt und pilotiert wurden. Das stufenweise Vorgehen garantiert die Machbarkeit einer komplexen Zusammenarbeit und schafft viele Erfahrungen, aus denen Digitalisierung sich viel besser entwickeln lässt. Für die Akzeptanz eines solchen

Vorgehens hilft eine interne und externe Kommunikation, die das methodische Vorgehen erklärt. Eine gute Öffentlichkeitsarbeit wirkt sich fördernd auf solche Vorhaben aus.

Natürlich gibt es auch erschwerende, behindernde Faktoren. Wie in jeder großen Organisation gibt es Mitarbeitende, die aus unterschiedlichsten Gründen Veränderungen verhindern möchten. Hier gilt es, Ängste ernst zu nehmen und Überzeugungsarbeit zu leisten.

8.8.6 Fazit und Empfehlungen

Häufig wird in Zweifel gezogen, dass solche Kooperationen machbar oder gar zulässig sind. Hier ist Mut und Zuversicht gefragt. Die Idee lässt sich auf andere Lebenslagen übertragen. Man muss sich die Mühe machen, diese Komplexität angehen zu wollen; die Effizienzgewinne für alle Beteiligten sind enorm. Die Bundesagentur für Arbeit und die Freie und Hansestadt Hamburg zeigen, dass es machbar ist. Die Zeit ist reif für ein solches Projekt, man muss sich nur trauen und es einfach engagiert und konsequent unter Bezug aller Stakeholder umsetzen.

Das wichtigste Fazit aus dem bisherigen Prozess ist jedoch, dass der Ansatz, mit der Definition eines Geschäftsprozesses über alle Organisationen hinweg der Herausforderung zu begegnen, in der heutigen Zeit der einzig richtige Weg ist. So haben die Kundinnen und Kunden nur eine Schnittstelle zur Verwaltung und wenn diese später digitalisiert wird, ist es auch nur ein digitales Formular und nicht viele. Dies ist viel besser, als wenn alle Beteiligten ihre eigene Applikation entwickeln würden und die Bürgerinnen und Bürger dann statt 13 unterschiedliche Formulare 13 unterschiedliche digitale Lösungen hätten. Deshalb wäre es wichtig, einen solchen Ansatz auch auf andere Lebenslagen zu übertragen. Ein derartiges innovatives Vorgehen verlangt auch viel Einsatz und ein Engagement, das deutlich über die klassischen Bürozeiten hinausgeht. Aber die Mission, die Verwaltung dienstleistungsorientierter zu gestalten und der bisherige Erfolg des Pilotprojekts sind für alle Beteiligten eine Entschädigung, die auch nachhaltig wirkt.

» Interview geführt durch Matthias Meyer am 14. August 2019
Bericht fertig verfasst durch Matthias Meyer am 12. März 2020
Bericht genehmigt durch Dr. Brigitte Klamroth, Projektleitung Kinderleicht zum Kindergeld und abgestimmt mit der Senatskanzlei am 6. Mai 2020.

Serviceteil

Anhang – Selbstcheck für Leitungspersonen in öffentlichen Organisationen zum digitalen Wandel – 178

© Springer Fachmedien Wiesbaden GmbH, ein Teil von Springer Nature 2020
M. Meyer, *Die smarte Verwaltung aktiv gestalten*, Edition Innovative Verwaltung,
https://doi.org/10.1007/978-3-658-30686-1

Anhang – Selbstcheck für Leitungspersonen in öffentlichen Organisationen zum digitalen Wandel

Der digitale Wandel ist unaufhaltsam. Er wird die Gesellschaft massiv verändern. Die öffentlichen Verwaltungen als ausführende Organe des Staates sind dadurch gleich mehrfach gefordert: Der digitale Wandel ermöglicht nicht nur neue Lösungen im Wie der gesetzliche Auftrag erfüllt werden kann, es stellen sich zusätzlich auch große Herausforderungen im Was als zukünftiger gesetzlicher Auftrag identifiziert und definiert werden muss. Die Globalisierung kommt dabei als weitere Herausforderung hinzu.

Analog zur marktorientierten Privatwirtschaft muss die öffentliche Verwaltung im Rahmen von digitalen Strategien ihre Arbeitsweise und Prozesse überprüfen und neu ausrichten: eGovernment, digitaler Schalter im Internet, aber auch neue Formen der Bürgerbeteiligung sind in diesem Zusammenhang die Schlagworte. Die neuen Technologien erfordern jedoch auch die Definition des digitalen gesetzlichen Rahmens; die gesicherte digitale Identität muss gewährleistet werden; Blockchain und künstliche Intelligenz ermöglichen, staatliche Dienstleistungen komplett neu zu denken.

Als Leitungsperson in der öffentlichen Verwaltung sind Sie verantwortlich dafür, dass Ihr Bereich optimal für diese Herausforderungen vorbereitet ist und Sie mit Ihren Mitarbeitenden eine zukunftsgerichtete, nachhaltige Dienstleistung den Bürgerinnen und Bürgern, aber auch den juristischen Personen in Ihrem Verantwortungsbereich bieten können.

Als ersten Schritt auf dem Weg zu einer digital ausgerichteten Verwaltungseinheit bietet sich an, den aktuellen Digitalisierungsgrad Ihres Verantwortungsbereichs zu ermitteln. Bewerten Sie bitte dazu die nachfolgenden Aussagen in Bezug auf Ihren Verantwortungsbereich anhand der folgenden Skala:

trifft zu / trifft teilweise zu / trifft eher nicht zu / trifft gar nicht zu

Jeder Eintrag (geben Sie bitte dazu im entsprechenden Kasten ein kleines x ein) wird mit einem entsprechenden Punktwert gewertet. Die am Ende erreichte Gesamtpunktzahl gibt Ihnen Aufschluss über den Digitalisierungsgrad Ihres Verantwortungsbereichs. Eine Frage, die mit „trifft zu" beantwortet wurde, erhält einen Punkt. Bei „trifft teilweise zu" erhält sie zwei Punkte; „trifft eher nicht zu" gibt drei Punkte und „trifft gar nicht zu" gibt vier Punkte.

Die Positionen, die Sie mit „trifft eher nicht zu" oder „trifft gar nicht zu" bewertet haben, stellen Ihre wichtigsten Handlungsfelder dar. Auf diese sollten Sie sich in naher Zukunft fokussieren.

Anhang – Selbstcheck für Leitungspersonen in öffentlichen Organisationen …

Die Excel-Datei für diesen Selbstcheck kann hier heruntergeladen werden.

1	Ihre öffentliche Verwaltung insgesamt	Trifft zu	Trifft teilweise zu	Trifft eher nicht zu	Trifft gar nicht zu
1.1	Die politische Leitung ist Impulsgeber für Veränderungen und ist selbst stark in den Prozess der digitalen Transformation involviert.				
1.2	Die oberste Verwaltungsleitung ist Impulsgeber für Veränderungen und ist selbst stark in den Prozess der digitalen Transformation involviert.				
1.3	Es gibt eine klare Definition und ein einheitliches Verständnis, was Digitalisierung überhaupt konkret bedeutet.				
1.4	Es existiert eine klare und ausführliche Digitalisierungsstrategie, die allen Mitarbeitenden bekannt ist.				
1.5	Es gibt klare und messbare Zielformulierungen für die Digitalisierung, an denen der Fortschritt ablesbar ist.				
1.6	Es besteht eine hohe Bereitschaft für Investitionen in den digitalen Transformationsprozess.				
1.7	Es besteht eine hohe Bereitschaft für Investitionen in konkrete digitale Lösungen.				
1.8	Unsere Verwaltung hat verstanden, dass der Mensch im Mittelpunkt der Digitalisierung steht – nicht die Technologie.				
1.9	Es herrscht eine moderne Unternehmenskultur, die geprägt ist von Eigenverantwortung, flachen Hierarchien, schnellen Entscheidungswegen und Spaß an der Innovation.				
1.1	Das Fehlermachen wird nicht nur toleriert, sondern ist bewusst Teil bei Projekten.				
1.11	Junge Menschen finden unsere Verwaltung als potenziellen Arbeitgeber attraktiv.				
	Anzahl Nennungen je Spalte				
	Gesamtpunktzahl Abschnitt „Verwaltung insgesamt"				
	Durchschnittliche Punktzahl Abschnitt „Verwaltung insgesamt" (Gesamtpunktzahl/11)				

2	Prozesse im eigenen Bereich	Trifft zu	Trifft teilweise zu	Trifft eher nicht zu	Trifft gar nicht zu
2.1	Unsere Prozesse sind beschrieben und werden regelmäßig überprüft.				
2.2	Wir bieten Echtzeitinformationen zum Stand der behördlichen Geschäfte (Termine, Entscheidungsprozess, nachzureichende Dokumente, Entscheidungen und Rechtsmittelbelehrung, Rechnungen/Kundenkonto etc.).				
2.4	Kundeninformationen werden systematisch, professionell und zentralisiert erfasst und verarbeitet.				
2.3	Kunden können ihre Dokumente elektronisch einreichen und Termine online vereinbaren.				
2.5	Wichtige Kennzahlen wie Stand der Geschäfte, Anzahl Neugeschäfte, Reaktionsgeschwindigkeiten, Kundenzufriedenheit, etc. werden – möglichst in Echtzeit – gemessen.				
2.6	Die wichtigsten Führungsdaten und Kennzahlen sind unabhängig von Ort, Zeit und Endgerät abrufbar.				
2.7	Wir nutzen intelligente Softwaretools für die Identifizierung ineffizienter Prozesse.				
2.8	Unsere internen IT- und Prozessstrukturen ermöglichen einen hohen Grad an Agilität, Flexibilität und Geschwindigkeit.				
Anzahl Nennungen je Spalte					
Gesamtpunktzahl Abschnitt „Prozesse"					
Durchschnittliche Punktzahl Abschnitt „Prozesse" (Gesamtpunktzahl/8)					

Anhang – Selbstcheck für Leitungspersonen in öffentlichen Organisationen …

3	Dienstleistungen im eigenen Bereich	Trifft zu	Trifft teilweise zu	Trifft eher nicht zu	Trifft gar nicht zu
3.1	Wir haben bereits digitale Lösungen für unsere Dienstleistungen.				
3.2	Wir haben alle unsere Dienstleistungen hinsichtlich einer möglichen Digitalisierung bzw. Automatisierung überprüft.				
3.3	Wir konzentrieren uns darauf, in den nächsten Jahren einen Großteil unserer Dienstleistungen zu digitalisieren.				
3.4	Digitale Lösungen werden kundenzentriert entwickelt – mit vollem Fokus auf das Kernanliegen unserer Zielgruppe.				
Punktzahl pro Spalte					
Gesamtpunktzahl Abschnitt „Dienstleistungen"					
Durchschnittliche Punktzahl Abschnitt „Dienstleitungen" (Gesamtpunktzahl/4)					

4	Unser Kontakt zu den Bürgerinnen und Bürgern	Trifft zu	Trifft teilweise zu	Trifft eher nicht zu	Trifft gar nicht zu
4.1	Wir bieten unseren Kunden ein lückenloses, abgestimmtes Informations- und Service-Erlebnis über alle Kanäle hinweg.				
4.2	Wir arbeiten mit Modell-Personen, um unsere Zielgruppen zu verstehen und ihren Bedürfnissen gerecht zu werden.				
4.3	Wir haben definierte Standards und Ressourcen zur Nutzung sozialer Netzwerke für Information, Kundendialog und Service.				
4.4	Informationen und Beratung werden auf Basis verfügbarer Kundeninformationen individualisiert.				
4.5	Wir werten unsere Online-Aktivitäten systematisch aus.				
Punktzahl pro Spalte					
Gesamtpunktzahl Abschnitt „Kontakt zu Bürgerinnen und Bürger"					
Durchschnittliche Punktzahl Abschnitt „Dienstleitungen" (Gesamtpunktzahl/5)					

5	Umgang mit Innovation im eigenen Bereich	Trifft zu	Trifft teilweise zu	Trifft eher nicht zu	Trifft gar nicht zu
5.1	Innovationsthemen werden bei uns höher priorisiert als das Tagesgeschäft.				
5.2	Wir nutzen moderne Innovationsmethoden (Design Thinking, Lean Start-up, o. ä.), um Möglichkeiten zu erkennen und Produkte zu entwickeln.				
5.3	Wir hinterfragen uns, unsere Dienstleistungen und unsere Prozesse jeden Tag.				
Punktzahl pro Spalte					
Gesamtpunktzahl Abschnitt „Innovation"					
Durchschnittliche Punktzahl Abschnitt „Innovation" (Gesamtpunktzahl/3)					

6	Mitarbeitende im eigenen Bereich	Trifft zu	Trifft teilweise zu	Trifft eher nicht zu	Trifft gar nicht zu
6.1	Alle unsere Mitarbeitenden haben die Bedeutung des digitalen Wandels verstanden.				
6.2	Die Mitarbeitenden in unserer Verwaltung haben eine zukunftsgerichtete Einstellung: Sie sehen die Chancen der Digitalisierung, weniger die Risiken.				
6.3	Unsere Mitarbeitenden haben einen hohen Grad an Eigenverantwortung und denken dienstleistungsorientiert zugunsten der Bevölkerung.				
Punktzahl pro Spalte					
Gesamtpunktzahl Abschnitt „Mitarbeitende"					
Durchschnittliche Punktzahl Abschnitt „Mitarbeitende" (Gesamtpunktzahl/3)					
Gesamtpunktzahl alle Fragenblöcke					

Auswertung insgesamt

34 bis 51 Punkte

Sie können sich auf die Schulter klopfen, denn Ihre Verwaltung befindet sich in einer Vorreiterrolle. Sie haben verstanden, worauf es beim digitalen Wandel ankommt und die wichtigsten Digitalisierungsfaktoren sind bereits in der Umsetzung.

Anhang – Selbstcheck für Leitungspersonen in öffentlichen Organisationen …

52–85 Punkte

Sie haben ein hohes Verständnis für die Digitalisierung und die Dringlichkeit der damit verbundenen Umsetzungsthemen. Die Anfänge sind in Ihrer Verwaltung bereits gemacht. Ruhen Sie sich darauf aber nicht aus. Arbeiten Sie mit Fokus und angemessener Dringlichkeit an Ihren Prioritäten weiter.

86–120 Punkte

Sie haben vielleicht schon erste Schritte gemacht, aber noch einen weiten Weg vor sich. Sorgen Sie dafür, dass jede Person in Ihrer Verwaltung für den digitalen Wandel sensibilisiert ist und kommen Sie ins Handeln. Die Ressourcen und die Geschwindigkeit, mit denen in Ihrer Verwaltung an Digitalisierungsthemen gearbeitet wird, sollten erhöht werden.

über 120 Punkte

Entweder ignoriert Ihre Verwaltung den digitalen Wandel oder Sie wissen einfach nicht, wo und wie Sie mit Ihrem Transformationsprozess anfangen sollen. Orientieren Sie sich einfach an den oben genannten Punkten. Denken Sie nicht zu lange nach. Fangen Sie einfach an – Fortschritt ist wichtiger als Perfektion!

Hier können Sie nun noch Ihre Durchschnittswerte je Fragenblock eintragen.

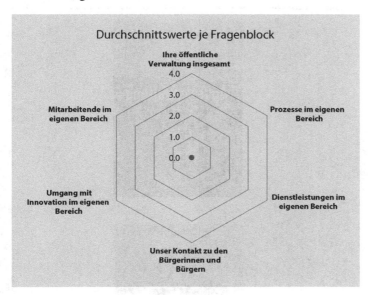

Prioritäten

Priorisieren Sie die identifizierten Handlungsfelder („trifft eher nicht zu" sowie „trifft gar nicht zu" bzw. Werte größer als 2 im Spinnennetz) und prüfen Sie, inwiefern Sie darauf Einfluss nehmen können bzw. wen Sie brauchen, um Lösungen dafür zu erarbeiten.

Dieser Maturitätscheck basiert auf der Maturitätsprüfung der Leaders Academy (▶ www.leaders-academy.com). Diese wurde vom Autor auf die Verhältnisse der öffentlichen Verwaltungen angepasst.

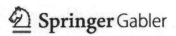

springer-gabler.de

Kluge Bücher für die Öffentliche Verwaltung

Neue Buchreihe „Edition Innovative Verwaltung"

gemeinsam mit der Zeitschrift Innovative Verwaltung

Weitere Titel unter springer-gabler.de – Fachbereich Öffentliche Verwaltung

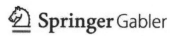 springer-gabler.de

Kluge Handbücher für die Öffentliche Verwaltung

Weitere Titel unter springer-gabler.de –
Fachbereich Öffentliche Verwaltung